Kostümbild | Kostümdesign für Film, Fernsehen und Theater

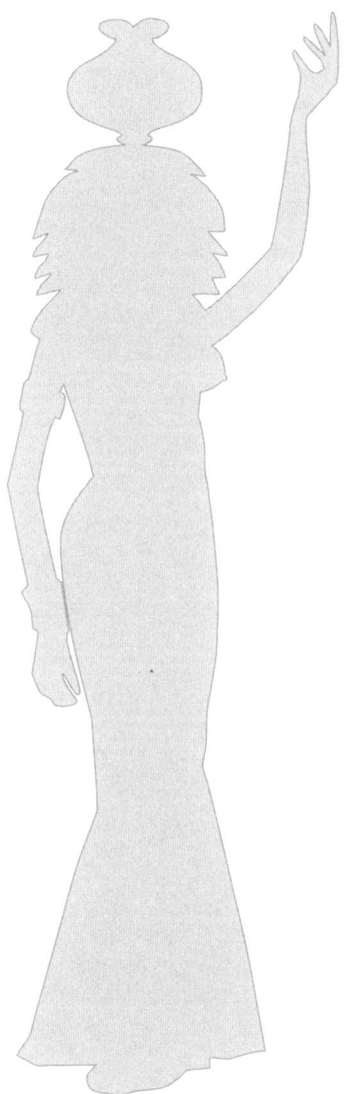

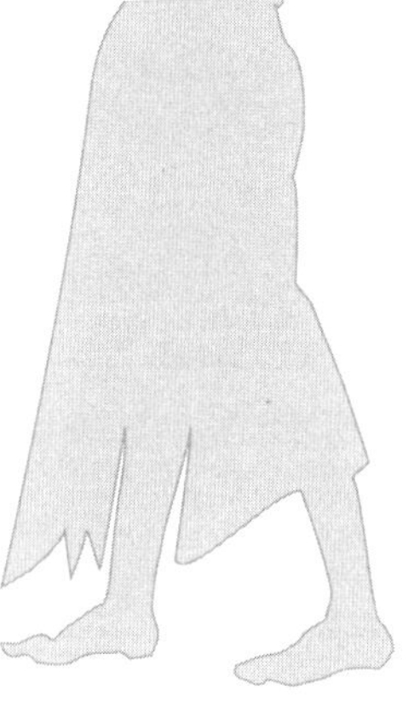

Mit finanzieller Unterstützung durch die Stiftung Kulturwerk der VG Bild-Kunst

Riccarda Merten-Eicher

KOSTÜMBILD KOSTÜMDESIGN

DIE MAGIE DER VERWANDLUNG

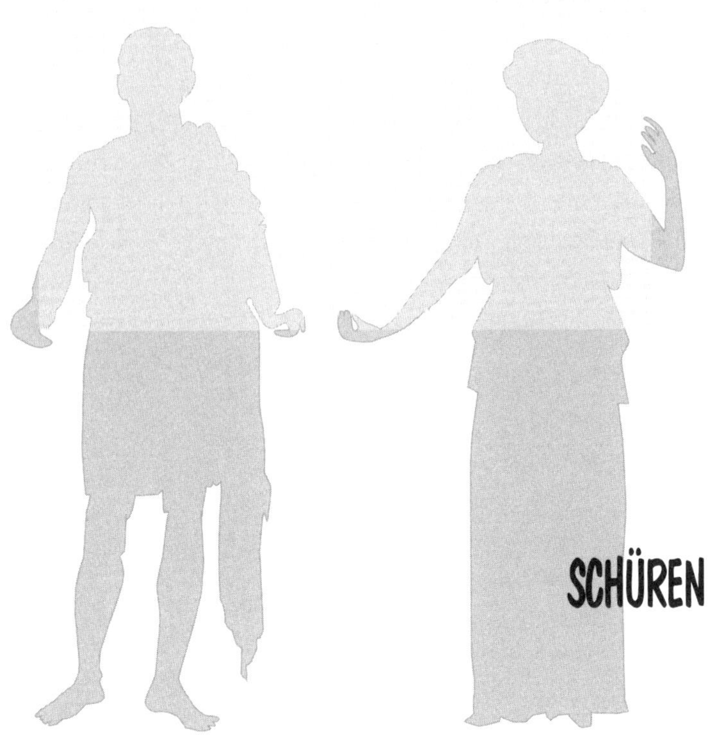

SCHÜREN

Schüren Verlag GmbH
Universitätsstr. 55 • D-35037 Marburg
www.schüren-verlag.de

Umschlaggestaltung: Brigit Schrader-Gruse, Berlin
Titelfoto, Entwurfs- und Fotoabbildungen im Buch: © Riccarda Merten-Eicher
Buchgestaltung - Layout und Illustration: © Brigit Schrader-Gruse, Berlin
Druck und Bindung: Plump Druck & Medien GmbH, Rheinbreitbach
Printed in Germany
ISBN: 978-3-7410-0434-6

Inhalt

Zur Neuerscheinung im Mai 2023

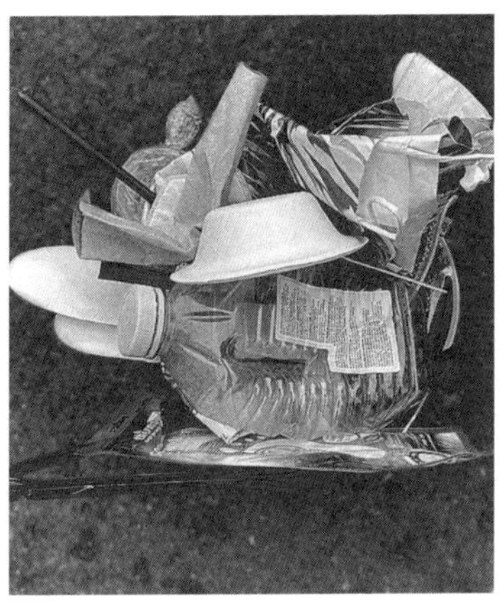

Ist das Kunst? Als ich dieses Foto machte, war mir klar, dass das Thema Drehen und Abfall in die Neuausgabe meines Buches gehört. Dieses Foto von einem überladenen Abfallkorb aus dem Kostümmobil sollte uns alle bis ins Mark treffen. Es ist das Ergebnis eines Nachmittags - Kunststoff, Pappe, kaputter Kleiderbügel, leere grosse Flasche Bügelwasser, nicht mehr zu gebrauchende Equipmentreste, selbstwärmende, jetzt erkaltete Sohlen und darunter noch Essensreste. Zum Thema Mülltrennung höre ich immer wieder Argumente wie "Die werfen sowieso alles in eine Tonne."
Wir können die Welt nicht retten gegen Gier, gegen Nachlässigkeit, gegen Kaufrausch, gegen „Fast Fashion", gegen zu viel von Allem. Aber lasst uns zu ExpertInnen werden und grüne Ziele konsequent ins Visier nehmen. Dafür das neue Kapitel, um mitzudenken und Position zu beziehen: Filme drehen - richtig miese Klimabilanz.

Zur Neuausgabe im April 2016

5. April 2013: Das Bild eines riesigen, laut zischenden Feuers, grellgelb brennenden Papiers, die auffliegenden Glutteile mit noch erkennbarer Schrift, das lodernde Singen der Flammen - So könnte ein Film beginnen, mit Assoziationen aus dem letzten Jahrhundert.

Im Feuer 2013 verschwand die ganze Auflage meines Buches, ein halbes Jahr nachdem es herausgegeben wurde. Sie verbrannte zusammen mit etwa sechs Millionen anderen Büchern in einer Lagerhalle. Ein sogenannter technischer Fehler war die Ursache. Fünfundneunzig Verlage sind geschädigt.

Als ich davon erfuhr war ich sehr betroffen. Eine Wiederauflage sollte es laut Verlag nicht geben. Ich spürte die Lähmung, eine traurige Ohnmacht nach vielen Jahren der intensiven, liebevollen und kritischen Auseinandersetzung mit meinem Beruf.

Auch wenn Blogs oder Ebooks inzwischen Printprodukte zu verdrängen scheinen, habe ich mich entschlossen, das Buch in einem neuen, analogen Kleid in überarbeiteter Form wieder zu veröffentlichen.

Angesichts der meist fehlenden Anerkennung eines kaum wahrgenommenen, aber so wichtigen künstlerischen Beitrags der Kostümbildner innerhalb der Filmwirtschaft dürfen wir uns nicht wegducken. Der Horizont der Kostümbildner endet nicht am Kleidersaum! Wir sollten unsere Kunst öffentlich machen und wo immer es geht, Profil zeigen.

Die Ausübung des Berufes ist durch politische und gesellschaftliche Rahmenbedingungen schwierig geworden. Konfrontiert mit Buy-Out Verträgen, mangelhaften Vergütungsrechten, Pauschal- und Dumpinggagen kämpfen wir um unseren Lebensunterhalt.

Wir nutzen die Fähigkeit, im Kopf reisen zu können, Geschichten zu visualisieren und sie mit den anderen Filmkünstlern im Team zu realisieren. Aus diesen Synergien entsteht ein Turbo, der für ein Film- oder Theaterwerk nicht hoch genug zu bewerten ist. Unsere engsten Verbündeten sind die Schauspieler. Dank sei Burkhart Klaußner, der in einem Interview mit dem Tagesspiegel vom 27. Mai 2016 sagt: «...ein Schauspieler hat die Aufgabe zu verschwinden, ...es geht um Hingabe.... Die Grundfeste ist und bleibt das Verkleiden, das Verwandeln. Die magische Wirkung eines Kostüms, die Komplettverwandlung des inneren Zustands durch eine kleine Zutat, das ist immer wieder ein Hochgenuss für mich. Es kann eine Uniform sein, ein Frack, ein Blaumann, ein Hörgerät ....«

Berlin, im Juli 2016

Vorwort

Den Beruf der Kostümbildnerin auszuüben, ist das eine. Darüber zu reden und zu schreiben, das andere. Ist es ein Wagnis, die Menschen hinter die Kulissen schauen zu lassen, die wir mit Technik und Handwerkszeug einerseits und ganz persönlichen Träumen andererseits aufbauen? Können sie dadurch innehalten und Filme bewusster wahrnehmen, ohne gleich weiterzuzappen, oder hat es eine Entzauberung zur Folge, durch die sie sich abwenden?

Die beste Zeit, ein Buch zu schreiben, ist der Winter. Die Zeit in der weniger Projekte stattfinden. Als ich zu schreiben begann, war dieser besonders schneereiche Winter, der Berlin in weißer Pracht versinkt ließ. Wochenlang freute ich mich darüber, nicht mit eingezogenen Schultern auf der Straße stehen zu müssen, kein missmutiges Team und keine unpässlichen, frierenden Schauspieler mit blaugefrorenen Lippen aufmuntern zu müssen. Ich beneide keinen Kollegen, der jetzt draußen dreht, um seinen Job. Bei sechzehn Grad minus liebe ich meinen Beruf nicht mehr. Der Beruf, der mich seit dreißig Jahren fesselt, der mich hochhebt und erniedrigt und mit heißen und kalten Güssen aufwartet. Immer wieder wirft er mich in ein meist nicht bekanntes Terrain und verschluckt mich, versteckt mich vor der Familie, vor Freunden, vor mir selbst.

Der Beruf der Kostümbildner wird immer als Traumberuf bewundert, oder er wird nicht wahrgenommen. »Schminkst du die Schauspieler?«, höre ich oft, wenn ich meinen Beruf nenne. Konkretere Vorstellungen gibt es nicht.

Wenn ich erzähle, welchen Einsatz es erfordert, nur wenige Minuten Film herzustellen, wie groß der Aufwand ist, eine Film- oder Theaterfigur angemessen anzuziehen, sodass sie authentisch wirkt und die Beziehung zum Publikum im Sinne der Rolle aufbauen kann, ernte ich Ungläubigkeit. Wenn ich erkläre, wie oft Rat- und Rastlosigkeit sich abwechseln mit beschwingtem Erfolg und Anerkennung, wie Engagement rund um die Uhr selbstverständlich ist und die Familie und Freunde mich nicht mehr zu Gesicht bekommen, sehe ich Unverständnis in den Augen. Wenn ich ausmale, wie bedacht, handverlesen und dramaturgisch genau ein souveränes Kostümbild entsteht, werden die Augen immer größer. »Ach, wir dachten, die ziehen sich aus dem eigenen Kleiderschrank an …« Auch Kommentare wie der eines Kritikers zu den Kostümen einer Opernaufführung – »Der Chor, in immer neuen Kostümen. Da wurde viel Stoff verbraucht …« – zeigen eine Ahnungslosigkeit oder Desinteresse an der Aufgabe und Verantwortung eines Kostümbildes. Kostüme sind keine Dekoration als Selbstzweck. Kostümbildner ahmen keine Figuren nach, sondern sind individuelle Urheber ihrer Geschöpfe. Ihre Konzeption hängt ab vom persönlichen Blick, der inneren Stimme, vom Geschmack und der Fähigkeit zu einem künstlerisch verdichteten, sichtbaren Resultat zu kommen.

Ich möchte Kostümbildner und ihre Aufgaben von einigen Seiten her beleuchten, allen die Augen öffnen, die sich für diese Laufbahn entscheiden wollen und interessierten Fans ein Gewerk vorstellen, ohne das die Stars in ihren Filmen nackt wären. Ich beschreibe einen klassischen Weg, der auf moderne Hilfsmittel nicht verzichtet. Sollte die Arbeit in Zukunft zum überwiegenden Teil am Rechner erledigt werden, so wie es vorausgesagt wird, verändert sich der Beruf.

Wir sind durch ihn in der Lage, Menschen noch wirklich zu berühren. Wir loten Beziehungen aus, wir stellen Charaktere auf den Prüfstein und bieten dem Publikum an, mit Filmfiguren oder Menschen auf der Bühne innerlich zu kommunizieren, sich von ihnen anregen und verzaubern zu lassen.

Wir Filmschaffende erzählen Geschichten. Die Arbeit daran führt uns zusammen. Menschen, die sich wahrscheinlich nie begegnet wären, werden für kurze Zeit ein Team, eine Familie, in der Höchstleistung an Konzentration, Zusammenarbeit und Respekt verlangt wird. Das Ziel ist die Umsetzung einer gemeinsamen bildhaften Idee, das Konzipieren und Realisieren von bewegten Bildern, von Geschichten, die wachrütteln und verzaubern und den Menschen gegen die zunehmende Leere und Erschöpfung helfen. Kostüme sind unmittelbar mit dem Körper verbunden und senden die allerersten Signale einer Gestalt aus. Sie sind als eigenständiges filmisches Mittel in ein subtiles Spiel eingebunden, zielen mit ihrer Sprache auf eine spezifische Wahrnehmung und nicht nur darauf, schön zu sein. Wenn ein Kostüm authentisch ist, kann es unsichtbar sein oder auffallen. »Genauer betrachtet, handelt es sich um eine symbiotische Gestaltung der Körper- und Kleidungsformen, der Farben, des Raums, des Lichtes, der Bewegung, der Balance, der Spannung oder der Expressivität, die unsere Wahrnehmung beeinflusst.« (Daniel Devoucoux, »Mode im Film«, Bielefeld 2007, S. 28)

Es gibt keinen vorgezeichneten Weg in den Beruf der Kostümbildner. Ob man ein Studium anstrebt oder erstmal eine Schneiderlehre oder Ähnliches macht – zunächst sollte hinterfragt werden, ob man bestimmte wichtige Voraussetzungen mitbringt, welche Motivation einen eigentlich beflügelt und ermutigt, diesen Beruf auszuüben. Was bedeuten mir Bilder? Nehme ich Farben intensiver wahr als andere? Denke ich in Bildern, erinnere ich in Bildern? Wie steht es mit der Offenheit fremden Themen gegenüber, der Neugier auf Geschichten und der Ernsthaftigkeit in Bezug auf Verantwortung? Kann ich Kritik und Ablehnung ertragen? Wie stelle ich mir den aufregenden, kräftezehrenden, selten glamourösen, dabei konfliktträchtigen und oft niederschmetternden Einsatz vor?

»Was ich tue, ist so weit von Glamour entfernt, wie es nur entfernt sein kann. Bei Filmpremieren, zu denen ich ab und zu befreundete Schauspieler begleite, werde ich normalerweise aus dem Bild geschubst«, so Kostümbildnerin Lissy Christl anlässlich ihrer Oscar-Nominierung in einem Interview (Berliner Zeitung vom 25.2.2012). Über diese, die zweite deutsche Kostümnominierung in der Geschichte der Oscars fiel seltsamerweise zunächst kein Wort in den Medien, während deutsche Nominierungen aus anderen Bereichen in Print und Internet gefeiert werden. Trotz offenbaren Desinteresse der Öffentlichkeit an unserem Beruf, trotz sechzehnstündigen, kräftezehrenden Arbeitstagen, Auseinandersetzungen mit TV-Redakteuren und Producern, die in zunehmenden Maße darauf bestehen, die Figuren nach eigenem Geschmack mitzugestalten – liebe ich meine Arbeit!

Ich weiß nicht, ob ich soweit gehen sollte zu sagen, es ist eine Berufung, aber eine Liebe, auch bis hin zur Besessenheit, für diesen Beruf sollte spürbar oder im Laufe der ersten Erfahrungen erkennbar werden. Auf jeden Fall sollte man Film- und Theaterliebhaber sein, ein Cineast im besten Sinne.

Dieses Buch entstand aus persönlicher, dreißigjähriger Berufserfahrung in der Film- TV- und Theaterbranche. Mit den kleinen Essays über meine außergewöhnlichen Erlebnisse, Abenteuer in fremden Ländern und die Begegnungen mit wunderbaren Menschen möchte ich die Vielfältigkeit unserer Arbeit beschreiben und für den Leser ein Stück weit die Grauzone hinter der Kamera und Bühne beleuchten. Ohne meine vielen kompetenten und liebevollen Assistenten, Set KostümerInnen und alle anderen professionellen Teammitglieder hätte ich die Jobs nicht machen können. Und ohne den Einsatz von Produzenten, die das Risiko nicht scheuen, gäbe es keine mitreißenden Filme.

Das Buch erhebt keinen Anspruch auf Vollständigkeit. Der Beruf des/r Kostümbildners/in ist ein künstlerischer und jeder wird den Weg auf seine Weise gehen. Ohne die männlichen Kollegen ausschließen zu wollen, schreibe ich nachfolgend mal von »ihr« und von »ihm« und verzichte auf den ständigen Schrägstrich, sämtliche Berufsbezeichnungen meinen gleichwertig beide Geschlechter, ohne dies wiederholt und ausdrücklich anzuführen.

DANK

Mein Dank gilt meinen Interviewpartnern Monika Gebauer, Regine Borkenhagen, Klaus Gendries, Miguel Herz-Kestranek, Helma Sanders-Brahms und Ingrid Zoré. Michael Mioth danke ich für das Abtippen der Interviews.
Meinem Mann, Dr. Thomas Eicher, verdanke ich, dass er als erster kritischer Leser mir die verflixten Kommas an die richtigen Stellen setzte, Unverständliches hinterfragte und mir doch meinen Schreibstil ließ.

Besonderer Dank gebührt Brigit Schrader-Gruse für die Umschlaggestaltung, die Bearbeitung der Fotos, das Layout und die Illustrationen. Sie hat für mich die gesamte digitale Umsetzung erstellt.

Ich danke dem Schüren Verlag für die freundliche Aufnahme.

Zum Berufsbild

Die Aufgabe

Die Erstellung eines Kostümbilds ist die konzeptionelle und schöpferische Gestaltung der Gesamtheit der Kostüme eines Filmwerkes oder eines Theaterstücks. Die kreative Realisation, Betreuung und Organisation während der Vorbereitung, Drehzeit und Abwicklung gehören ebenso zu den Aufgaben der Kostümbildner wie die Verantwortung über das Kostümbudget, die Arbeit des Mitarbeiterstabs, der Zulieferer und Hersteller. In der Zusammenarbeit mit Regie- und Kameraabteilung, Szenen- und Maskenbild und nicht zuletzt mit den Schauspielern wird aus einem geschriebenen Drehbuch/Theaterstück die visuell erfassbare Darstellung einer Begebenheit.

Tätigkeitsfeld

Kostümbildner finden ihre Wirkungsstätte in der Film- und TV-Branche.Sie engagieren sich in freien Produktionen, in Koproduktionen mit dem Fernsehen, in Auftrags- oder Eigenproduktionen des Fernsehens wie z.B. in Spielfilmen, Kurzfilmen, TV-Movies, Serien, Sitcoms und Shows. Ebenso kann in der Werbung das Styling entwickelt werden. Die darstellenden Künste wie Theater, Oper und Musical bieten weitere Gestaltungsmöglichkeiten. Neue Herausforderungen finden Kostümbildner in Formaten wie z.B. dem Internetfernsehen.

Voraussetzungen

Die Motivation, sich in ein kreatives Berufsfeld mit Einfühlungsvermögen, Teamgeist und Flexibilität einzubringen, ist entscheidende Bedingung. Eine umfassende Allgemeinbildung ist für den Beruf unerlässlich. Ebenso eine gute Kenntnis auf dem Gebiet der Kunst- und Kulturgeschichte, um Recherchen sinnvoll betreiben zu können und sich Hintergrundwissen anzueignen. Stil- und Milieukunde und Kostümgeschichte sind unabdingbar, wichtig auch handwerkliche Fachkenntnisse in Schnittaufstellung und Schneidertechnik. Das Wissen um Textilien und andere verwendbare Materialien ist erforderlich. Die Kenntnis von Farbdramaturgie und der Wirkung von Licht erleichtern die Arbeit ebenso wie der Einblick in die technische Bedingungen der Kameraabteilung. Die Anforderung an die eigene schöpferische

Vorstellungskraft, an den Ideenreichtum ist groß. Nicht zuletzt ist Dramaturgie unentbehrlich, um die Einheit einer Geschichte oder eines Stückes zu erfassen und sinnvoll zu bearbeiten.

Herausforderung

Die allererste Wahrnehmung ist das Äußere. Die Ausstrahlung einer Person kommt dem Wort zuvor. Ohne ein glaubhaft und stark bebildertes Milieu findet keine Identifikation des Zuschauers statt. Ein Drehbuch macht in der Regel keine Stilvorgaben. Zunächst gibt es nur im Wort aufgeführte fiktive Personen.

Die schöpferische Fantasie der Kostümbildner versorgt diese mit einem Kleid. Ein Kostüm macht den sozialen Status und die Befindlichkeit der Filmfigur sichtbar. Mit großem Spielraum ist die freie, assoziative Kraft der kostümbildnerischen Fantasie eine einzigartige Hilfe bei der Entwicklung der Figuren. Die künstlerisch gestaltete Einheit von Text, Kostüm und Raum (Szenenbild) schafft die Basis für die Inszenierung des Regisseurs

Kostümbildner als Urheber

Die Erstellung eines Kostümbildes führt zu einer unverwechselbaren, individuellen, persönlichen, geistigen Schöpfung. Das alle Figuren umfassende Kostümbild wirkt auf Atmosphäre und Stimmung des Gesamtwerkes und somit auf die sinnliche Rezeption des Zuschauers. Die Kostümbildner bestimmen im Sinne des Urheberrechtes das visuelle Erscheinungsbild der im Filmwerk agierenden Figuren und sind so maßgeblich am Gesamtkunstwerk beteiligt. Der Schaffensprozess ist vor Beginn der Dreharbeiten nicht abgeschlossen, sondern setzt sich währenddessen in Form von zum Teil wesentlichen Änderungen fort. Zur Aufgabe der Kostümbildner gehört es, während der Dreharbeiten die Figuren zu bereichern, zu ergänzen, zu komplettieren oder Kostüme wegzulassen. Zweifelsfrei endet der schöpferische Vorgang erst am letzten Drehtag und erwirkt eine – vom Gesetzgeber in der Form jedoch nach wie vor nicht anerkannte – Urheberschaft am gesamten Filmwerk.

Zur Geschichte des Bühnen- und Filmkostüms

Im Theater der griechischen Antike gab es feste Vorgaben für stilisierende, das klassische Ideal typisierende Gewänder. Für Tragödienspiele ergänzten die Römer diese mit hohen Bühnenschuhen, den Kothurnen. Für tragische und komische antike Rollen wurden bis ins frühe 16. Jahrhundert einfache, zweckmäßige Schauspielerkleider und später lange gegürtete Schauspielerröcke verordnet.

Die Passionen und Mysterienspiele des Mittelalters hielten sich an die Kleiderordnung der Stände. Man ließ sich von religiöser Tafelmalerei und von frühen Trachtenbüchern inspirieren und verkleidete Christus, den Teufel oder den Narren nach damaligen Vorstellungen. Das sogenannte fahrende Volk der Darsteller fertigte seine Bühnenkleidung selbst an.

Für barocke Spektakel bei Hofe nähten Theaterschneider, meist nach Angaben der Bühnenzeichner, zeitgenössische aber bühnenwirksam überhöhte Mode. Komödien sollten nunmehr in gewöhnlichen, Tragödien in aristokratisch erhabenen Gewändern vorgetragen werden. Die jeweilige herrschende Klasse oder berühmte Maler und Architekten wie Charles Le Brun (1619–1690, Stil Louis XIV.) gaben autoritäre Direktiven aus. Neben der höfischen Spiel- und Opernkultur entwickelte sich das Volkstheater mit typisierender oder karikierender zeitgenössischer Gewandung.

Im 17. und 18. Jahrhundert waren Schauspieler selbst verantwortlich für ihre Kostüme. Sie zeichneten sie, ließen sie anfertigen und kostbar besticken. In Kompanien wie der von Molière (1622–1673) existierte nach kurzer Zeit eine Art Fundus, für den ein Dekorateur zuständig war. Schauspieler, die sich kein neues Kostüm leisten konnten, liehen sich von diesem eines aus der Garderobe des Theaters. Sie mussten dafür einen Teil der Gage abtreten. Es gab auch getragene Kostüme zu kaufen oder, wenn man in der Gunst des Königs stand, prächtige Gewänder als Geschenk. In seinen Inszenierungen bestimmte Molière selbst die Charaktere und deren teilweise übertriebene Gewänder. Das Publikum sollte mithilfe der Kostüme real existierende Zeitgenossen erkennen. Es gibt Illustrationen von François Chauveau (1613–1676), die nach diesen Figuren angefertigt wurden.

Johann Christoph Gottsched (1700–1766), Schriftsteller, Dramaturg und Literaturtheoretiker brachte als Wegbereiter der frühen Aufklärung eine Erneuerung auf dem Theater in Gang. Bis zu diesem Zeitpunkt wurden historische Stücke in zeitgenössischen und nicht in historischen Kostümen aufgeführt. Glaubwürdigkeit und Echtheit wurde nun im Bühnenkostüm gefordert. In Oper und Ballett jener Zeit interessierte das jedoch noch niemanden. Tanzmeister Jean Georges Noverre (1727–1810) schreibt 1760: »Der Kostümzeichner fragt niemand, er opfert zuweilen die Tracht eines alten Volkes der Tagesmode oder der Laune einer Tänzerin von Ruf.«

Ab Mitte des 19. Jahrhunderts entwickelten sich in der Architektur und Malerei aus übertriebenem Sinn für historisch Bedingtes Stile des Historismus. Man ahmte frühere Stilrichtungen nach, die sich auch in Bühnenkostümen wiederfanden. Kenntnisse der Kostümgeschichte wurden demnach notwendig. Das von Eduard Bloch (1831–1895) verlegte Werk »Bühnen-Costüme« aus dem Jahr 1859 zeigt Lithografien, die nach Fotografien von kostümierten Schauspielern angefertigt wurden. Nachträglich koloriert, wurden dort die Kostüme und die Charaktere der dargestellten Rollen beschrieben. Mit keinem Wort erwähnt wurden diejenigen, die unmittelbar am Entwurf und an der Herstellung beteiligt waren. Bis zu dieser Zeit wurde übrigens alles noch mit der Hand genäht!

Das Bedürfnis nach historisch genauer Darstellung von Kostüm und Raum auf der Bühne ließ Anfang des 20. Jahrhunderts wieder nach. In der Verbindung von Leben und Kunst strebte man neue Gestaltungsprinzipien im Sinne eines Gesamtkunstwerkes für die Bühne an. Das Theater als Spiegel der Zeit. Bekannte Maler, bzw. bildende Künstler wie Picasso, George Grosz und Oskar Schlemmer wurden für die Entwürfe von gesamten Ausstattungen engagiert. Oft sahen sich Bühnenbildner auch mit der Herstellung einer Garderobe beauftragt oder Regisseure hielten sich selbst für Kostümfachmänner. Einige Akteure entwarfen immer noch ihre Kostüme selbst und koordinierten später die Kreationen mit den Mäzen und Gönnern großer Modehäuser. Noch Marlene Dietrich (1901–1992) konzipierte ihre großartige Garderobe in Zusammenarbeit mit einem Designer selber. Aber der Beruf des Kostümzeichners wurde wichtiger.

Gegen Ende des 19. Jahrhunderts schon hatten sich Kostüm- und Dekorationsfirmen zu einer eigenständigen Branche entwickelt. Sie spezialisierten sich auf die handwerklich gekonnte Herstellung und den Verleih von Theater- und Revuekostümen. Auf diese Weise gewann das Kostümbild als eigenständiger Teil von Theater-, später auch Filmproduktionen an Bedeutung. Ebenso die fundierten Kenntnisse der Mitarbeiter und die Erforschung historischer Bekleidungsgewohnheiten, die diese Firmen zusammen im Rundumpaket lieferten. Sie stellten hervorragende Kostümzeichner an. Unter ihnen der sehr bekannte Basil Grage (1871–?, nach 1943 verliert sich seine Spur), der eigentlich als Kunstmaler firmierte. Sie fertigten Entwürfe für die Aufträge der Filmindustrie an oder Musterfigurinen für die Bestellungen von Theaterleitern und Regisseuren. Auf Exklusivität wurde in dem Fall verzichtet. In einer Ausgabe des Film-Kurier von 1924 wird ein Arbeitsprozess in der Firma Theaterkunst beschrieben: »Die Stoffe werden vorher ausgesucht, auf Farbenwirkung geprüft und vom Zeichner wird die Figurine entworfen. Hat eine Schauspielerin ihren besonderen Schneider und will nun durchaus von ihm angezogen sein, so ist ihr das unbenommen, ihr Kostüm geht dann auf Privatetat. Stellt die Direktion das Kostüm, so entscheidet sie selbstverständlich, was und wie es gemacht werden soll. Es wird eine Anprobe vorgenommen, nach der auf der Figurine das Kostüm auf seine Farbenwirkung hin korrigiert wird. Dann werden die Stoffe ausgesucht, und es erfordert zuweilen viele Verhandlungen, bevor Direktor und Regisseur sich entscheiden (...) Direktor, Architekt [Szenenbildner oder Filmarchitckt; Anm. d. A.] und Regisseur suchen gemeinsam aus, aber es sind zumeist Wünsche der Darsteller zu berücksichtigen. Letzten Endes entscheidet doch verantwortlich die Regie.« (Eduard Jawitz, »Malerei, Architektur, Plastik und Kunstgewerbe im Film. Eine Rundfrage über dekorative Probleme«, in: Film-Kurier 1924/6. Jg., Heft 38, S. 12)

Die künstlerische Leitung des Hauses übernahm die Aufgaben der Kostümbildner. Selbst Ausstatter großer Revuetheater, wie Erté (1892–1990) oder Umberto Brunelleschi (1879–1949), zeichneten nur und gaben Kostüme in Auftrag.

Die frühesten, extrem theatralischen Stummfilmwerke des Georges Méliès (1861–1938) zeigten zeitgenössische Kleidung mitten in aufwendigen Trick-, nahezu Science-Fiction-Geschichten.

Die Einheit von Raum, Figur und Kostüm nahm erst ab den zwanziger Jahren des 20. Jahrhunderts Gestalt an. Der Golem, wie er in die Welt kam (1920) von Paul Wegener (1874–1948) ist das Dokument eines expressionistischen, sehr einheitlich konzipierten Films; sein Architekt und Kostümbildner Hans Poelzig (1869–1936) kreierte diese klobige, böse puppenartige Figur des Golem. Charlie Chaplin (1889–1977), der vagabundierende Gentleman, oder Max Schreck (1879–1936) als Graf Orlok in Nosferatu (1922) sind in ihren immer gleichen Kostümen eng mit der szenischen Umwelt im Film verknüpft. Kostümbildner sind die Figurengestalter.

Bis in die fünfziger Jahre bot der Beruf des Filmkostümbildners auch nach einer fundierten Ausbildung in einer Textil- und/oder Modeschule wenig Chancen. Filmstars wurden immer noch in Zusammenarbeit mit Modedesignern angezogen.

Audrey Hepburn (1929–1993) konnte in den Kreationen ihrer Couturiers zur Ikone des Kinos werden; der Kostümbildnerin Edith Head (1897–1981) stand in den Hepburn-Filmen Modeschöpfer Hubert de Givenchy (*1927) zur Seite.

Im deutschen Filmprogramm zum Film VOM WINDE VERWEHT (1939), der über drei Jahre mit einem Kostenaufwand von 4 Millionen Dollar vorbereitet wurde, ist tatsächlich kein Kostümbildner genannt. Für John Hustons DIE BIBEL (1966) ehrte man Maria de Matteis als »drittes Mitglied des Produktionstriumvirats«: »Als weltbekannte Autorität für historische Kostüme schuf sie die bemerkenswerte Anzahl von mehr als 10 000 Kostümen.« Die Produktion CLEOPATRA von Joseph L. Mankiewicz trennte »Kostüme für Elizabeth Taylor«, »Kostüme für männliche Darsteller« und »Kostüme für weibliche Darsteller«. Es gab drei verschiedene Designer. BEN HUR zeichnete Elizabeth Haffenden mit der Farbberaterin Joan Bridges zusammen 8000 Entwürfe und Skizzen, die als die authentischsten Kostümschöpfungen bezeichnet wurden, die je für einen Film entwickelt worden waren. Cecil Beaton (1904–1980) ist für MY FAIR LADY (1964) mit Audrey Hepburn unter »Entwurf und Produktion der Kostüme und Dekoration« genannt.

Die Erkenntnis, dass Kostüme weitreichende ästhetische und dramaturgische Aufgaben haben und nicht reine Alltags- oder historische Bekleidung darstellen, führte in den folgenden Jahrzehnten zu einem größeren Bedarf an Kostümbildnern. Unter anderem erforderten auch Rainer Werner Fassbinders (1945–1982) Filme mit ihrer fabelartigen Verfremdung durch Licht und Künstlichkeit eine genaue, in sich geschlossene Konzeption des Kostümbildes.

Gute Filme verlangen die verantwortliche Virtuosität und konzentrierte Kreativität aus einer Hand und eben nicht gerade greifbare Kostüme aus einem Fundus oder dem Privatschrank der Schauspieler.

Notwendige Interessen, Kenntnisse, und Fähigkeiten

Allgemeinbildung

Kostümbildner treffen in jedem neuen Projekt viele sehr spezielle Individuen. Um im Sinne der Herstellung eines Films zu kommunizieren und sich in ein Team einzufügen, ist eine umfassende Bildung unerlässlich. Wichtig ist aber nicht nur das Wissen aus Schul- und Studienzeiten, sondern auch die eigenständige Weiterbildung und stete Neugier auf verschiedenste Themenbereiche als unerlässliche Voraussetzung für den Beruf. Darüber hinaus sind ein guter Wortschatz und eine klare Ausdrucksweise erforderlich. Ein Grundstock an Erfahrungen und Einsichten helfen, Erlebtes kritisch zu reflektieren. In unserer Informationsgesellschaft gehört die Fertigkeit, Mitteilungen und Hinweise zu sammeln, zu bewerten und zu verknüpfen zur Orientierung im Leben. Die Fähigkeit, pragmatisch und sozial zu handeln und sich ethisch und ästhetisch zu orientieren, ist das notwendige Fundament, um sich in der Welt zurechtzufinden und um spezielle Kenntnisse für den Beruf zu erwerben.

Kulturgeschichte

Die Kulturgeschichte Europas von der Antike bis zur Gegenwart ist eigentlich Schulstoff. Wesentliche Aspekte sind Bildung und Erziehung, Gesellschaftsordnung, Handwerk und Industrie, Hausrat und Möbel, Kleidung und Schmuck, Medizin, Musik und Kunst, Landwirtschaft, Literatur, Naturwissenschaft und Technik, Recht und Staatsordnung, Religion und Brauchtum und nicht zuletzt Theater und Film. Sich mit Kulturgeschichte zu befassen, ist gleichbedeutend mit Reisen, es hilft, den Blickwinkel zu erweitern und die Wahrnehmung zu schulen. Unsere Vergangenheit offeriert uns zahllose, auch heute noch relevante gesellschaftliche Errungenschaften. Ohne Lust an ihrer Erforschung ist der Beruf der Kostümbildner nicht denkbar. Für ein historisches Projekt sind die Lebensumstände in der entsprechenden Epoche für die wirklichkeitsnahe und/oder die davon beabsichtigt abweichende Darstellung enorm wichtig. Um Kostüme zurückliegender Epochen zu verstehen und in ihrer Funktion zu übersetzen, ist es erforderlich, sich einen fundierten Überblick anzueignen. Bei späteren, projektbezogenen Recherchen ist eine Vertiefung in die Kostümgeschichte unerlässlich.

Kunstgeschichte

Jede Beschäftigung mit Kunst setzt das Sehen, das Anschauen voraus. Die Wege der Kunst durch die Kulturen der Welt sind unerschöpfliches Material für unseren Beruf. Kunst ist in jeder Epoche stilistisch und spirituell von großer Bedeutung. Die Gestaltungskraft des Menschen prägt seine Epoche, beeinflusst maßgeblich seine Kultur. Wie bedeutend sind orientalische und ägyptische Hochkulturen, in deren Folge sich die abendländische Kunst entwickelt hat, wie spannend die griechische und römische Kunst, die des Mittelalters, wie fesselnd die Kunst der Gotik, der Renaissance, des Barock und Rokoko.

In Kunstgeschichtsbüchern findet man immer auch Abbildungen, die Auskunft überKleidung der Zeit geben. Mit sehr viel mehr Charme als heute wurden in früheren Jahrhunderten gerade Gegenstände des Alltags mit Ornamenten oder Szenen der Epoche versehen. Miniaturkunst und Teppiche, Masken und Figuren, Bronze, Ton oder Glaskunst und auch die Webkunst helfen uns, Accessoires, Kopfbedeckungen oder Schmuck aufzuspüren. Um die Entwicklung bis in unsere heutige Kunstszene zu verfolgen, ist inzwischen das Internet ein wertvoller Partner. Und auch jede Ausstellung ist eine Bereicherung für uns. Sie füllt den Speicher unserer Kreativität und hilft aus der Fülle von Eindrücken heraus, künstlerisch zu arbeiten.

Stilkunde

Werden innerhalb einer Epoche Gemeinsamkeiten in der bildenden Kunst, der Architektur und dem Kunsthandwerk herausgearbeitet, so sprechen wir von einer Stilepoche, einem Baustil oder einem Möbelstil. Es ist der Versuch einer systematischen Erfassung und Einordnung. Man formuliert die Übereinstimmungen im Werk eines Künstlers, eines Kunsthandwerkers oder Architekten. Der Stil einer Epoche oder einer Künstlergruppe schließt eine ganz individuelle Ausdrucksweise niemals aus.

Übertragen auf die Bekleidungsart sind es Kostümepochen, die in ihrer modischen Ausformung erkennbare Ähnlichkeiten aufweisen. Jedes Zeitalter definiert einen Bekleidungsstil aus dem soziologischen, psychologischen und ästhetischen Aspekt heraus. Zunftkleidung z.B. war verbindlich und diente einer klaren sozialen Einordnung. Wobei wiederum die spezifische Art sich zu kleiden, immer schon von der Natur und dem Temperament einer Persönlichkeit abhing. Träger von zivilen oder militärischen

Uniformen und geistlicher oder juristischer Amtstracht z.B. ordnen sich auch heute noch einem klar definierten Gruppenstil unter.

Angesichts der heutigen kulturellen Vielfalt akzentuieren Menschen bestimmte Signale in ihrer Kleidung und definieren sich über den gemeinsamen oder den unterschiedlichen Look. Die äußere Erscheinung scheint eine Identität auszudrücken, ist aber heute sehr schnellen Veränderungen unterworfen. Das sogenannte In-and-Out-Konzept führt zu einem Modekonsumverhalten, das ein unübersichtliches Stilgemisch zur Folge hat. Bei der Erfindung von heutigen Personen müssen wir daher sowohl mit eindeutig erfassbaren als auch nicht klar erkennbaren äußeren Merkmalen umgehen.

Milieukunde

Der Mensch kopiert bzw. imitiert die Menschen in seinem Umfeld von kleinauf und lernt auf diese Weise, sich in seinem Lebensbereich zurechtzufinden. So wächst er in sozialen und wirtschaftlichen Verhältnissen auf, die ihn prägen und auch schützen. Die Gesamtheit des natürlichen, wirtschaftlichen, kulturellen und sozialen Umfelds bezeichnet man als Milieu. Bis etwa 1900 war jedes Milieu noch ganz klar vom anderen abgegrenzt. Das Freudenmädchen hielt viel nackte Haut nur notdürftig unter Rüschen verborgen, zeigte sich im Korsett und lockte gern mit dem normalerweise verborgenen Strumpfband. Die bürgerliche Frau trug Hochgeschlossenes, zeigte ungern Handgelenk und niemals Fußfesseln. Heinrich Zille (1858–1929) kritisierte mit seinen großartigen Zeichnungen die Wilhelminische Zeit und hinterließ uns mit seiner »Milljöh«-Kunst fast ein Kostümnachschlagewerk.

Angehörige einer Gesellschaftsklasse verhielten sich in der Regel konform, von Ausnahmen abgesehen, die für unsere Drehbuchgeschichten notwendige Konflikte hervorrufen können. Bekleidung attestierte die soziale Zugehörigkeit zu einer Gruppe, auch wenn eine individuelle Ausformung Unterschiede suggerieren mag.

Die heutige Vielfalt gesellschaftlicher Codes ist auf den zweiten Blick schnell zu durchschauen. Das Milieu in den Hintergrund drängend ist das Image auf dem Vormarsch. Es ist ein Produkt unserer Zeit, von der Werbung suggeriert, das ziemlich oberflächlich daherkommt und mit Outfits, Accessoires und diversen anderen Attributen (mein Haus, mein Boot, mein Auto oder so ähnlich) käuflich ist und eine eindeutige Klassifizierung nicht mehr zulässt oder diese verfälscht. Der Run auf Marken und ihre Labels ist einem schwer durchschaubaren Mechanismus unterworfen. Die bis vor einigen Jahrzehnten vorhandene Ordnung ist aus den Fugen. Statusfragen lösen sich eigentlich auch schon auf. Die Möglichkeit Mode in ihrer Vielfältigkeit zu konsumieren oder sich ihr zu verweigern, weist auf Individualisierung hin. Allerdings sind mit dem Outfit behauptete Identitäten nicht fälschungssicher. Die Einflüsse von politischen Gruppen, Subkulturen, Spaß- und Agrokulturen und im Besonderen deren internationale Vernetzungen führen zu einer Auflösung der Milieus im Sinne der bisher geltenden Theorie.

Im Rahmen der Recherchen werden wir herausgefordert vielfältige Spuren in unserer Gesellschaft zu erkennen und zu sichern. Wir dürfen und müssen Rückschlüsse ziehen auf Normen, Werte und Verhaltensmuster, um damit die Basis für ein starkes, glaubhaftes Kostümbild zu schaffen. Für Kostümbildner setzt hier bei modernen Projekten eine spannende Ermittlungsarbeit ein.

Kostümgeschichte

Nur mit dem erweitertem Wissen um Bekleidungsgewohnheiten, wie dem Studium von Kostümepochen erwirbt der Kostümbildner die Befähigung, Aufträge für historische Projekte durchzuführen. Historienfilme werden gerne wegen ihrer großen Dekoration, üppiger Requisiten und prachtvoller Kostüme als »Kostümfilme« oder leider auch als »Kostümschinken« bezeichnet. Oft wird in diesem Zusammenhang der Film CLEOPATRA (1963) mit Liz Taylor genannt, der eine der gigantischsten und teuersten Produktionen der Filmgeschichte ist. Kostümbildner sind in ihrem Element, wenn sie in solchen Produktionen die Chance haben, Kostüme aus anderen Epochen zu entwerfen und die Schauspieler in Figuren einer anderen Zeit versetzen dürfen.

Anregungen für die Bearbeitung von Abenteuer- und Fantasyfilmen bekommt man z.B. aus Enzyklopädien, wie der von Wolfgang Bruhn und Max Tilke, »Kostümgeschichte in Bildern«, oder »Weltgeschichte der Kostüme« von Albert Racinet. Diese Standardwerke bieten eine Übersicht der Bekleidung aller Zeiten und Völker vom Altertum bis zum Ende des 19. Jahrhunderts, einschließlich der Volkstrachten inner- und außerhalb Europas.

Zunächst ist es gut zu wissen, wie die Gestaltung der Bekleidung in einer bestimmten Epoche wirklich war. Jede Stilisierung oder Modernisierung ist auf dieser Grundlage ein probates künstlerisches Mittel, um heutige Sehgewohnheiten zu bedienen oder eine Akzeptanz auch seltsam anmutender Gewänder zu erreichen. Jedes Kostümbild kann von der Detailfülle der Kostümgeschichte profitieren. Wir lassen uns von Volkstrachten inspirieren, klauen bei der Hippiebewegung der Sechziger und entdecken und verarbeiten Balkaneinflüsse. Ob Wahrhol-Look oder Dior-Kollektion, ob Schätze des Orients oder die Schmuckkunstwerke von Erté, ob die von R. K. Massie und J. Finestone herausgegebenen »Historischen Aufnahmen der letzten Fürstenhöfe Europas« oder Abbildungen von Zarah Leander – es kann zur Sucht werden, solche Bücher in die Hand zu nehmen. Ein haptisches Erlebnis, das die Recherche im Internet nicht bieten kann. Als großartige Nachschlagewerke und Orientierungshilfen für das 19. und 20. Jahrhundert kann ich August Sanders »Menschen des 20. Jahrhunderts«, die Porträts von Nadar, die künstlerischen Fotografien der Frieda G. Riess und Erich Lessings »Vom Festhalten der Zeit: Reportage-Fotografie 1948–1973« empfehlen. Die faszinierende Genauigkeit dieser Schwarz-Weiß-Fotografie ist für Detailstudien unübertroffen.

Sogenannte Semi-Dokumentationen oder »Reenactments«, die immer häufiger für das Fernsehen produziert werden, versuchen eine möglichst authentische Nachstellung konkreter geschichtlicher Ereignisse. Der wissenschaftliche Ansatz dabei ist zu befürworten. Häufig geraten solche Produktionen aber zu unseriösen Spektakeln. Die Gefahr besteht, Geschichtsbilder nach modischem Zeitgeist zu vermitteln.

Ein solches Projekt z.B. über das antike Ägypten, Griechenland, Rom oder Byzanz stellt uns dann vor die Aufgabe, auch über Bekleidung, die nicht fotodokumentarisch festgehalten ist, zu recherchieren.

Eine kostümhistorische Betrachtung sämtlicher Epochen würde den Rahmen des Buches sprengen. Da es sehr fundierte Literatur auf dem Gebiet gibt, laufe ich nur kurz mit Siebenmeilenstiefeln durch die oben genannten Epochen, um einen kleinen Einblick in einige Fachbegriffe zu geben und den Einfluss der Lebensverhältnisse auf die Mode zu erläutern. Eventuell weckt es den Geschmack auf mehr.

Ägypten (ca. 3100–332 v. Chr.)

Ein wesentliches Kennzeichen der ägyptischen Kunst und Kultur ist ihre stilistische Einheit über den langen Zeitraum der Epoche hinweg. Das Leben verlief streng nach religiösen Riten. Die Ägypter hinterließen uns Skulpturen, Wandmalereien in Grabräumen und auf Reliefs. Die Darstellungen sind zweidimensional flach und nehmen fast immer Bezug auf einen Verstorbenen und sein von Göttern begleitetes Leben im Jenseits. Seine Angehörigen, Diener, Musikanten und Tänzerinnen umgeben ihn. Von diesen Abbildungen, einer Bilderschrift ähnlich, können wir auf die Bekleidung schließen. Grundform der ägyptischen Kleidung war ein körperbetonendes von Männern und Frauen getragenes

Hemd von schlanker Silhouette, *Kalasiris* genannt, desweiteren ein Schurz für Männer und eine einfache, tuchartige Mantelform. Ergänzt wurden diese durch farbige, meist symbolverzierte Schmuckkrägen, Arm- und Knöchelbänder. Die überwiegend in Weiß und sehr durchscheinend gehaltenen Gewebe, meist aus Leinen oder Baumwolle, waren oft plissiert. Frisuren, häufig Perücken, wurden häufig übereinander wie Hüte aufgesetzt. Parfümkegel auf dem Kopf schmolzen langsam in der Sonne. Diese Mode hat sich während der 3000-jährigen Herrschaft der Pharaonen kaum geändert.

Die bildnerischen Darstellungen der verehrten Götter, wie sie in jeder historischen Quelle schematisch zu finden ist, lassen darauf schließen, dass die beschriebene Kleidung die allgemein übliche war. Die Pharaonen und Götter unterscheiden sich in ihren Insignien, Kronen, Schmuckkrä

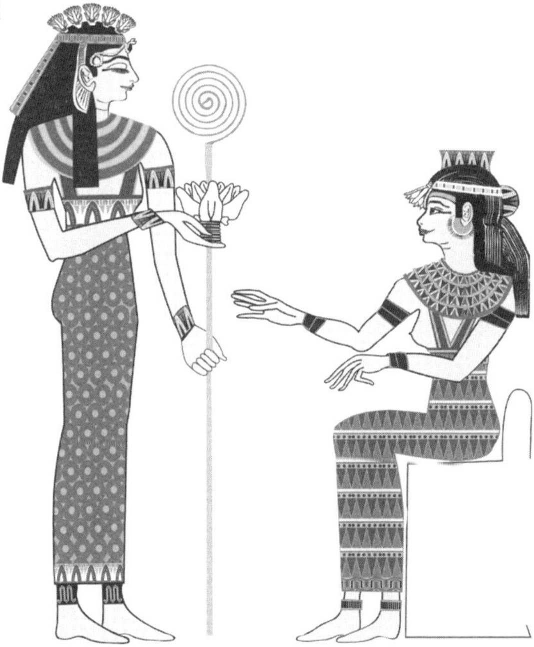

KALASIRIS, ein bis zum Knöchel reichendes körperumschmiegendes Gewand.
Die Brust war frei oder halb verdeckt

Griechenland (ca. 700–100 v. Chr.)

Mit ihrer Kleidung entwickelten die Griechen des Altertums ein ästhetische, harmonische, der natürlichen Schönheit zugewandte Mode. Die Kleidungsstücke waren nicht zugeschnitten, es gab keine Beinkleider. Das Wesen der von beiden Geschlechtern gleich getragenen Bekleidung zeichnete sich durch Form, Anordnung und dem freien Fall der Stoffe aus. Es gab Schulen an denen die kunstvolle Gestaltung des Faltenwurfs gelehrt wurde. Die Art der Drapierung, das Material und die Verzierungen verrieten den Einfallsreichtum, aber auch die gesellschaftliche Stellung des Trägers. Ein längliches rechteckiges Tuch (weiblich »*Peplos*«, männlich »*Chlaina*« genannt) wurde von rechts nach links um den Körper gelegt, ein oberes Teil nach Außen umgeschlagen und auf den Schultern mit Fibeln geschlossen. Es blieb seitlich offen, durch die Gürtung entstand der Faltenwurf. Eine zugeschnittene und zusammengenähte Hemdform, der *Chiton*, diente u.a. als Untergewand. Darüber wurde das *Himation*, wieder ein längliches Tuch, fantasiereich, bisweilen zusätzlich über den Kopf geschlungen. Auf der Schulter oder auf der Brust mit einer *Agraffe* (von franz. Agrafe für »Haken«) gehalten, hatte das Himation die Funktion eines langen Mantels. In knielanger Form von Soldaten und jungen Männern getragen, nannte es sich *Chlamys*. Für das Material verarbeitete man hauptsächlich naturfarbene oder gefärbte Schafswolle und aus Flachsfasern oder Hanf hergestelltes Leinen.

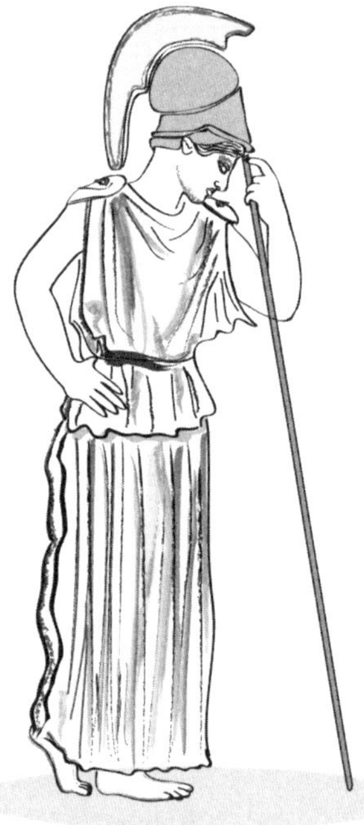

PEPLOS mit Überfall und gegürtet, an den Schultern zusammengesteckt; eine Seite bleibt offen.

Die Zeichnung ist dem Relief der Athena mit korithischem Helm im Acropolismuseum nachempfunden

Die reichen Griechen ließen sich mit feinster Baumwolle oder Seide aus China und Indien verwöhnen. Vom Orient inspirierte Muster waren sehr begehrt. Die Griechin trug ihre Haare im Nacken ordentlich zusammengerollt, auch mit Haarnetzen gehalten und legte Wert auf Verzierungen in Form von Bändern und kostbaren Diademen. Die Herren kleidete ein oft mit Pottasche gebleichter Haarschnitt. *Sandalen* in verschiedener Ausführung waren das einzige Straßenschuhwerk.

Römisches Reich von der Römischen Republik bis zur Teilung (3. Jahrhundert v. Chr. – 395 n. Chr.)

Das antike Rom übernahm weitgehend die Prinzipien der griechischen Kleidung. Die *Tunika* ist ein aus zwei Materialstücken zusammengenähtes Hemd, sowohl ohne, als auch mit angeschnittenen Ärmeln getragen. Streifen in Längs- oder Querrichtung wurden je nach Geschmack aufgebracht und sind, wie viele der antiken Kleiderornamente, bis heute in christlichen Messgewändern zu finden. Die *Toga*, ein langes schwerfälliges, halbkreisförmig geschnittenes Oval wurde umständlich über die Tunika geschlungen. Sie war zunächst nur römischen Bürgern erlaubt und wurde zu besonderen Anlässen getragen. Dieses Gebot verwässerte sich im Laufe der Zeit, parallel zu politischen Veränderungen. Der Höhepunkt der Drapierung von Kleidung war erreicht.

Ich habe in Pompeji, die noch erhaltenen Wandgemälde mit ihren luftigen bis samtig aufgetragenen Farbschichten gesehen. Fein aufeinander abgestimmte Kreidetöne, die von einer außerordentlichen Kunst sich zu kleiden, zeugen.

Die vermögende Römerin schmückte sich mit Armreifen, Stirnschmuck und kunstvollen Ohrringen, trug nicht nur bestickte Sandalen, sondern bewegte sich pathetisch auf *Kothurnen*, ein Schuhwerk mit sehr hoher Sohle (ähnliche Treter kennen wir aus den 70iger Jahren des zwanzigsten Jahrhunderts).

Römische Damen hielten sich fit mit Sport, Diäten und Massagen. Mit Haarteilen ließen sie sich aufgetürmte Frisuren bauen, um größer und schlanker dem damaligen Ideal zu entsprechen. Selbst eine Art Mieder aus biegsamen Ästen wurde eingesetzt.

Mit dem aufkommenden Christentum veränderten sich sehr schnell die Privilegien der prachtvoll gekleideten Oberschicht. Der neue Glaube wies einen Weg in die genau entgegengesetzte Richtung, hin zu Askese, Nächstenliebe und der Abkehr von Verschwendung.

Eine strengere, körperfernere Art der Bekleidung verbreitete sich. Das Äußere verlor an Wichtigkeit, wenn es auch signifikante Merkmale zur Einordnung der Bevölkerungsschichten behielt.

Byzanz (ca. 300 – 1453 n. Chr.)

Kostümgeschichtliche Erkenntnisse dieser Zeit basieren hauptsächlich auf Illustrationen religiöser Texte, Wandgemälden und Mosaiken aus frühchristlichen Kirchen. Nach römischen Vorbild bleibt die *Tunika* mit engeren Ärmeln und ein, auch mit Stickbesatz versehenes, formloses Übergewand, die *Dalmatika* für Frauen und Männer erhalten.

Vom 11. Jahrhundert an schien Kleidung wie eine Verpackung. Der menschliche Körper verschwand unter unbeweglichen Hüllen. Gewaltige, vom Schmuckbesatz erstarrte Stoffbahnen (*Paludamentum*), sowie steife, prächtige Seiden und die Farbe Purpur blieben nur dem Kaiser, seinem Gefolge und hohen Kirchenfürsten vorbehalten. Diese lebten in verschwenderischem Luxus. Macht und Reichtum zeigte sich in der nach Rangfolge mit Ornamenten bestickten Gewändern. Die Kleidung entwickelte sich weg von der römischen und griechischen, luftigen und faltenreichen Mode. Sie wurde undurchsichtig und knöchellang.

Vor allem die folgenden Epochen kreuzen immer wieder die Wege eines Kostümbildners:

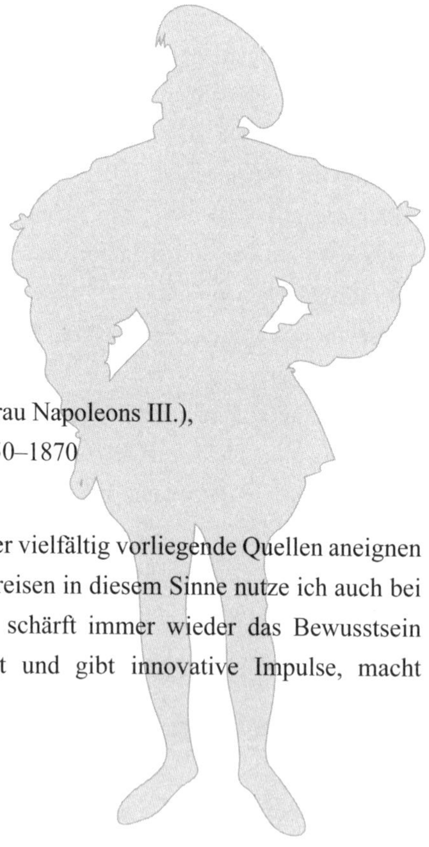

- Romanik, ca. 800–1200
- Gotik, ca. 1200–1450
- Burgund, ca. 1450–1500
- Renaissance, ca. 1500–1600
- Barock, ca. 1600–1720
- Rokoko, ca. 1720–1780
- Directoire, ca. 1790–1800
- Empire, ca. 1800–1815
- Biedermeier, ca. 1820–1840
- Eugénie (nach Königin Eugénie, Ehefrau Napoleons III.), auch Zweites Rokoko genannt, ca. 1850–1870

Je größer die Sachkenntnis, die man sich über vielfältig vorliegende Quellen aneignen kann, desto mehr gilt man als Experte. Zeitreisen in diesem Sinne nutze ich auch bei der Entwicklung moderner Kostüme. Das schärft immer wieder das Bewusstsein darüber, was Kleidung eigentlich aussagt und gibt innovative Impulse, macht ungewöhnliche Details möglich.

Zeichnerisches Talent

Sich mit Pinsel, Kohlestift und Bleistift oder Aquarell und Ölfarben auszudrücken, ist ein wunderbares Talent. Die Veranlagung kann mehr oder weniger ausgeprägt sein, muss jedoch als Basis vorhanden sein. Man sollte bis zu einem gewissen Grad die Grundlagen dazu lernen, um den Menschen und sein Kleid skizzieren zu können. Aktzeichnen – wie überhaupt gegenständliches Malen und Zeichnen etc. – ist kaum lernbar ohne die Fähigkeit, räumlich zu sehen. Es ist jedoch wichtig, um den Körper besser erfassen zu können. Ganz enorm hilft es, bei Kostümbesprechungen aus dem Stegreif etwas skizzieren zu können.

Schnitt-, Schneider-, Nähtechnik

Um die Übersetzung eines Entwurfes anleiten zu können, ist die Kenntnis einer Schnitt- und Verarbeitungstechnik notwendig. Um etwaigen Missverständnissen vorzubeugen, die in der Zusammenarbeit mit Schneidermeistern und Direktricen auftreten können, sollten Kostümbildner in der Lage sein, den eigenen Entwurf in eine Schnittversion zu übersetzen.

Im Umgang mit einer Nähmaschine sollte man also geübt sein, darüber hinaus in Detailgenauigkeit bei Handarbeiten. Die Zeit, selbst Hand anzulegen ist meist nicht gegeben, aber im Notfall muss das möglich sein. Umso wichtiger ist die sachkundige Auftragsvergabe. Ateliers und ihre Mitarbeiter, die das eigene Vertrauen genießen und oft die »Eisen aus dem Feuer holen« sind Gold wert und sollten gepflegt werden.

Mangelnder Sachverstand eines Kostümbildners kann sich katastrophal auswirken. Wenn unter dem Hochdruck einer Produktion Fehler gemacht werden, wird es ungemütlich. Die richtige Verarbeitung sollte wegen der besonderen Beanspruchung von Kostümen überwacht oder überprüft werden. Es kann nicht sein, dass z.B. ein Kleid sich nach Szenen im Wasser oder ähnlichen Aktionen beim Drehen auflöst oder Nähte sich nach mehrmaligem Waschen zusammenziehen. Die Qualität der Kostüme muss den Anforderungen entsprechen. Billiganfertigungen sind selten zufriedenstellend.

Die Dauer von Anfertigungen und Änderungen muss für das Zeitmanagement und die Berechnung der Kosten abgeschätzt werden. Die Verantwortung für die rechtzeitige Bereitstellung der Kostüme liegt bei den Kostümbildnern.

Last but not least ist die Fähigkeit, spontan und schnell Lösungen am Set zu finden, eine der wichtigen Voraussetzungen für den Beruf. Änderungen vor Ort erfordern fachliches Verständnis und eigenen Einsatz.

Materialkunde

Von Vorteil ist es, Gewebe bei einer Greifprobe bereits einordnen zu können. Stoffe liegen auf der Haut und sollten nicht unangenehm sein. Folgender Schnelltest hilft dabei: wenn beim Anbrennen einer Faser harte, geschmolzene Rückstände bleiben, ist es eine synthetische Chemiefaser. Naturfasern, auch natürliche Chemiefasern verbrennen rückstandslos oder mit kleiner Asche und riechen nach verbrannten Haaren. Um Kleidung herzustellen, müssen Fasern gesponnen werden. Filze und Vliesstoffe sind eine Ausnahme.

Im Unterschied zur Chemiefaser, die synthetisch hergestellt wird, werden **Naturfasern** ohne chemische Veränderungen aus pflanzlichem und tierischem Material, aber auch aus Mineralien gewonnen.

Pflanzenfasern sind u.a.:

- Samenfasern wie Baumwolle (das internationale Kurzzeichen ist CO)
- Bastfasern wie Hanf (HA), Jute (JU) oder Leinen (LI)
- Blattfasern wie Sisal (SI)

Bei *tierischen Fasern* unterscheidet man:

- feine Tierhaare wie Schafwolle (WO), Kaschmir von der Ziege (WS), Kamelhaar, Flaumhaare vom Kamel (WK) oder Angora vom Kaninchen (WA).
- grobe Tierhaare wie Rosshaar (HS) oder Rinderhaare (HR), z.B. vom Yak
- Zuchtseide (SE) oder Wildseide aus Seidenraupen (ST)

Chemiefasern bestehen überwiegend aus sogenannten Polymeren. Das sind
Das sind chemische Verbindungen aus vielen gleichen Teilen in Kettenform oder in verzweigten molekularen Kombinationen.

Aus *natürlichen Polymeren* wie Zellulose (aus verschiedenen Holzarten) hergestellte Fasern sind z.B.:

- Viskose (CV)
- Modal (CMD)
- Acetat (CA)

Aus *synthetischen Polymeren* hergestellte Fasern sind u.a.:

- Polyamid (PA), das sehr elastisch ist und wenig knittert
- Polyester (PES), das schlecht Feuchtigkeit aufnimmt aber sehr haltbar ist
- Gore-Tex, die bekannte Wetterschutzbekleidung ist wasserabweisend und temperaturbeständig
- Polytetraflourethylen, das sich aber kaum färben lässt, weshalb die Farbauswahl begrenzt ist.

Fasern werden meist gemischt mit dem Ziel, die Pflege- und Trageeigenschaften und die Wirtschaftlichkeit zu verbessern. Auch wenn für uns die besondere Beanspruchung unbedingt zu berücksichtigen ist, stehen die Aussage des Kostüms und der Tragekomfort immer an erster Stelle. Das Material darf nicht eingehen, sich durch häufigeres Waschen oder Reinigen nicht verändern. Kostüme müssen in Farbe, Form, etc. wegen ihrer Anschlussfunktion gleichbleiben. Nur bei geplanter Veränderung, wie Alterung und Verschmutzung ist der kontrollierte Eingriff notwendig. Entsprechende Stoffe, die solche Bearbeitungsprozesse mitmachen, sind sorgfältig auszusuchen.

Es gibt »laute« Stoffe, die uns das Leben beim Drehen nicht gerade erleichtern. Nicht nur Regenmäntel, Sportsachen oder Abendgarderobe werden aus knisternden Chemiefasern genäht. Auch Seide raschelt, wenn sie aneinander reibt. Vom Mikrofon verstärkt, klingt das im Ohr des Tonmannes wie ein Wasserfall und stört natürlich die Aufnahmen. Sehr viele der modernen Materialien sind beim Drehen deswegen unbrauchbar. Man sollte sie von vornherein nicht in Erwägung ziehen.

Wegen der digitalen Aufnahmetechnik, der Sensibilität der Kamera und des Filmmaterials ist ebenso Vorsicht bei der Webart von Stoffen geboten. Fischgrat oder Hahnentrittmuster sind im Auge der Kamera unruhig und bewegen sich. Desgleichen Streifen, die zu eng aneinander liegen oder zu stark kontrastieren, sowie helle Punkte, die zu klein auf dunklem Grund liegen, usw. Diese Gewebe erzeugen ein Flimmern, das meist abgelehnt werden muss. Man kann das eigene Auge dahingehend schulen, die Gefahr zu erkennen. Eine rechtzeitige Absprache mit den Kameraleuten ist wichtig.

Dramaturgie

Die Kunst des Schauspiels und der Bühnendichtung ist eine sehr alte und »erprobte«. Die Dramaturgie des Films folgt eigenen Gesetzen, die sich jedoch im Grunde von der alten dramatischen Dichtkunst nicht abkoppeln lassen. Geschichten mit Spannung geladen, lebendig und bewegt zu erzählen, sie zu dramatisieren, ist immer noch der Auftrag.

Es ist wichtig, die dramaturgische Einheit einer Geschichte zu erfassen. Personen werden eingeführt. Eine Handlung, die in Gang gebracht wird, leitet über den Wendepunkt zu einem offenen Ende oder zur Lösung des Konflikts. Figuren entwickeln ihre Persönlichkeit oder stagnieren, sie erfahren schmerzhafte oder freudvolle Brüche in ihrem Leben. Sinnvolle oder sinnfreie Vorfälle, ergreifende oder abstoßende Wendungen, Erkrankung, Gewalt, Psychosen und Affären sind immer wieder gern eingesetzte Mittel um die Story voranzutreiben und den Zuschauer in Atem zu halten. Viele der heutigen TV-Movies lassen oft nicht einmal durchschnittliche Plots erkennen. Je profaner oder aufgeplusterter, desto unlogischer und weniger nachvollziehbar. Nicht drastische Gewaltorgien oder rührselige Niedlichkeiten allein, sondern die geschickte Anordnung und Verknüpfung dieser mit den vielen Kostbarkeiten des Lebens tragen ein gutes Drehbuch. Der Fundus an Geschichten versiegt niemals.

Kostümbildner müssen Spannungsbögen erkennen und bei einer Drehbuchanalyse bzw. Aufgliederung die Figuren, das Thema und die Struktur herausarbeiten können. Dies ist das Fundament und treibt, wenn es gut »gestrickt« ist die Fantasie und Vorstellungskraft an. Für den schöpferischen Prozess ist es darüber hinaus notwendig, sich ein Hintergrundwissen anzueignen und das notwendige Recherchenmaterial aufzuspüren.

Im Sinne der Dramaturgie erkennbare Signale im Kostüm zu setzen heißt, sich Fragen zu stellen. Wie bewältigen die Personen innere und äußere Aufgaben? Wie entwickeln sich Beziehungen innerhalb der Geschichte? Wann gibt es dramatische Einschnitte, wie etwa die oben genannten? Welche Stimmungen sind wahrnehmbar? Wie kann ich diese mal mehr und mal weniger im Kostüm sichtbar machen?

Fremdsprachenkenntnisse

Bei internationalen Projekten ist Englisch die Arbeitssprache. Franzosen, Italiener und Spanier arbeiten jedoch lieber in ihrer eigenen Sprache. So ist die Kenntnis jeder weiteren Sprache ein Pluspunkt. Sie sollten immer wieder aufgefrischt werden und unbedingt auf der persönlichen Vita vermerkt sein.

Musische Begabung

Alle bisher genannten Grundlagen zeigen das Handwerkzeug auf und das ist erlernbar. Die Fähigkeit, Kunst zu empfinden und sie ins Textile umzusetzen, ist ein Talent und eine Grundvoraussetzung für den Beruf des Kostümbildners. Die musische Begabung für darstellende und bildende Kunst in die unser Beruf eingebettet ist, bezieht sich auf die Fähigkeit, Formen und Farben, Bewegungen und Klänge wahrzunehmen und sie mit manuellen Fertigkeiten auszudrücken. Sie wächst, wenn sie von früher Kindheit an erkannt und gepflegt wird. Wenn eine kreative Neigung unterstützt wurde, ist es einfacher sie »auf Zuruf« hervorzuzaubern und damit zu arbeiten.

Außerdem ist das sogenannte »fotografische Gedächtnis« ein ganz entscheidendes Hilfsmittel für unseren Beruf. Es verleiht uns die Fähigkeit, Informationen als genaues Bild im Kopf zu behalten bzw. zu erinnern.

Kreativität

Für Kreativität gibt es keine allgemeingültige Definition, nur eine beschreibende Annäherung.

Ein nicht unerheblicher Anteil einer kreativen Tätigkeit ist Intuition. Aus einer ureigenen inneren Logik und aufgrund früherer Erfahrungen führt sie dazu, alles uns Umgebende in seinen Eigenschaften und Emotionen instinkthaft zu erfassen.

Der Spielfilm arbeitet mit Assoziationen. Das ist die Verknüpfung von Gedanken, Vorstellungen und Ideen. Kostümbildnern sollte eine intuitive Begabung in der Bearbeitung von Einfällen und Ideen eigen sein, die zu schneller Auffassungsgabe und Umsetzung führt. Probleme auch auf spielerische, fantasievolle Weise zu lösen, setzt eine gewisse Übung voraus. Man kann Fantasie trainieren, indem man ihr gestattet sich auch mal ohne Sinn und Ziel zu zeigen.

Kostümbildner gestalten mit der Hilfe von fantasievollen, kreativen Techniken und ihren speziellen Mitteln Figuren. Visuell erfassbare Personen werden so im Film realitätsnah und natürlich, oder komisch und überzogen aussehen. Zur schöpferischen Maßnahme gehört auch die Klugheit, Unwichtiges wegzulassen, es überhaupt als zu unwichtig zu erkennen und sich im Sinne des Gesamtwerkes von eigenen kreativen Geschöpfen auch wieder zu trennen.

Film- und auch Theaterkostüme zu designen ist im Übrigen kein solistischer Auftritt, sondern ein Mitschwingen in der gestalterischen Auseinandersetzung um einen von vielen Kreativen angestrebten Konsens.

Menschenkenntnis, soziale Kompetenz

Die Führung eines Kostümteams, bestehend aus Assistenten, Set Kostümern und eventuell Praktikanten ist mit psychologischem Einfühlungsvermögen verbunden. Menschenkenntnis und soziale Kompetenz sollten Eskalationen in der Abteilung verhindern. Und auch ein intelligenter, feinfühliger und unbefangener Umgang mit Produzenten, Redakteuren und Produktionsleitern, mit Producern und Regisseuren, den Schauspielern und dem übrigen Team ist unabdingbar.

Wenn »der Schuh drückt« müssen Gespräche geführt werden, auch wenn die Zeit dafür kaum vorhanden ist. Bei jedem neuen Projekt sollte man aufgeschlossen und aufnahmefähig sein und im Laufe der Zusammenarbeit auf keinen Fall nachtragend. Eine erhebliche Anforderung liegt in der laufenden Kommunikation, dem ständigen Austausch zwischen den unterschiedlichen Abteilungen. Wie viele kleine Rädchen müssen da miteinander funktionieren! Offene und klare Ansagen sind erforderlich im Dickicht eines Produktionsdschungels.

Mit Humor und Gelassenheit, wenn das auch manchmal nicht einfach ist, lassen sich viele Stressmomente besser ertragen. In der hochanstrengenden Konzentration ist eine gewisse Souveränität und Zurückhaltung lebenswichtig. Private Befindlichkeiten gehören nicht ans Set. Eine häufig ohnehin emotional aufgeladene Atmosphäre verträgt das nicht. Sich selbst nicht zu wichtig zu nehmen, kann sehr hilfreich sein.

Sorgfalt und Respekt

Die Achtung vor den Dingen ist eine selten gewordene Tugend. In unserer Verbrauchs- und Wegwerfzeit hat besonders Kleidung eine kurze Lebensphase. Die Wertschätzung jedes einzelnen Kostümteils schafft eine für den Beruf wichtige Konzentration auf das was Stoff, Schnitt und Accessoires an einem Körper aussagen. Sie weist auch auf Fingerpitzengefühl und Respekt für die Menschen hin, denen wir sehr nahe kommen, den Darstellern. Rücksichtsvoller und geduldiger Umgang, Behutsamkeit und Verlässlichkeit sind wichtige Säulen. Jeder Kostümbildner sollte sich die Zeit nehmen, diese mit Sorgfalt zu entwickeln und sie auch von seinem Team einfordern.

Sammeltrieb

»Wenn du es brauchst, kannst du es gerade nirgendwo kaufen.« Das ist unsere Ausrede mit der wir unseren Familien so einiges zumuten. Sammelleidenschaft ist uns eigen und führt bei fast allen Kollegen zu überladenen Wohnungen oder kleinen bis größeren Lagerräumen. Hier landen getrödelte oder geerbte Kostbarkeiten wie das Hochzeitskleid der Mama, alte Spitzen, altes Leinen, echte Schmuckstücke, schräge Hüte, farbiger Tüll und Stoffberge. Wir horten Gasmaskenbrillen, Krückstöcke und Krawatten von allen männlichen Vorfahren und die Knopfsammlungen aller Großmütter. Wir sammeln Farbproben, Modehefte und sogar uralte Kleiderbügel. So können wir immer wieder aus unserem Vorrat schöpfen oder uns inspirieren lassen. Ein Freund, der mit einer Kostümbildnerin zusammenlebt, beschreibt Berge von Modezeitungen, die sich im Schlafzimmer türmen. Nach einer Auseinandersetzung landeten sie unter dem Bett. »Und stell Dir vor«, sagt er, »jetzt liegen sie säuberlich sortiert vor dem Kleiderschrank.«

Organisatorisches Talent

Zu einem großen Prozentsatz besteht unser Beruf aus Organisation und Timing. Zum kreativ künstlerischen Beitrag gesellt sich die Gestaltung eines Arbeitsplans. Bei der Herstellung eines Films oder TV-Spiels entsteht dieser meist unter Zeitdruck und muss fast zwangsläufig wieder über den Haufen geworfen werden. Die Koordination der Kostümabteilung erfordert nicht nur eine perfekte Zeiteinteilung, sondern auch eine flexible Gestaltung der Arbeitsgänge. Ohne Improvisationsvermögen kann auch die beste Vorbereitung ins Leere laufen.

Zu Beginn werden ein oder mehrere Räume für die sich ständig erweiternde Kostümansammlung eingerichtet. Anproben müssen arrangiert, Lieferanten und Fuhrpark disponiert und überhaupt laufend vorausgedacht werden. Nach Drehende muss alles in umgekehrter Folge wieder abgewickelt werden. Die Kooperation mit den anderen Abteilungen erfordert die permanente Aktualisierung von Maßnahmen.

Die Abstimmung mithilfe der Produktionsassistentin ist empfehlenswert. Aber meist sitzt man nachts selbst vor dem PC und versucht, einen neuen Plan aufzustellen.

Selbstmanagement

Kostümbildner sollten die Kompetenz haben, ihre persönliche und berufliche Entwicklung eigenverantwortlich zu gestalten. Mit jedem neuen Projekt nehmen wir die persönliche Arbeitsorganisation und die unserer Mitarbeiter aufs Neue in die Hand. Wir setzen Prioritäten, konzentrieren uns auf die nächstliegenden und wesentlichen Tätigkeiten. Wir schreiben To-do-Listen und müssen auch delegieren können. Anstatt alles selber machen zu wollen, sollten wir an die Assistenten abgeben. Nicht zuletzt ist die Sicherstellung der eigenen Leistungsfähigkeit und der mentalen Energie für den Auftrag wichtig. Das heißt auch, den Trieb zur Selbstausbeutung zu zügeln und mit der eigenen Energie, wenn möglich, gut zu wirtschaften. Man sollte sich Pausen nehmen und den Mut haben, auch mal nein zu sagen.

Motivation

Wie kann ein Berufsanfänger motiviert sein? Vielleicht hat er/sie bereits künstlerisch gearbeitet oder im textilen Bereich Erfahrungen gesammelt. Individuelle Gründe wie Freude und Spaß an der Verkleidung, sich künstlerisch ausdrücken zu wollen, das Interesse an dem Medium Film und Theater können zur Kunst des Kostümbildens führen. Keinen Platz hat eine Statusorientierung. Auch »Shoppen« als Hobby ist nicht wirklich die richtige Motivation.

Man kann während der Schulzeit bereits ein Praktikum in einem Filmteam machen und die verschiedenen Abteilungen kennenlernen. Dadurch eventuell inspiriert, kann man sich auf den Weg machen. Die Möglichkeiten der Weiterbildung nach einer textilen Fachausbildung zur Kostümbildassistenz oder zum Set Kostüm können den Weg ebnen. Das Interesse an der Tätigkeit und der Wunsch nach Übernahme der in diesem Buch beschriebenen Verantwortung sollten im Vordergrund stehen.

Die technische Vorbereitung eines (Film-)Projekts

Bewerbung

Als Berufsanfänger sollte man mehrere Praktikumsstellen durchlaufen, um einerseits Erfahrungen zu sammeln, andererseits Kontakte zu Profis zu knüpfen, die einem auf dem weiteren Weg nicht zuletzt durch Empfehlungen behilflich sein können. Gut ausgearbeitete, aber nicht zu lange Bewerbungen auf dem Post- oder E-Mail-Weg sind Vorraussetzung. Dem Lebenslauf mit Foto sollten bisherige Erfahrungen, besondere Kenntnisse und eventuell zeichnerische oder fotografierte Belege eines künstlerischen Ausdrucks beigefügt werden. Referenzschreiben können angehängt werden. Entscheidend ist jedoch immer die erste Begegnung mit den Kostümbildnern. Wenn die angeschriebenen Kollegen in diesem Moment in einem beginnenden Projekt stecken, ist ein Praktikumsplatz unter Umständen spontan zu bekommen.

Eine Bewerbung als Kostümbildner auf dem in anderen Berufszweigen üblichen Weg ist in seltenen Fällen erfolgreich. Rundschreiben oder Rundmails werden häufig nur berücksichtigt, wenn eine Produktion in Zeitnot ist, die vorgesehene Kostümbildnerin krank geworden oder abgesagt hat. Oft werden Kostümbildner erst im letzten Moment gesucht und gefunden, sodass nur eine sehr kurze Vorbereitungszeit bleibt.

Inzwischen ist es üblich die Filmografien mehrerer Kostümbildner aus Internetportalen wie z.B. v-sk.de oder crew-united.com herauszusuchen. Hier sollte man möglichst mit seiner Vita vertreten sein. Sie werden verglichen, einige Kollegen telefonisch nach Verfügbarkeit abgefragt und eventuell zu einem Gespräch mit dem Regisseur eingeladen. Es sind immer mehrere im sogenannten »Rennen«. Die Auswahlkriterien sind nicht immer nachvollziehbar. Bei einem persönlichen Treffen mit dem Regisseur sind unterbewusste Schwingungen der Sympathie oder Antipathie ausschlaggebend. Oft wird erst auf eine Nachfrage hin die Ablehnung bekanntgegeben. Üblicherweise regiert der Zufall. Im richtigen Moment sollte man die bereits aus einer Zusammenarbeit bekannten Kollegen anrufen, Produktionsleiter beim Weihnachtseinkauf treffen usw. Fühler ausstrecken, heißt es. Dazu gehört unter anderem, im Internet entsprechende Seiten anzuklicken, nach Projekten in Planung zu schauen und hierbei nach Namen von Regisseuren oder Produktionen zu suchen, mit denen man bereits gearbeitet hat. Es gibt Internetseiten, wie z.B. die bereits genannte crew-united.com, die »Produktionen in Vorbereitung« oder »in Planung« bekanntgeben.

Um sich in Erinnerung zu rufen, sind die Empfänge während der Berlinale oder anderer Festivals zu empfehlen. Auf dem Berliner Filmfest, dass seit 1951 stattfindet, trifft sich alljährlich im Februar die internationale Film- und TV-Branche. Neben den Stars und Sternchen lassen sich viele sehen, die die Filme machen. Hier paart sich der Genuss, gute Filme zu sehen mit der Notwendigkeit, Kontakte zu knüpfen und sich in Erinnerung zu bringen. Dieses Festival ist für die Filmschaffenden wie ein Marktplatz, auf dem sie sich die Lust an der Arbeit holen.

Ein Projekt beginnt

Das Telefon klingelt. Sind Sie frei? Eine leichte Anspannung und erhöhter Herzschlag setzen unvermittelt ein. Auch nach vielen Berufsjahren ruft dieser Anruf eine kleine Alarmbereitschaft hervor.

Bei der Anfrage eines Produktionsleiters oder einer Producerin sind Eckdaten zu klären. Wie heißt der/die Regisseur/in? Wann beginnt die Vorbereitung, wann der Dreh? Wo wird gedreht? Wer ist der Auftragssender? Oder ist es eine freie Kinoproduktion? Gibt es schon ein Drehbuch? Sind Rollen schon besetzt? Diese ersten Auskünfte sind wichtig, um recht schnell auch eine Gagenforderung parat zu haben.

Zunächst sollte das Drehbuch gelesen werden. Damit setzt sich bereits die sehr persönliche Betrachtung und Verarbeitung einer Geschichte in Gang, mit teilweise recht präziser, intuitiver Einschätzung, auf die man sich verlassen kann. Es folgt ein Treffen mit dem in der Regel unbekannten Regisseur. Das kann noch kein Konzeptionsgespräch sein. Bei dieser ersten Begegnung spürt man sehr schnell, ob eine Zusammenarbeit möglich ist oder nicht, ob die »Chemie« stimmt. Dabei ist eine vorsichtige Annäherung über den Austausch von Erfahrungen in anderen Projekten, das Aufspüren beidseitiger Interessen und Vorlieben und die genaue Beobachtung des anderen wichtig. Wird das Drehbuch dann bereits näher beleuchtet, werden die Figuren darin charakterisiert und stellt man eine Übereinstimmung in den Gestaltungsideen auf beiden Seiten fest, scheint der Zusammenarbeit nichts mehr im Wege zu stehen. Oberste Priorität hat das Vertrauensverhältnis zum Regisseur. Bei einer spürbaren Ablehnung und daraus resultierendem negativen Arbeitsklima sollte man sehr schnell die Notbremse ziehen und eine Klärung und/oder die Beendigung des Arbeitsverhältnisses herbeiführen.

Kommt die Anfrage nicht über die Produzenten, sondern von einem Regisseur, ist es ratsam, genau die Produktionsfirma zu erfragen und schnellstmöglich mit der Produktionsleitung zu sprechen, um Bedingungen, angemessene Vergütungen und Zahlungsmodalitäten auszuloten.

Vertragsverhandlungen

Nach einer Gagenverhandlung erweist sich ein schriftliches Deal-Memo, mit Unterschrift der Produktionsleitung oder per E-Mail zugestellt, als sinnvoll. Hier werden die vereinbarten Eckdaten und Absprachen notiert (siehe »Nützliche Infos«, S. 157). Ausgefertigte Verträge treffen erfahrungsgemäß oft erst nach Drehbeginn ein. Diese sind schnellstmöglich vor *der Unterschrift*, am besten mit der Unterstützung von juristischen Fachleuten, genau zu überprüfen. Fußangeln liegen nicht nur im Abrechnungsmodus.

Kenntnisse des aktuellen Tarifvertrages, sind dabei wichtig. Er ist bei Connexx bzw. unter connexx-av.de oder dem Bundesverband der Filmschaffenden einsehbar. Gagen werden bei jedem Projekt neu verhandelt. Da wir wissen, was auf uns zukommt, müssen wir klare Argumente, die unseren Einsatz betreffen, zur Sprache bringen. Verhandlungen stellen, wenn man sich selbst nicht gut verkaufen kann, eine Klippe dar, die nicht selten zu unguter Spannung führt. Am besten wird sie von einem Agenten umschifft.

Es gibt außer der Künstlervermittlung der Bundesagentur für Arbeit (ZAV) inzwischen auch eine Agentur (Trinity Movie Agency in Berlin), die diverse Filmschaffende vertritt. Sie vermittelt, berät und übernimmt Vertragsverhandlungen. Kostümbildner können sowohl unabhängig, als auch abhängig beschäftigt arbeiten.

Werkvertrag

Kostümbildnerinnen können laut Abgrenzungskatalog der Künstlersozialkasse (KSK) vom 13.04.2010 selbständig tätig sein. Als unabhängiger Vertragspartner versteuern wir ein Honorar selbst und sind für eventuelle Sozialabgaben eigenverantwortlich. Für das jeweilige Projekt wird ein Werkvertrag geschlossen. Als vertraglich geschuldete Leistung gilt in unserem Falle die Herstellung von künstlerischen Werken. Dabei sollte man ein besonderes Augenmerk auf Haftungsklauseln haben. Es empfiehlt sich, niemals eine Verknüpfung der Gage mit dem Kostümbudget zu unterschreiben. Die Einhaltungsverpflichtungen eines Kostümetats stehen inzwischen in fast jedem Werksvertrag. Enthält er eine Haftungsklausel sollte diese gestrichen werden, da bei einer Budgetüberschreitung zunächst nicht von schuldhaftem Verhalten oder Fahrlässigkeit ausgegangen werden kann und eine persönliche Haftung mit Verpflichtung zum Schadenersatz abgelehnt werden muss. Juristische Verstrickungen wären die Folge. Bei drohender Überschreitung des festgeschriebenen Etats ist diese in Absprache mit der Produktionsleitung zu regulieren.

Die im Zusammenhang mit unserer Tätigkeit für den Film entstehenden Urheber-, Leistungsschutz- oder sonstigen Rechte gehen komplett an die Produktion über. Diese kann die Rechte, ohne Vergütung an uns, an Dritte übertragen. Ausgenommen sind die Ansprüche, die Mitglieder in der Verwertungsgesellschaft Bild/Kunst erwerben. Leider ist in Bezug auf das Urheberrecht immer noch ein Buy-out-Vertrag üblich. Die Frage der Urheberschaft am Filmwerk ist hoch umstritten. Als Urheber künstlerischer Werke sind Kostümbildner nur in Bezug auf das »vorbestehende Werk«, d.h. die Entwürfe und Kostümentwicklung, anerkannt. Wenn diese selbstständig verwertbar bleiben, schließe das laut Gesetzgeber eine schöpferische Mitwirkung am Film aus. Obwohl also die künstlerisch-schöpferische Leistung für das spezifische Filmwerk auch besonders während der Dreharbeiten erfolgt und erst am letzten Drehtag endet, wird uns die eigene schöpferische Leistung im Rahmen der Filmherstellung abgesprochen und das Miturheberrecht immer noch verwehrt. Die Auseinandersetzungen darüber dauern an und werden intensiv vom V/S/K- und anderen Verbänden geführt.

Die schwierige Abgrenzung zwischen selbstständiger und nicht selbstständiger Tätigkeit führt nicht selten zu einem »Clearingverfahren« der Deutschen Rentenversicherung. Dabei soll die DRB (Deutsche Rentenversicherung Bund) feststellen, ob es sich im vorliegenden Fall, einem einzelnen Projekt, um eine selbstständige oder angestellte Tätigkeit handelt. Das führt immer zu Verzögerungen und Unstimmigkeiten. Sachbearbeiter, die nicht sonderlich vertraut sind mit unserer Branche, dürfen sich dafür drei Monate Zeit nehmen – da sind wir bereits im nächsten Projekt oder arbeitslos. Und Produktionsfirmen behalten unter Umständen die letzte Gage ein, solange der Bescheid nicht eingegangen ist. Auftraggeber fordern diese Klärung. Sie wollen sicherstellen, dass sie bei einer eventuellen Betriebsprüfung keine Schwierigkeiten wegen nicht eingezahlter Sozialabgaben bekommen, falls eine Scheinselbstständigkeit nachträglich festgestellt wird. Im Berufsverband V/S/K kann man juristischen Rat einholen.

Der Eintritt in die Künstlersozialkasse und in die Pensionskasse ist im Hinblick auf Altersvorsorge vernünftig. Allerdings sind nur bestimmte Produktionsfirmen bereit, für ihre Arbeitnehmer einen zusätzlichen sozialen Beitrag zu leisten. Es empfiehlt sich, vor der Vertragsverhandlung unter pensionskasse-rundfunk.de herauszufinden, ob die jeweilige Firma dort Mitglied ist.

Ein wichtiger Hinweis noch zur Nennung in den Filmtiteln: Immer wieder werden wir unter »Kostüm« oder »Kostüme« aufgeführt. Es ist daher sinnvoll, die richtige Bezeichnung – Kostümbild – schon in die im Vertrag genannte Stabliste setzen zu lassen und immer wieder aufzuklären.

Mitarbeitervertrag

Beim Mitarbeitervertrag gelten Kostümbildner als abhängig beschäftigt und müssen auf tarifliche Bestimmungen wie Arbeitszeit, Arbeitszeitkonto, Überstundenvergütung und Urlaubsanspruch achten. Pauschalverträge sollten nur im Ausnahmefall abgeschlossen werden.

Product-Placement

In der Bundesrepublik gelten strengere Regeln für Werbung als z.B. in den USA. Öffentlich-rechtlichen Sendern ist das Product-Placement nicht erlaubt. Der Einsatz von Sponsorengeldern ist hier nahezu ohne Bedeutung, in den meisten Verträgen (Ausnahmen bieten Privatsender und Kinoproduzenten) wird er ausgeschlossen. Hin und wieder bieten Modefirmen an, die Einkleidung der von ihnen favorisierten Darsteller zu sponsern. Nur mit schriftlicher Genehmigung der Produktion und wenn der Einsatz kostümtechnisch sinnvoll ist, sollte man sich darauf einlassen. Kostensenkungen sind natürlich immer im Sinne der Produktion, aber das kann nicht das Hauptanliegen eines guten Kostümbildes sein.

PKW

In den meisten Fällen wird den Kostümbildnern ein Produktionswagen zur Verfügung gestellt, oder das eigene Auto pauschal vergütet. Für den Schadensfall ist es immer besser, ein Produktionsauto zu fahren. Hierbei sollte auf eine dem Projekt angemessene Größe geachtet werden. Sind nur Stadtfahrten vorgesehen oder auch lange Fahrten ins Ausland?

Mobilfunk

Telefon- und Internetkosten werden auf Nachweis von Einzelgesprächen oder inzwischen als Flatrate von Produktionsfirmen übernommen.

Drehbuchstudien

Zunächst liegt das Drehbuch in einer von mehreren noch folgenden Fassungen vor. Schon bei der ersten Lektüre wird die Geschichte im Geist bebildert. Die erste intuitive Fantasie zu den Figuren ist eine hartnäckige. Sie wird sich später beim Erstellen eines Moodboards bzw. -books, dem modernen Entwurfsbuch, als verlässlicher Partner erweisen. Im Laufe der Vorbereitung verändert sich ein Drehbuch meistens. Dabei sind die Gründe neben mangelnder Risikobereitschaft nicht selten in der finanziellen Beschränkung zu suchen. So manche großartigen Projekte scheitern am Geldbeutel der Produktionen, besser gesagt an der nicht ausreichenden Höhe von Zuwendungen der Förderungsgremien oder der Sender. Fachliche Reflexionen der vorbereitenden Mitarbeiter, der Regisseure, Kameraleute, Szenen-, Kostümbildner usw., die um eine gemeinsame bildhafte Vorstellung ringen, führen ebenso zu Veränderungen. Weitreichende dramaturgische Überarbeitungen, oft mit Einbeziehung der Schauspieler, verdichten die Story. Und bei Motivbesichtigungen ergeben sich Modifizierungen, die das räumliche Umfeld betreffen. Wünsche der Redakteure sind zu berücksichtigen. Die endgültige Drehbuchfassung, häufig mit mehrfarbigen Änderungsseiten versehen, entsteht durch die Vorbereitung des gesamten Teams und dessen fachliche Fragestellungen und Prüfung der Realisierungsmöglichkeiten.

Drehbuchauszüge

Um sich einen Überblick zu verschaffen, fertigt man eine Art Extrakt des Buches an. Es gilt zunächst den Zeitraum, in dem die Geschichte spielt, herauszufinden. Eine Tageseinteilung und die Jahreszeit sollten festgelegt, Gesellschaftsschicht und Umfeld eingekreist werden. Sachlich wird eine Tabelle angefertigt, in der das Drehbuch in Kurzform eingegeben wird. Die Anzahl der Bilder mit den Motiven und eine kurze Szenenbeschreibung werden aufgenommen, Hauptrollen, Nebenrollen, Komparsen eingefügt. Anschließend ordnen wir in einer weiteren Aufstellung jeder Rolle ihre Bilder zu. So klärt sich die Geschichte für die einzelnen Figuren (Rollenauszüge) und eine Chronologie entsteht; das ist besonders wichtig, da ganz selten chronologisch gedreht wird. Ob diese Tabelle mit dem Computer oder per Hand erstellt wird, ist individuell zu entscheiden. Skizzen können bereits entstehen, außergewöhnliche Einsätze der Protagonisten (Verletzungen, Bekleckern, Verbrennen, ins Wasser fallen u.ä.) und klärungsbedürftige Fragen markiert werden.

EIN GESPRÄCH

mit **Ingrid Zoré,** geb. 1936; nach dem Abitur Schneiderlehre, danach Examensstudium Mode und Kostümbild; seit 1960 Kostümbildnerin; Produktionen wie JUST A GIGOLO (1979) mit David Bowie, DIE SPAZIERGÄNGERIN VON SANS-SOUCI (1982) mit Romy Schneider oder DER TRINKER (1995, TV) sowie DER HAUPTMANN VON KÖPENICK (1997, TV) beide mit Harald Juhnke

Du blickst auf eine sehr lange Berufserfahrung zurück. Um deine Erfahrung und dein Wissen weitergeben zu können, hast du zwei Ausbildungszweige für Kostümbild-Assistenz mit ins Leben gerufen, einen am Institut für Schauspiel- Film, und Fernsehberufe (ISFF) in Berlin und den anderen an der Filmschule in Köln. Wie bist du darauf gekommen?

Zunächst haben wir uns vom Verband der Szenenbildner, Filmarchitekten und Kostümbildner (V/S/K) gegen Quereinsteiger gewehrt und sind dann zu der Überzeugung gelangt, dass es sinnvoll ist, mit Hilfe unserer Kollegen eine fundierte Weiterbildung zu ermöglichen. Wir erarbeiteten ein Konzept für eine zehnmonatige Weiterbildung in Köln. Das ist jetzt 14 Jahre her. Einige Zeit später entstand in Berlin ein sogenanntes Camera Actor's Studio als Weiterbildungsangebot nur für Schauspieler. Daraus wurde bald darauf das ISFF mit Weiterbildungsangeboten für die gesamte Berufsgruppe der Film- und Fernsehschaffenden, so auch im Bereich Kostümbild. Die Ausbildung zum Kostümbildassistenten wird in sehr viel kürzerer Zeit absolviert, als sonst üblich. Das finde ich nicht gut, denn man bereitet sich ja intensiv vor und erarbeitet ein umfangreiches Programm, um die Interessierten gut weiterzubilden. Zudem werden die Lehrkräfte leider sehr schlecht bezahlt, das ISFF ist mit der Volkshochschule verbunden. Der Kursus hatte und hat aber großen Erfolg und machte mir damals trotzdem sehr viel Spaß … Was man als angehende/r Kostümbildner/in als erstes lernen muss, ist, das Drehbuch richtig zu lesen, also auch zwischen den Zeilen. Zu Beginn sind Kostümauszüge das Allerwichtigste. Ich bin ja so ein Urgestein und erstelle die Auszüge immer noch von Hand. Heutzutage macht man das wohl meistens mit dem Laptop, aber ich bin der Meinung, wenn man es mit der Hand schreibt, ist es im Kopf präsenter.

Dann prägt sich das besser ein.

Ja, diese Kostümauszüge brauchen wir vom ersten bis zum letzten Drehtag. Darin wird alles notiert, was während des Drehens geschieht. Diese Informationen müssen im Kostümteam ständig ausgetauscht und abgeglichen werden. Diese Auszüge zu schreiben, dauert manchmal zwei Tage. Das ist das erste, was ich meinen Schülern beibringe. Ich benutze dafür ein Formblatt, in das Bildnummern, Rollen, Motive und ein kleiner Abriss der Geschichte in einzelnen Rubriken eingetragen werden. Die Drehtage werden zur besseren Orientierung farblich voneinander abgesetzt.

Ach ja, das ist die alte Schule, sehr sinnvoll, damit komme ich ebenfalls wunderbar klar.

An diesem System wird sich auch nichts ändern, weil man niemals chronologisch dreht und trotzdem die Übersicht behalten muss. Warum die Kostümauszüge so wichtig sind? Der Produktionsleiter möchte ganz schnell eine komplette Kostenaufstellung für die Kostümausstattung haben, und die kannst du ohne diese nicht machen. Meistens kennt man nur die Anzahl der Rollen, die der Komparsen noch nicht und kann sie für die Kalkulation nur annähernd schätzen, denn z.B. in historischen Filmen müssen die Statisten auch komplett angezogen werden. Als nächstes sollten unsere Auszüge mit den Drehbuchauszügen der Regieassistenz verglichen werden …

... in denen noch weitaus mehr Informationen, wie z.B. erste Kürzungen oder Veränderungen im Drehbuch und die Tageseinteilung erfasst sind .

Genau. Ist keine Regieassistenz da, sollte man versuchen, an den Regisseur selbst heranzukommen. Nach der Kalkulation geht es in die Entwurfsphase. Dazu sollte man unbedingt recherchieren, was in der Kunst, der Politik oder im Milieu los war zu der Zeit, in der die Geschichte spielt – dadurch und im Zusammenhang mit der Geschichte im Drehbuch findet man dann heraus, wie jede Figur gekleidet sein könnte.

Du machst also eine regelrechte Analyse der Figur.

Ich habe inzwischen eine eigene große Bibliothek, in der ich recherchiere. Das ist für mich immer die schönste Zeit. Gedanken zu Papier zu bringen, eventuell Collagen oder Zeichnungen zu erstellen etc. Dabei entstehen die Figuren, die ich dann mit dem Regisseur besprechen muss. Mit Collagen können übrigens Regisseure oft mehr anfangen als mit Zeichnungen. Man muss ihnen gegenüber aber immer wieder betonen, dass das, was ich da entwerfe, nur der Stil einer Figur ist und man diese Kostüme nicht unbedingt wird eins zu eins kaufen oder anfertigen können. Bei diesen Gesprächen sollte unbedingt schon die Kostümassistentin dabei sein, die mitschreibt, und am besten auch ein Kameramann sowie eine Regieassistenz, damit man sich von vornherein gut koordiniert. Man muss auf eine Kostümassistenz bestehen, damit die Produktion problemlos weiterlaufen kann, falls die Kostümbildnerin selber mal ausfällt. Sehr präzise müssen auch Themen wie Arbeits- und Kostümräume, Garderobenräume für die Darsteller und Zugang zu Waschmaschinen besprochen werden.

Die laufende Kommunikation ist immer sehr wichtig. Aber neben der ganzen Organisation ist unsere eigentliche Aufgabe, Figuren zu entwickeln. Wie und wann entwirfst Du eigentlich?

Ich bin jemand, der, wenn er eine Stoffprobe hat, gleich weiß, wie das Kleid aussieht. Wenn ich Stoffe habe, zeichne ich. Mir hat es immer sehr viel bedeutet, präzise Zeichnungen mit Stoffmustern herzustellen. Diese Zeit haben wir heute in den meisten Fällen nicht mehr.

Wie bist du eigentlich zu dem Beruf gekommen?

Nach dem Abitur habe ich eine Schneiderausbildung und die Gesellenprüfung gemacht. Eigentlich wollte ich Innenarchitektin werden, was mein Vater jedoch verboten hatte, da ich dazu eine Tischlerlehre hätte machen müssen. Ich war ja nur ein schmales Würstchen, und dass ich mit meinen zarten Händen an den Hobel gehe, kam gar nicht in Frage. In einem Modellatelier, in dem ich lernte, gab es eine Kollegin, die sich beworben hatte für ein Studium an der »Meisterschule für das Kunsthandwerk«, die schon verbunden war mit der Hochschule der Künste in Berlin. Da habe ich dann auch die Aufnahmeprüfung gemacht und dreieinhalb Jahre studiert, bis ich merkte, dass ich Modedesign eigentlich gar nicht ausüben will. Es gab aber zu der Zeit noch keine gesonderte Kostümbildner-Klasse. Deshalb habe ich in die Bühnenbild-Klasse gewechselt und konnte mich dort auf Kostüme konzentrieren. Die Abschlussprüfung habe ich aber dann für Modedesign und Kostümbild abgelegt. Die bekannte Kostümbildnerin Charlotte Flemming (u.a. Cabaret von 1966) suchte damals immer händeringend Assistenten, und ich hatte das Glück, ihr bei Frau Cheneys Ende (1961) mit Lilli Palmer und Wolfgang Kieling zu assistieren. Bei ihr habe ich Kostümauszüge herzustellen gelernt. Ich musste mich sehr durchbeißen. Man hatte mir anfänglich jede Menge Knüppel zwischen die Beine geworfen, u.a. gab es böse alte Garderobieren, die mir falsche Größen der Darsteller angaben. Die Schuhe und Handschuhe, die ich daraufhin kaufte, passten natürlich nicht. Peinlich! Was die Kleidung anbetraf, konnten sie mir aber nichts vormachen, da ich durch meine Ausbildung eine gute Grundlage in Schnitttechnik und Fabrikation hatte.

Um noch einmal auf die ISFF-Ausbildung zurückzukommen, wer interessiert sich dafür und kommt dorthin?

Das sind in der Regel junge Leute, die schon eine Ausbildung als Modedesigner absolviert, oder schon am Theater gearbeitet haben und sich für Film und Fernsehen weiterbilden wollen.

Berlin, 2012

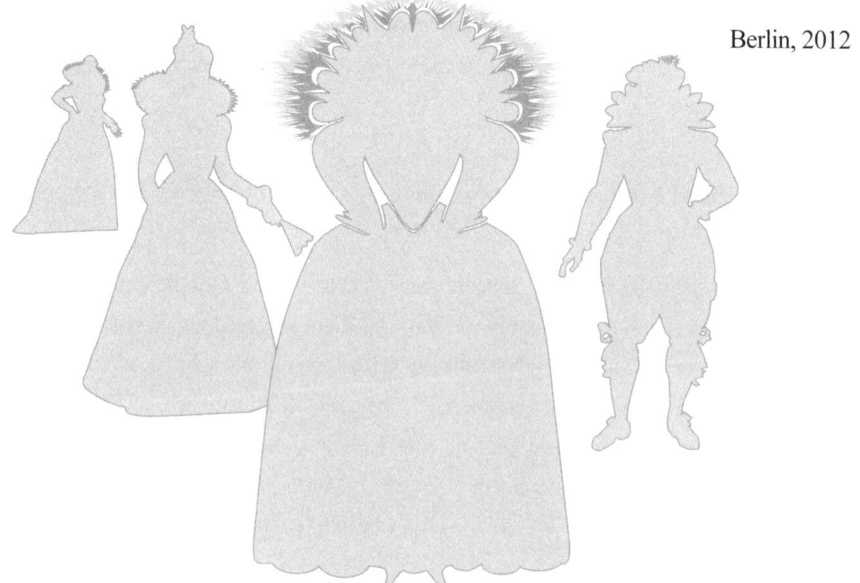

Kostümbudget

Fernsehspiele, besonders die der öffentlich-rechtlichen Sendeanstalten werden in Deutschland an einer untersten finanziellen Grenze produziert, sollen aber dem Anspruch eines Kinofilms genügen. Die Kluft zwischen den fantastischen Möglichkeiten der Realisierung und dem real Finanzierbaren ist groß. Man darf nicht vergessen, dass Produzenten den Sendern die Produktionen zum großen Teil vorfinanzieren. Sie tragen auch das Risiko der »Überschreitung«.

Kalkulationen der einzelnen Abteilungen, deren Summe immer wieder gedrückt wird, werden angefordert, bevor ein Budget festgelegt wird. Bei dieser besser Kostenschätzung genannten Berechnung können wir uns nicht auf eine genaue Summe festlegen. Eine Kalkulation im Sinne eines Kostenvoranschlages kann es nicht sein. Zu häufig führen spontane Ideen der Regie oder spezielle Befindlichkeiten der Schauspieler zu unvorhersehbaren Kosten. Wir schätzen also die voraussichtlichen Ausgaben. Eine Kostenfindung ohne vorheriges Konzeptionsgespräch, wenn möglich mit Regisseur, Szenenbildner und Kameramann/frau sollte vermieden werden. Leider entspricht das oft nicht den realen Gegebenheiten. Häufig werden wir sehr spät eingestellt und der Produktionsleiter muss dem auftraggebenden Sender schnell die Kalkulation liefern. Der Regisseur und der Szenenbildner befinden sich auf Motivtour und haben keine Zeit für eine Besprechung. Ist auch das Casting, die Besetzung der Rollen, noch nicht abgeschlossen, können wir den realen Menschen in der Figur noch nicht sehen. In diesen Fällen erstellen wir meist nur mithilfe unserer eigenen Ideen und Erfahrungen einen Kostenplan.

Anhand der Rollenauszüge, die wir erstellen, indem wir die Geschichten der einzelnen Figuren aus dem Drehbuch filtern, stellen wir uns vor, was die Personen anziehen könnten. Von Kopf bis Fuß visualisieren wir sie, bestimmen die Einzelteile und berücksichtigen Accessoires wie Hüte, Schmuck, Taschen etc. Ist Winterkleidung erforderlich und somit auch Wärmeunterwäsche, Wärmesohlen und anderes für die Schauspieler? Sind Kostüme mehrfach notwendig, weil sie während des Einsatzes nass, blutig oder zerrissen werden, aber dennoch gleichzeitig oder kurz danach wieder im Originalzustand vorhanden sein müssen, weil eben selten chronologisch gedreht wird? Wichtig ist, sich über die aktuellen Kauf- oder Leihpreise im Fundus und die Anfertigungspreise in bevorzugten Ateliers zu informieren. Kosten für Maßanfertigungen sind hoch. In die Kostenschätzung setzen wir die überschlagenen

Einzel- und Gesamtsummen ein. Nicht zu vergessen sind Reinigungskosten und ein eventueller Aufwand für die Lieferung. Verschleiß und Möglichkeiten des Verkaufs von Kostümen nach Abschluss der Dreharbeiten (meist für 60 Prozent der Anschaffungskosten) sind ebenfalls mit einzubeziehen.

Das Wasch-, Färbe- und Nähequipment für die Set Kostümabteilung muss überschlagen werden, selbst wenn nur eine Aufstockung notwendig ist.

Eine sogenannte Verbrauchssumme beinhaltet außerdem die Anschaffung von Wärmeunterwäsche, Strümpfen, Socken, Handtüchern, Regenschirmen und dergleichen.

Werden Zusatzkräfte für Drehtage mit hohem Darsteller- oder Statistenaufkommen oder ein spezieller Berater, z.B. für Militärfragen benötigt, sollte man diese rechtzeitig anfordern.

Meist hat der Produktionsleiter seinerseits schon ein Budget avisiert und zielt auf eine Vereinbarung. Die ermittelte Summe sollte im realistischem Rahmen bleiben und nicht zu sehr die Angleichung der künstlerischen Idee an das finanziell Machbare fordern. Vorschläge zur Einsparung sind gern gesehen.

Nicht ins Kostümbudget gehören die Kosten für die Anmietung von Arbeitsräumen und Fahrzeugen, Anschluss und Kosten von Telefon oder Internet, Reisekosten und Hotelunterbringung.

Die Einhaltung einer bestimmten Summe wird oft vertraglich verlangt. Das sollte nur bei realistischer Einschätzung akzeptiert und eine Haftungsklausel bezüglich einer Budgetüberschreitung nicht unterschrieben werden. Während der Produktion sollte das Budget immer im Auge behalten werden. Mithilfe eines häufigeren Kassensturzes kann man dem immer gerne fragenden Produktionsleiter (»Na, wo stehen wir denn?«) Auskunft geben. Nicht vorher abgesprochene Kostensteigerungen, wie z.B. Sonderwünsche der Regie, müssen der Produktionsfirma angesagt werden.

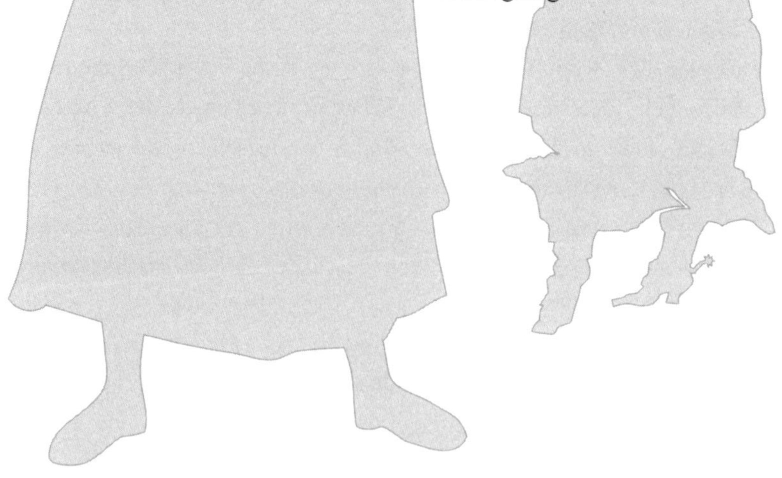

Kostümteam

Bei der Teamauswahl sollte man sich Zeit nehmen und prüfen, welche Mitarbeiter für das vorliegende Projekt geeignet sind. Werden Sprachkenntnisse in einer internationalen Produktion benötigt? Sind Erfahrungen in historischen Filmen oder in Serien gefragt?

Assistenz

Die Auswahl eines/r Assistenten/in ist geprägt vom persönlichen Vertrauen der Kostümbildner. Beide sind während der Produktion in enger Weise miteinander verknüpft. Er/sie sollte, neben Allgemeinbildung und fachlicher Ausbildung, menschlich integer und ehrlich sein und einen feinfühligen Umgang pflegen. Assistenten werden einen großen Teil der Organisation übernehmen und als verlässliche, loyale Partner im Umgang mit Regie und Produktion fungieren. Diese Hilfe und Ergänzung in der kreativen Phase und ihrer Umsetzung ist extrem wichtig, sowohl während der intensiven Vorbereitung und in der Drehzeit, wie auch bei der Nachbereitung. Sie sollten in der Vorbereitung schon einen Arbeitsplan aufstellen und ihn ständig anpassen. Im laufenden Austausch mit der Kostümbildnerin sind Drehbuchauszüge für den Kostümordner am Set anzufertigen. In diesen Ordner werden während der Drehphase alle Kostümanschlüsse eingetragen, er enthält alle für uns wichtigen Informationen. Recherchen in den neuen Medien sind durchzuführen und Anproben zu organisieren. Im Kontakt mit der Produktion werden sie sich um Kostümfahrzeuge und Räumlichkeiten kümmern und die Vorbereitung für eine funktionierende Set Kostümabteilung treffen. Sie müssen Kostümbusse mit einrichten und Umzüge organisieren.

Die eigenverantwortliche Arbeit von Assistenten, wie z.B. die Auswahl von Fundus-kostümen und selbstständige Anproben, ist nur in Absprache mit den Kostümbildnern möglich, da die gesamte Verantwortung für Künstlerisches und Organisatorisches bei dem »Chef« oder der »Chefin« liegt. Dennoch sollten die Assistenten immer ansprechbar für Regie und Produktion sein und sich gut und klar für die Sache der Kostümabteilung verständlich machen können. Sie sind die Stellvertreter der Kostümbildner.

Ganz wichtig ist die regelmäßige Kommunikation innerhalb der Abteilung, damit alle auf dem neuesten Stand sind. Wenn Zeit vorhanden ist, sollte gemeinsam das Drehbuch gelesen und bearbeitet und soweit wie möglich die zu erwartenden Aufgaben und Probleme im Voraus definiert werden. In TV-Produktionen wird aus

Kostengründen eine Assistentin oft als zweite Set KostümerIn eingesetzt, was voraussetzt, dass sie auch diesen Job versteht. Sofern noch nicht alle Rollen vor Beginn des Drehs besetzt sind, ein Umstand der nicht selten eintritt, handeln Kostümbildner dann während der Dreharbeiten meist alleine. Ein Spagat mit Vorbereitung, Anproben, Abnahmen etc., die parallel zu drehbegleitenden Maßnahmen erfolgen.

Auch an der sorgfältigen Abrechnung, Reinigung und Rücklieferung werden Assistenten maßgeblich beteiligt.

Set Kostüm

Integrität ist Grundvorraussetzung, Loyalität der Kostümbildnerin und den Teamkollegen gegenüber ist von höchster Wichtigkeit. Wie bereits erwähnt, sollte die Chemie stimmen, damit Vertrauen in kurzer Zeit aufgebaut werden kann.

Schneiderkenntnisse, sowie Anschlusssicherheit und selbstständiges Arbeiten bei der Betreuung der Schauspieler sind Vorraussetzung. Zu den weiteren Aufgaben gehören das Ankleiden und Umkleiden der Schauspieler und das Reparieren der Kostüme, soweit nötig. Für täglich saubere, gepflegte Kostüme ist Sorge zu tragen, das heißt gegebenenfalls nachts zu waschen und die Kostüme zu trocknen, falls sie am nächsten Morgen wieder im Einsatz sein müssen. Auch ein Obdachlosenoutfit darf für den Schauspieler nicht allzu unangenehm riechen und muss doch seine Patina behalten. Im Kostümbus sollte neben den üblichen Ersatz- und Zubehörutensilien (siehe »Nützliche Infos«, S. 157) immer auch Schutzkleidung gegen Nässe, Kälte oder auch Hitze vorhanden sein. Die Set Kostümabteilung bietet dann das »Rundum sorglos-Packet« an, in Notfällen auch mal für Teammitglieder, die nicht an Kälte oder Regen gedacht haben.

Für besondere Einsätze wie Schlägereien oder Stürze müssen Schutzpolster vorbereitet sein. Set Kostümer werden am Ende eines jeden Tages mithilfe von Fotos der Darsteller im Kostüm eine Dokumentation im Anschlussbuch anfertigen. Zusammen mit Assistenten und der Kostümbildnerin wird der nächste Drehtag vorbereitet, die Kostüme vorgehängt und überprüft, ob alle Accessoires zur Verfügung stehen. Ich selbst lege Wert auf einen liebevollen Umgang mit den Kostümen, mit den

Dingen, die Schauspielern und uns nahekommen und die der ganz spezifischen Ausstrahlung dienen. Sie sind nicht unverwüstlich und haben einige Abenteuer zu bestehen.

Flexibilität wird von allen in einem sich häufig ändernden Arbeitsrhythmus gefordert. Dreharbeiten in Winternächten, Samstags- und Sonntagsarbeit sind keine Seltenheit und sollten mit Überstundenbelegen dokumentiert und die Vergütung nötigenfalls erstritten werden. Zuverlässigkeit und Eigenverantwortung in schwierigen Situationen sind von großer Bedeutung. Niemals dürfen Fehler verschleiert werden. Zur Absicherung sollten Memos verfasst werden, falls spontane Umstellungen während des Drehs vorgenommen wurden, die zu Anschlussfehlern führen können. Auf zwei professionelle Set Kostümer mit Anschlusserfahrung kann nie verzichtet werden.

Übrigens kannte die Bundesagentur für Arbeit das Berufsbild der Filmgarderobiere (heute Set KostümerInnen) bis 2009 nicht. Sie wurde unter »Toilettenfachfrau« geführt. Man muss sich das auf der Zunge zergehen lassen!

Praktikanten

Sie sind gern gesehene Hilfen, sollten aber niemals ausgenutzt werden! Produktionen sparen gerne eine volle Arbeitskraft durch den Einsatz eines Praktikanten ein. Wir haben dabei eine Sorgfalts- und Ausbildungsverpflichtung. Engagierte junge Leute können viel lernen, wenn sie ernsthaft interessiert sind und sich auf den außergewöhnlichen Einsatz beim Drehen einlassen. Um den besonderen Rhythmus am Set aufzunehmen und sich nicht störend zu verhalten, ist zunächst Zurückhaltung geboten.

Zusatzkräfte

Für große historische Produktionen wird ein Team um Koordinatoren, Gewandmeister und textile Künstler vergrößert, die Stoffe färben und besticken, oder um Patinafachkräfte. Alle werden in der Vorbereitung gemeinsam an der Realisation der Kostüme unter der Leitung der Kostümbildner arbeiten. Nach gültigem Drehplan müssen Set Kostümer-Zusatzkräfte angemeldet und ausgesucht werden. Bei historischen Filmen mit zahlreichen Statisten werden tagelange Anproben vorab stattfinden, denen lange Ankleide- und Maskenzeiten am Morgen des Drehs notwendigerweise folgen. Um die Konzertsäle der Clara Schumann zu füllen, mussten wir zusammen mit der Maskenabteilung um fünf Uhr früh mit der Einkleidung beginnen, damit ab elf Uhr gedreht werden konnte. Zehn Garderobieren standen uns zur Seite.

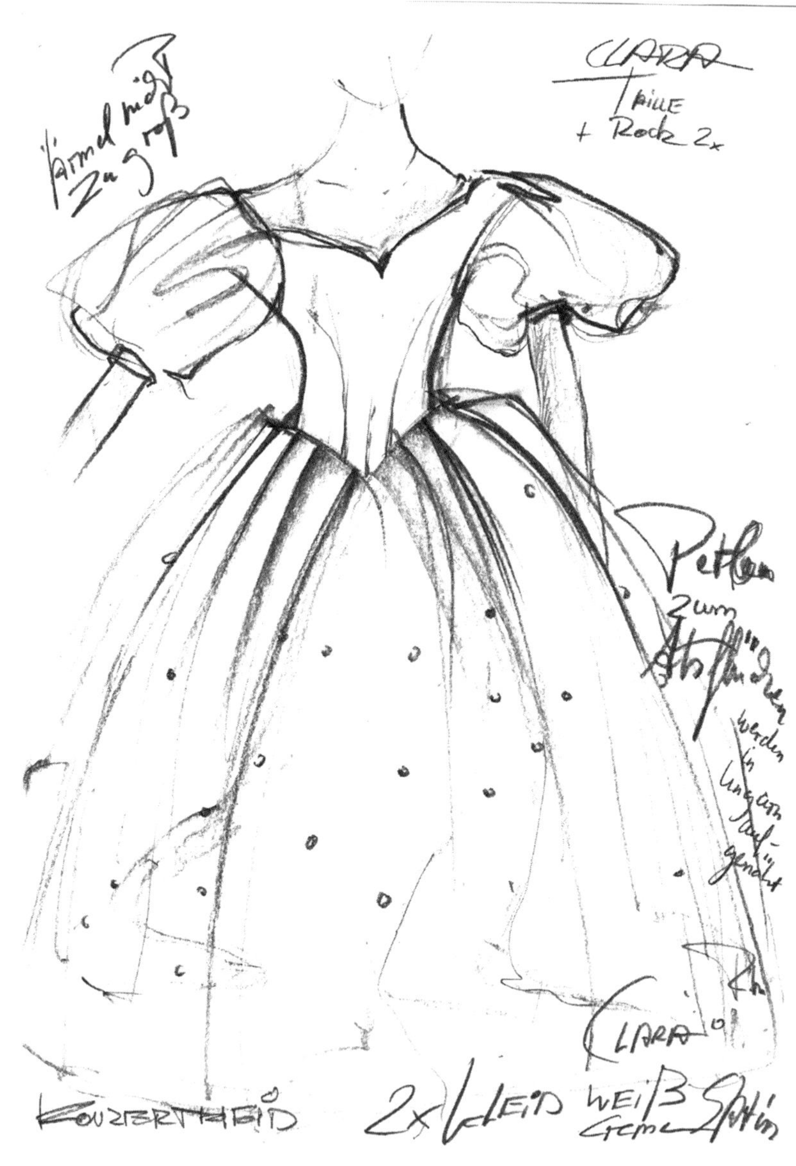

Entwurf für »GELIEBTE CLARA« (s. a. die Fotos des realistischen Kostüms S. 55 und S. 96)

GELIEBTE CLARA (2008)

Es ist der erste Film, in dem sie historische Kostüme tragen wird. Ungewohnt ist die Fülle an Stoff, die schwer an der Taille hängt. Ein Korsett muss angelegt und geschnürt werden. Martina Gedeck hat genau die richtige Figur für unsere Clara Schumann. Die feine Nackenlinie, ihre wohlgeformten Schultern und die Wespentaille bieten schon bei der ersten Anprobe mit Kleidern aus dem Fundus Anlass zum Schwärmen. Martina findet in den Kleidern zu Bewegungen, die schwungvoll feminin sind und sie verträumt tragen.

Ein champagnerfarbenes Seidenkleid muss her. Ein Konzertkleid für Clara, in dem sie Brahms kennenlernt. Wir bestellen viele Meter Atlas-Seide in einem warmen, cremefarbenen Ton. Die Firma Theaterkunst in Berlin wird alle Kleider anfertigen. Um 1840–60 war die Silhouette der Zeit einer Sanduhr ähnlich mit eingeschnürter Taille. Auf diese engste Stelle folgt oben ein breites Dekolleté. Es wird von den mit Falten, Rüschen und diversen Garnituren versehenen Ärmeln betont. Nach unten hin verbreitert sich die Linie mithilfe zahlreicher bodenlanger Unterröcke, bauschig und schwingend zu einem A.

In Nachtfalterfarben soll Clara gehüllt sein. In Lila, Blau, Grau, Fliederfarben und deren Zwischentöne. Neben den Recherchen über die Zeit des ausgehenden Biedermeiers und des sogenannten Zweiten Rokokos ist die Suche nach Stoffen sehr inspirierend. Die geheimnisvollsten Stoffe finde ich bei dem Sarihändler Ralph Reinhard in Kleinmachnow. In seinem Haus stapeln sich Schätze aus Indien bis unter das Dach. Man verbringt hier Tage im Rausch. Ein Eldorado für Kostümbildner. Viele Theater sind seine Kunden. Hier habe ich bereits für die Figur der Frau von Stein (die Dame kleidete sich ausschließlich in Weiß) in dem Goethe-Film DIE BRAUT zahlreiche cremefarbene und weiße Saris gefunden, die zu den schönsten Kleidern verarbeitet wurden, während Goethes Christiane in handgefärbtem Leinen ihr Dasein fristen musste. Alte, in kleinen Paisley-Mustern gewebte Stoffe in Nachtblau und Lila verarbeiten wir zu Taillen und zu großen Schals. Einige sind brüchig und werden, um sie zu retten mit Batist unterlegt. Eine mühsame Handarbeit. Glänzend graue Ripse und weitere zu kombinierende Materialien finde ich in den Stoffläden Berlins. Auch in der Dekorationsabteilung des KaDeWe werden Helma Sanders-Brahms, die Regisseurin, und ich fündig. Der bodenlange Morgenmantel für Schumann. Ein rot-goldener, wunderschön gewebter schwerer Brokat, der unseren Etat stark strapaziert, da wir den Mantel in zweifacher Ausführung herstellen werden. Aber es ist keine Frage: Dieser muss es sein und er wird bestellt. Das Double unseres

Schumann-Darstellers Pascal Greggory wird sich damit in den Rhein stürzen.

Erster Drehtag in Ungarn. Wie sah eine Augenklappe im Jahre 1853 aus? Die Wirtin der Auswandererkneipe soll nur ein Auge haben. Ich habe einen schmuddeligen länglichen Lappen vorbereitet, der quer überm Auge liegen soll, nur ist der, als wir ihn brauchen, nicht zu finden. Wieder eine Irritation im Moment des höchsten Drucks. Ich zerreiße einen hellen groben Stoff und biete diesen an. Unsicherheit in der größten Anspannung: Sollte er nicht schwarz sein? Helma tobt. Die Komparsen sind ihr nicht dreckig genug, das Volk soll schwitzen auf seinem Weg übers Meer.

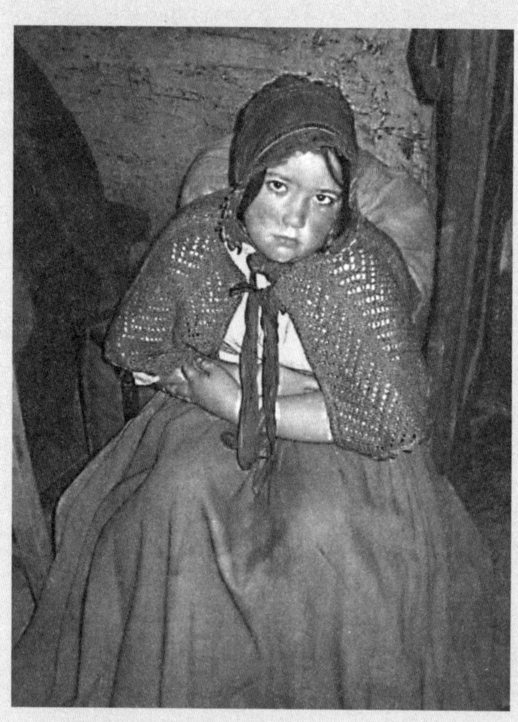

Eine junge ungarische Komparsin

Wir sind bereits klitschnass. Aber Brahms strahlt seine Clara an und eine Liebe beginnt im Dunst und der Ausdünstung von Mensch und Tier. Cut.

Und dann … Helma springt jedem in die Arme und freut sich: »Es sieht so schön aus! Es ist wie Weihnachten!« In der Tat! Wir haben einen Stall, Mist und eine weiße Königin, die mit dem Saum ihres perlenbestickten Kleides alles am Boden Liegende auffegt. Die Kamera verfolgt den Gang am Saum. Immer wieder klackern die Perlen gegen die Stalltür und der feuchte Dreck zieht sich in die Atlasseide hoch. Der Saum wird schmutzig und schwer. Aber auch dieses Kleid haben wir doppelt. Das Volk in der Kneipe, in der Brahms auftritt, schneidet die Perlen zunächst unbemerkt ab und der Rock wird zerrissen. Wir drehen diese Einstellung mehrmals, reparieren und nähen wie die Weltmeister die Perlen wieder an. Cut.

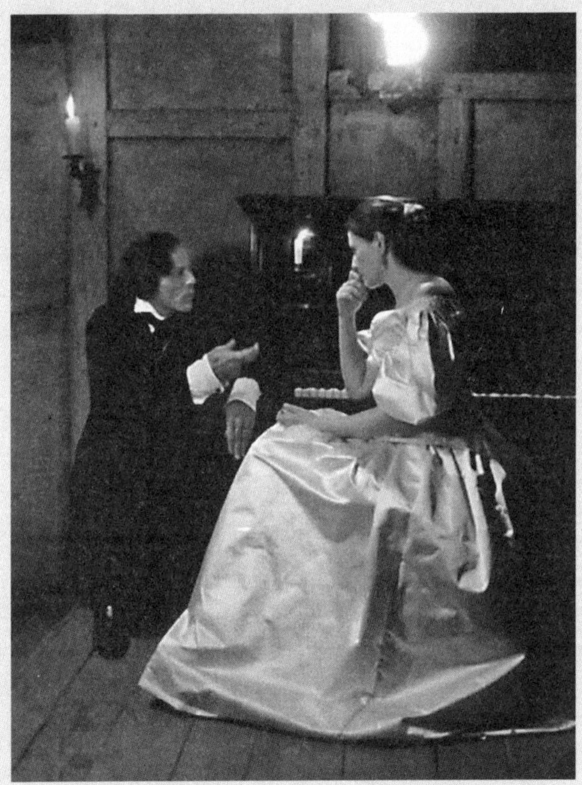

Martina Gedeck (Clara Schumann) und
Pascal Greggory (Robert Schumann) in einer Drehpause

Martina Gedeck ist in ihre Clara eingetaucht. In den großen Konzertsälen in Ungarn spielt sie Klavierstücke, die sie immer wieder auf einem stummen Klavier übt. Eine Pianistin als Handdouble haben wir zwar, sie wird aber selten eingesetzt.

Manchmal entdecke ich an Clara beim genauen Hinschauen einen oder mehrere fehlende Unterröcke, wäge ab und entscheide oft, es so zu lassen. Nur eines trägt sie tapfer jeden Tag, und bei 30 Grad ist das eine Leistung: die eng geschnürte Korsage. Immer wieder wird sie aufgeschnürt, meistens zur Mittagspause. Dieses Korsett ist schwer zu waschen und trocknet nur langsam. Wir haben es nur ein Mal, da es aus dem Fundus stammt, perfekt passt und wir eine unvollkommene Anfertigung nicht riskieren wollten. Rosafarben hängt es wie eine große Blüte an einem Baum in der Sonne, um zu trocknen. Mitten in Budapest.

Helma hat am zweiten Morgen unseres Drehs auf Schloss Frechen, das als Interieur des Hauses der Schumanns in Düsseldorf dient, das ganze Set umgeräumt. Mir begegnen verdrehte Augen und zornige Falten auf den Gesichtern der Szenenbild-Kollegen. Unserer Abteilung hingegen geht es gut. Der bunte Kinderhaufen fühlt sich wohl in den robusten, aber doch verspielten Kostümen. Unterröckchen lugen hervor, Schürzen zum Schutz der Kleidchen und Schleifen im Haar, nicht übertrieben, sondern glaubhaft eingesetzt. Zusammen mit dem durchs Treppenhaus turnenden Brahms zaubern die Kinder Leben ins Schumann‘sche Haus.

Kleidung hatte damals einen anderen Stellenwert. Sie wurde lange getragen. Stoffe waren robuster und nicht der häufigen Reinigung und Wäsche ausgesetzt. Es gab kein H&M, wo Billiges für nur eine Saison erworben und dann schnell wieder ersetzt werden konnte. So werden wir keine Modenschau veranstalten, sondern authentisch wenige Kostümwechsel vornehmen.

Historische Genauigkeit und die kreative Abweichung davon beleben ein Werk, machen es für unsere Wahrnehmung geschmeidiger. So zerstören wir immer mal wieder die zeittypische Silhouette, krempeln Spitzenärmel hoch, lassen Unterröcke weg oder binden Lavaliers nachlässig oder gar nicht. Wir reduzieren. Zylinder, ohne den ein Herr jener Zeit nicht auf die Straße ging, und die Schute, ohne die eine Frau sich außerhalb des Hauses nicht sehen lassen konnte, werden kaum eingesetzt. Nur im Hintergrund sichtbar, von Komparsen getragen, skizzieren sie die Silhouette der Zeit. Mit Helma ist das zu machen. Wir entstauben, modernisieren. Das macht dem Zuschauer die Akzeptanz ungewohnter Kleidungsstile leichter. Gegenbeispiele, in denen Zylinder, Stöcke, Fliegen und Schleifen ein Bild ersticken, gibt es genug.

Allerdings, wenn ich an Viscontis Tod in Venedig denke, mir die phänomenalen, minutenlangen Einstellungen auf elegante Hotelgäste vergegenwärtige, den langen Blick der Kamera auf Details wie Hüte, Schals, Filethandschuhe und Schmuck erinnere, an verschleierte Blicke oder an die altmodisch gekleideten Badegäste denke, die konsequent hässlich fast ihre eigene Karikatur darstellen, dann vermisse ich bei den meisten Produktionen den Mut, Typen in ihrer vollkommenen Unzulänglichkeit und ihrem Charme zu zeigen. Visconti legte großen Wert auf die Kostüme der Darsteller und der Komparsen und trieb Detailgenauigkeit bis zum Exzess.

Am Clara-Set findet Kostümdramaturgie bisweilen im Wohnwagen der Darsteller statt. Brahms ist ein Wilder. In offenen Hemden, ohne Lavallier, dem Vorläufer der Krawatte, ganz und gar nicht »comme il faut«. Er geht auf den Händen, begeistert so besonders die Kinder. Bei einer Hitze von über dreißig Grad wird ein neues Kostüm im Wohnwagen geboren. Als der Schauspieler vor die Kamera gerufen wird, trägt er sein Hemd statt am Oberkörper um den Kopf geschlungen. Helma ist sofort begeistert, und die Szene wird mit nacktem Oberkörper gedreht. Wie Marat mit Turban während der Französischen Revolution. Cut.

Clara spielt zu Hause auf ihrem neuen Flügel, es ist heiß, sie hat nur eine Untertaille an, die Unterröcke sind hochgeschlagen und eine Spitzenunterhose ist zu sehen. Die Kameraeinstellung führt den Betrachter unter das Klavier auf die nackten Füße. Ganz leger, nur für sich gibt Clara sich dem Spiel hin. Als Brahms unbemerkt in den Raum tritt, lässt sich die erotische Anziehung sogleich erahnen. Im Unterzeug aus weißem Leinen ohne Korsett ist die ganze Privatheit zu spüren, die Beweglichkeit einer Künstlerin, die nach Erfüllung sucht in der so festgezurrten, bürgerlichen Welt des späten Biedermeier. Sie entflieht den gesellschaftlichen Konventionen mit dem Ausstieg aus Korsett und Unterbau. Cut.

Clara ist schwanger. Die cremefarbene Spitzentaille, die eigentlich in den Rock gezogen wird, trägt sie darüber. Die mit vielen kleinen Knöpfen versehenen Ärmel haben wir hochgekrempelt. Eine moderne Clara, als trüge sie Schlabberhemd und Jeans.

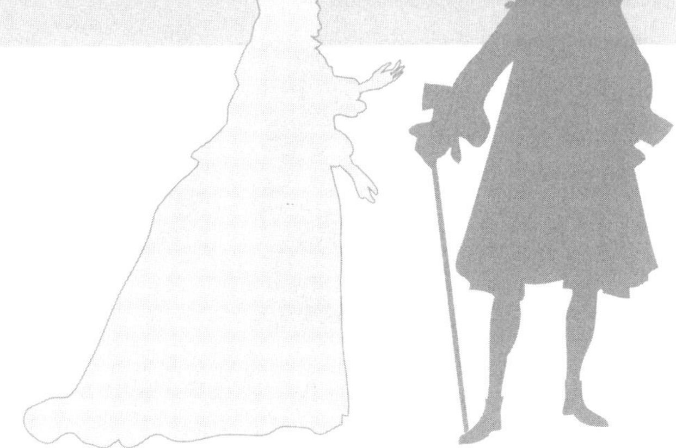

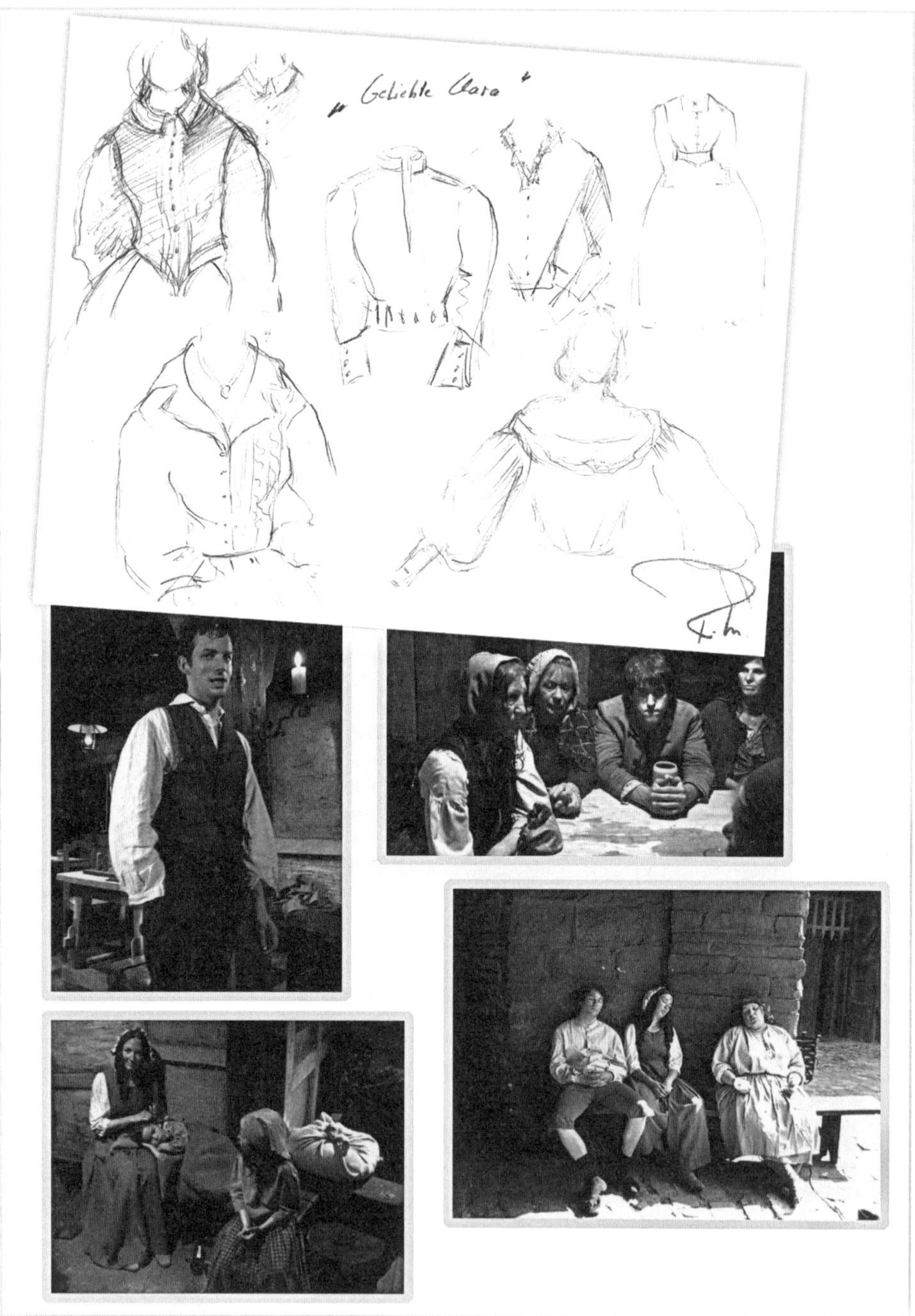

»GELIEBTE CARLA« (2008) Skizzen und Kostümfotos

EIN GESPRÄCH

mit Helma Sanders-Brahms, * 20. November 1940 † 27. Mai 2014, vielfach ausgezeichnete Autorin, Regisseurin, Produzentin; filmische Werke u.a. UNTER DEM PFLASTER IST DER STRAND (1975; Bundesfilmpreis), SHIRINS HOCHZEIT (1976; Kritikerpreis von Locarno), HEINRICH (1977; Bundesfilmpreis Goldene Schale), DEUTSCHLAND, BLEICHE MUTTER (1980; Hauptpreis beim Filmfestival in Créteil), GELIEBTE CLARA (2008),

Wir haben Geliebte Clara zusammen gedreht. Das ist jetzt schon fünf Jahre her.

Wenn du bedenkst, dass ich zwölf Jahre dafür gekämpft habe, sind fünf Jahre eigentlich keine so lange Zeit.

Dafür lebt der Film länger und reist um die Welt.

Er ist bei manchen Leuten schon so etwas wie ein Klassiker, besonders in Japan und China.

Das war ein Zufall, dass wir aufeinander getroffen sind. Wir kannten uns vorher nicht.

Nein, ich wollte den Film ursprünglich mit einer anderen Kostümbildnerin machen. Sie war genial, aber ich konnte mich nicht auf sie verlassen. Und da hab ich Angst gekriegt. Wenn man mit relativ wenig Geld großes Kino machen will, dazu mit vielen Statisten, in Ungarn und in Deutschland, dann muss alles stimmen. Ich habe mich von ihr getrennt, weil ich dachte, das schaffe ich nicht, wenn es immer wieder unsicher ist, ob alle Kostüme im richtigen Moment da sind, ob nicht irgendwas fehlt oder nicht sitzt und nachgenäht werden muss. Gerade diese Dinge sind für den Ablauf auf dem Set entscheidend. Auch der Schauspieler darf nicht beunruhigt sein, weil sein Kostüm nicht da ist oder etwas davon fehlt. Er trägt sein Kostüm wie eine zweite Haut. Wenn der Schauspieler ein Kostüm anzieht, dann ist es neben dem Drehbuch das einzige was er hat, um die Rolle zu erfassen. Mehr hat er nicht, um die Figur in sich zu finden, die er spielen soll. Es ist extrem wichtig, dass Kostüme nicht erst am Set da sind, sondern schon vorher angezogen werden können. Bei Heinrich, einem anderen historischen Film, den ich gedreht habe (über Heinrich von Kleist), waren die Kostüme für die Hauptdarsteller vier Wochen vor dem Dreh fertig. Heinrich Giskes, der den Kleist spielte, und Heinz Hoenig, der Kleists große Liebe Ernst von Pfuel verkörperte, haben ihre Kostüme in diesen vier Wochen auch privat in der Kneipe getragen. Die Kleider bekamen Spuren. Sie hatten die Falten, die entstehen, wenn du ein Kleid oft am Körper trägst, und sie hatten den Geruch. Sie hatten die Flecken, die in so einer Zeit entstehen, wenn zum Beispiel Wein darauf verschüttet wird. Es gab ja keine chemischen Reinigungen zu Kleists Zeiten. Für uns, meine wunderbare Kostümbildnerin und mich, war es wichtig, dass die Kostüme dadurch zur zweiten Haut ihrer Träger geworden sind. Denn Kleist war ja ein armer Adliger, der hatte sein Leben lang kein Geld und musste immer denselben Anzug tragen, mit verschiedenen Hemden. Wenn über so etwas nicht nachgedacht wird – und das sieht man in vielen Filmen – sehen die Kleider immer blitzblank aus, und das ist Unsinn, das kann nicht sein. Es gab in der Regel einen Anzug, ein Kleid in früheren Jahrhunderten. Mehr konnten sich normale Leute, und sogar arme Adlige, nicht leisten. In der Gotik oder in der Renaissance wurden Kleider das ganze Leben hindurch getragen und sogar vererbt. Der König erbte den Mantel seines Vaters und vererbte ihn mit der Krone seinem Sohn. Das war ein ganz anderes Verhältnis zu Kleidern und Kleidung.

Hast du Die Bartholomäusnacht gesehen (franz. Originaltitel: La Reine Margot)? Dieser Film war eins meiner Schlüsselerlebnisse!

Da wirken die Kostüme nicht nur authentisch, sondern sie sind zugleich extrem theatralisch. Wie da eine rote Seide ins Bild fällt, als wäre es ein Blutsturz! Um das zu erreichen, darf man sich wiederum nicht verzetteln. So, wie wir es bei GELIEBTE CLARA versucht haben. Es musste alles edel und genau sein – aber auch theatralisch. Das heißt, es musste ein spielerisches Element haben. Das Interessante beim Film ist, dass die Kamera sich ja auch nähern, dass sie sehr nah sein kann. Sie kann ein Knöpfchen so sehen, wie eine Fliege es sehen würde, die sich darauf niederlassen will. Und sie kann so weit weg gehen, dass sie das Knöpfchen nicht mehr wahrnimmt, dass sie den Mantel, den es verschließt, nicht mehr wahrnimmt, sondern nur noch die weit entfernte Menschengestalt in einer ausgedehnten Landschaft oder einem gewaltigen Raum. Es geht um Genauigkeit im Detail, aber auch darum, dass vieles weggelassen werden kann. Viele Filme werden in ihrem Gehalt aufgefressen von den unwichtigen Details, die sich nach vorne schieben, statt Platz für die Gefühle zu lassen.

Wir haben in Geliebte Clara immer wieder etwas weggenommen, die Kostüme immer wieder moderner, legerer werden lassen.

Das sagte schon Max Liebermann: »Die Kunst liegt im Weglassen«. Je mehr man von der Fülle, die man im Kopf hat, auch wieder weglassen kann, desto wirkungsvoller wird es oft. Wichtig ist daneben natürlich auch, dass die Stoffe, die man bis ins 19. Jahrhundert und sogar noch ins 20. Jahrhundert hinein trug, Naturstoffe waren: Leinen und Baumwolle, Seide, Wolle, Pelze. Der Samt war Seidensamt. Der reflektiert das Licht anders als Baumwollsamt. Überhaupt reflektiert Seide anders als Nylon, Perlon, Viskose. Und diese Stoffe haben einen anderen Fall, sie knittern anders. Die Kamera enthüllt das gnadenlos. Da muss man aufpassen. Lieber ein Kleid weniger, aber richtig und gut. Wie schon gesagt, haben die früher nicht viele Kleider gehabt. Ein Kleid kann sich innerhalb des Films also ruhig wiederholen. Aber es sollte im historischen Film aus Naturstoffen und mit Naturfarben gefertigt sein, wenn man schon ein vergangenes Jahrhundert lebendig machen will. Denn die Farben, die damals aus natürlichen Farbstoffen wie Pflanzen und Schnecken gemacht wurden, wirken auch anders als die heutigen künstlichen Farben, die oft sehr grell sind. Und die Kamera erlebt sie anders und zeigt sie anders. Dazu muss man sagen, dass die Amerikaner und auch die Australier das in der Regel weniger wichtig nehmen. Die Kleiderkultur unserer »alten Welt« ist nicht die der »neuen Welt«. Noch bis in die Mitte des 20. Jahrhunderts kauften Amerikaner mit Geschmack und Geld deshalb in Paris ein. Natürlich gab es in Hollywood Zugewanderte, die die europäische Kultur im Gepäck und im Kopf mitgebracht hatten, zum Beispiel Travis Banton, der die Kostüme für Marlene Dietrich zusammen mit ihr erarbeitet hat und natürlich mit ihrem kostümverrückten Regisseur Josef von Sternberg, der in jungen Jahren für ein Damen- Modegeschäft gearbeitet hat, wie übrigens auch Ernst Lubitsch. Beide, Lubitsch wie Sternberg, waren für ihre Kostümbildner die idealen begeisterten Partner.

Jüngere Regisseure von heute haben zumeist kein Gefühl mehr dafür. Das ist schade!

Ja, schade! Denn das Kostüm ist eine Sprache. Eine Sprache, mit der sich eine Epoche ausdrückt, mit der sie auch heute noch erkennen lässt, wie sie sich den Menschen vorgestellt hat. Das zu übersehen, bedeutet eine Ausdrucksmöglichkeit zu verschenken.

Man müsste jungen Regisseuren ganz früh unseren Beruf erklären, ihnen anhand von Beispielen oder in Vorführungen die Bedeutung, die Tragweite eines Kostüms erläutern. Die machen sich meistens keine Gedanken über das, was wir tun. Die denken, wir sind so eine Art Kleiderschrank, aus dem die Schauspieler sich etwas herausholen können. Aber was in dem, was jemand anzieht an Bedeutungen und Möglichkeiten steckt, das ist ihnen nicht klar. Das wird nicht gelehrt, das kriegen sie nicht mit, wenn sie in der Ausbildung sind. Wir sollten ihnen sagen: Hört uns mal zwei Tage zu! Das machen wir auch schon teilweise – und dann oft mit erstaunlichem Erfolg.

Ich hoffe, dass es wiederkommt. Kleine Mädchen und kleine Jungs haben immer Spaß am Verkleiden gehabt und haben es noch. Sie haben Spaß daran, aus den Dingen, die sie aus dem Kleiderschrank ihrer Mutter oder aus irgendwelchen Kisten und Kästen hervorholen, die schönsten auszuwählen und damit etwas auszudrücken. Ein Kind weiß unbewusst, dass ein Kleid, ein Anzug sehr viel mehr ausdrückt als einfach nur, dass das etwas ist, womit man sich bedeckt. Kinder wollen sich schön verkleiden, Kleider sollen sie schön und besonders machen. Auf Fotos aus der Zeit vor den Nazis und dem Zweiten Weltkrieg – aus einer Zeit, bevor alles soldatisch wurde und danach die Leute nur noch Fetzen auf dem Leibe hatten – da sieht man, wie sich auch ganz arme Leute eine unendliche Mühe mit ihrer Kleidung gegeben haben. Sie bewahrten ihre Würde mit ihrem Kleidungsstück, selbst wenn sie nur ein einziges hatten. Das ist etwas, was mich auf diesen alten Fotos immer wieder beeindruckt – wie zum Beispiel einfache Angestellte, Männer und Frauen, sich doch liebevoll und sorgsam angezogen haben, wenn sie zum Schwoof in die Ballhäuser gegangen sind, die es damals für die sogenannten kleinen Leute gab.

Tanzvergnügen.

Tanzvergnügen, ja – wie schön die sich dafür gemacht haben, mit Hütchen und Blumen und Seidenstrümpfen, und die Herren mit piekfeinen Anzügen und Westen … Heute laufen alle nur noch in sogenannten »Sportklamotten« herum. Wir sind eine Gesellschaft von Sportlichen geworden, sportlich gilt immer! Aber bis in die frühen dreißiger Jahre hinein, bevor die Nazis und der Zweite Weltkrieg kamen, da steckte noch in jedem Kleid und jedem Anzug viel liebevolle Kleinarbeit, und das spürt und sieht man, und das machte jeden Einzelnen, jede Einzelne zu einer besonderen, wichtigen Person, die sich selbst ernst nahm und die auch ernst genommen wurde. Das Kleid oder der Anzug, das bzw. den sich jemand auswählt, darin steckt eben sehr viel von einem selbst und von der Zeit, in der man lebt. Das ist der Kerngedanke, über den wir hier sprechen, das Zentrum, um das die Arbeit des Kostümbildners, der Kostümbildnerin kreist. Ich nehme dieses Zentrum so wichtig, dass ich nicht nur meine Filme und meine Schriften aufgehoben habe, sondern auch meine Kleider. Und das ist nun bei meinem Alter auch eine Sammlung geworden. Ich habe aus den Ländern, in die ich gereist bin, Kleider mitgebracht, aus Japan, aus Indien, aus Palästina, aus Afghanistan. Von Givenchy habe ich ein Abendkleid und eines von Saint-Laurent. Kleider, die ich für Kunstwerke halte, deshalb mag ich mich nicht von ihnen trennen, obwohl ich sie nicht mehr anziehe. Die sind so schön. Und die sind ein Stück von mir. So, wie auch ein Abendmantel von Jean Paul Gaultier, den ich gerade erst beim Kleider ordnen wiedergefunden habe. Der ist einfach schwarz, aber aus echter schwerer Seide. Von innen mit roter Seide gefüttert. Und die Ärmel hat Gaultier nach barocken Vorbildern geformt. Wo hat er nur den Schnitt her? Wenn ich den Mantel trage, halte ich gleich meinen Arm wie eine Barockfigur. Du kannst den Arm nicht runterhängen lassen, wie man es heute tut, du musst ihn in diese barocke Biegung legen, weil der Ärmel dafür gefüttert ist, weil er mit dieser weichen Fülle rot aufschlägt in dem Schwarzen. Ich will immer wieder alles wegschmeißen, und dann halte ich die Sachen in Händen und kann es nicht. Das sind Kostbarkeiten, die könnte man an die Wand hängen wie ein Bild. Die Franzosen machen das ja auch, die machen Ausstellungen davon in ihren Kunstmuseen und verehren Saint-Laurent wie einen Heiligen. Es geht nicht darum, sich vor den Kameras der Festspiele damit zu spreizen, sondern man trägt ein Stück edelste Kultur am Körper.

Worauf ich eigentlich hinaus will, ist, dass die verschiedenen Jahrhunderte unserer westeuropäischen Zivilisation sich jeweils in den Veränderungen an der Bekleidung ausgedrückt haben. Du kannst aus einem gotischen Kleid viel über die Gotik selbst erfahren – wie es den Bauch vorwölbt und den Busen klein hält, so hat es in jeder Frau das Jungfräuliche wie das Schwangere betont und sie damit zur Schwester der jungfräulichen Mutter Gottes gemacht. Und wie die Jungfrau Maria ihr Kind trägt, so stellt sie ein Spielbein vor, durch das auch das Kind gehalten wird, und das Kleid fließt weich und schmiegt sich an die Biegung, die der Körper dadurch macht. Dann der Wechsel zur Renaissance. Die Entdeckung der Neuen Welt geht Hand in Hand mit der Entdeckung des Körpers. Das ist auch die Zeit, in der der menschliche Körper zum ersten Mal seziert, d.h. aufgeschnitten und analysiert wird. Es ist auch die Zeit, in der Nacktheit eine große Rolle zu spielen beginnt, zum ersten Mal wieder nach der griechischen Antike. Große Gemälde mit nackten Menschen entstehen. Der Humanismus betont die Individualität des Einzelnen, die vorher kaum interessierte und erfindet die Perspektive im Blick des Betrachters, durch die der Hintergrund eine ganz andere Bedeutung bekommt. Er ist nicht mehr ein geistiger Raum, sondern die Tiefe der Landschaft im Hintergrund, die vom Standpunkt des Betrachters gesehen wird. So, wie bis heute jede Kamera die Welt abbildet, wie sie sie überhaupt nur abbilden kann. Und entsprechend die Kleider der Renaissance. Breite Schultern, viel nackte Haut, viel Sex-Appeal, den auch die Männer sich abverlangten. Sie trugen sogar Hasenpfoten, um zwischen den Lenden ausdrucksvoller auszusehen. Wie heute die Frauen, die den Busen durch den Büstenhalter aufpuschen.

Und die Herren schmückten sich, zeigten die Taille, zeigten bestrumpftes Bein.

Und dann der Gebrauch von Pelz zu nackter Haut, wie zum Beispiel bei dem MÄDCHEN IM PELZ von Tizian. Das ist die pure Erotik! Und nach der Renaissance kommt das Barock, wo diese Formen noch aufzuquellen scheinen. Der Mann trägt plötzlich einen riesigen Berg von Locken auf dem Kopf und dazu noch Hüte mit Straußenfedern. Wie Jupiter, der Gott des Olymp, sollte er aussehen. Und weiter und breiter auch die Kleider der Frauen – und ihre Perücken. Denn mit echten Haaren ließ sich das normalerweise nicht schaffen. Und dann das Rokoko, das alles verfeinert. Die Frauen haben helle Löckchen auf dem Kopf und darauf ein Spitzenhütchen, und die Männer tragen Zöpfe mit Schleifen, sie schminken sich, sie kleben sich Schönheitspflästerchen auf, dazu weiße oder graue Haare, als wären sie schon uralt und doch Kinder … dabei haben diese Männer in eben dieser Kleidung grausame Kriege geführt! Und sogar die kleinen Kinder kriegten schon die Haare grau gepudert.

Vergreist, gespreizt und puppenhaft.

Alles vergreist, weil alles vergeht. Es drückte sich in dieser Kleidung ein Endzeit-Gefühl aus. Und die Endzeit kam dann ja auch, die Guillotine der Französischen Revolution schlug die grau gepuderten Köpfe vom Rumpf. Die Revolution wirbelte alle Formen durcheinander. Und dann kam Napoleon und machte auf römisch. Und die Kleider der Frauen wurden dünn und durchsichtig wie Nachthemden, und die Kragen der Herren wuchsen hoch und ließen sie arrogant und modern aussehen … die Anzüge, die darauf folgten, waren den heutigen schon sehr ähnlich. Und in der Zeit, in der GELIEBTE CLARA spielt, werden die Frauen wieder zu Puppen, die Taille wird bis zu Ohnmachtsanfällen geschnürt, während die Männer schon fast wie heute daherkamen, nur ein bisschen männlicher und kühner, wegen der schicken Haarschnitte und wegen dieser hochgestellten Kragen, die ich so total chic finde, dass ich mich immer frage, warum kein Designer von heute auf die Idee kommt, das mal wieder nachzuschneidern. Ich wünsche mir, dass diese Möglichkeit, mit einem historischen Film tief in andere Zeiten einzutauchen, für das Fernsehen und das Kino wieder erkannt wird. Aber eben nicht billig und platt, sondern, wie wir es versucht haben, mit großer Hingabe und Liebe für die vergangenen Zeiten.

Du hast mit mir von Anfang an sehr eng zusammengearbeitet. Und dann hast du großes Vertrauen gefasst und konntest mich und die Kostüme loslassen.

Du hast mir mein Vertrauen zurückgegeben. Mit dir konnte ich loslassen, ja. Aber trotzdem habe ich versucht und versuche es nach wie vor, bis in die Schminke, bis in die Auswahl der Stoffe und Farben hinein mitzubestimmen, indem ich selbst mit anfasse, und im Anfassen z.B. des Stoffes auch fühle, wie der Schauspieler sich darin fühlen wird. Kostüme haben nicht nur ein Außen, sie haben auch ein Innen. Schauspieler fühlen eine feine Seide oder eine Musselin für ein Hemd auf ihrer Haut, sie leben anders damit, sie atmen anders damit, und das sieht man im Film. Leider wird dafür heute oft weder die Zeit für die Anfertigung, noch das Geld zur Verfügung gestellt.

Wir sind doch trotzdem glücklich, dass wir noch diese wundersame Spielwiese haben und so arbeiten können!

Es ist aber sehr schwer geworden, unseren Anspruch durchzusetzen. Jeder Produzent freut sich, wenn du diese Sorgfalt eben nicht aufwendest. Das kann man auch billiger machen, das muss doch nicht so aufwendig sein, heißt es dann. Und man vergisst, dass in diese historischen Filme immer auch die wirkliche Natur hineinspielt, die damals noch solche Bedeutung hatte. Und die wirkliche Natur ist so tausendfach feiner gearbeitet. Davor fällt jede Schlampigkeit auf.

Es wird einfach sichtbar, wo nicht mit Achtsamkeit und Fingerspitzengefühl gearbeitet wurde. Ich finde, wir sind dazu da, unser Publikum zu verzaubern, seine Sensibilität anzurühren, die Menschen anzustecken mit unserem Fieber! Was ich in einer Arbeit besonders gut finde, ist, wenn mitten darin ungeplante komische Dinge entstehen. Wenn wir also, weil es während der Dreharbeiten zu Geliebte Clara unerträglich heiß ist, dem Darsteller das Hemd auf dem Kopf auftürmen, statt es ihm anzuziehen und ihn so vor die Kamera zu stellen. Das sind fantastische Momente.

Das hatte mit der Geschichte des jungen Brahms zu tun, der sich Ibn Brahma nannte, als er jung war und an Clara Schumann schrieb: »Königin, lassen Sie mich Ihr Sklave sein, Ibn Brahma«. Sein Hemd auf dem Kopf wurde zum wundersamen Turban. Übrigens ein feines kostbares Hemd aus echter Waschseide.

Richtig, aber es ist auch geschehen, weil wir aufeinander eingespielt sind, verstehst du? Vertrauen und Flexibilität – offen, pragmatisch und uneitel zu sein, das ist sehr wichtig hinter der Kamera.

Dazu brauchst du einen Drehort, wie wir ihn in diesem Schlösschen hatten. Eine Abgeschiedenheit, die ich sehr bewusst gesucht habe. Wenn du eine solche Zeit, lange vor unserer Gegenwart, fühlen willst, ist das nötig. Wie gut, dass wir nicht mitten in der Stadt saßen, mit zwei Pizza-Buden und drei Starbucks links und rechts an der Straße. Im Begleittext zur unlängst erschienenen DVD-Edition von GELIEBTE CLARA (Zweitausendeins) erzählt unter anderem Martina Gedeck, wie sie in diese andere Zeit so tief eingetaucht ist, dass sie hinterher wie von ganz weit weg zurückkommen musste.

Das war ihr erster historischer Film, wie sie mir damals erklärte, das allererste Mal, dass sie in solchen Bergen von Stoff spielen musste.

Und sie hat sich sehr tief darauf eingelassen, wie alle anderen. Danke dafür auch dir, Riccarda, ich wünsche uns weitere so traumhafte Projekte.

Berlin, 2012

Ateliers

Für die Produktion angemietete Räume, die meistens leer sind, werden von uns spezifisch eingerichtet. Solche Ateliers, Werkräume und Koordinierungsbüros müssen in entsprechender Größe zur Verfügung stehen, da sie sich täglich mit Materialbergen füllen. Wir bauen einen Projektfundus auf. Möglichkeiten zum Waschen, Färben und zum Nähen sollten vorbereitet werden. Nähmaschine und Kleiderstangen, Spiegel und Regale sowie Stühle und Tische müssen herbei geschafft werden. Das kreative Zentrum der Kostümabteilung bietet uns den Rückzugsort. Anproben und Besprechungen finden hier mit Heimvorteil statt.

Arbeitszeiten und Vergütungen

Zur Fürsorgepflicht einer Kostümbildnerin gehört u.a. auf Arbeitszeiten zu achten, und sich bei zu vielen Überstunden schützend vor das Team zu stellen.

Der neue Tarifvertrag (TVFFS), abgeschlossen zwischen Allianz Deutscher Produzenten Film & Fernsehen e.V. und der vereinten Dienstleistungsgewerkschaft - ver.di gilt ab April 2016. Den gesamten Vertrag zu erläutern, würde den Rahmen dieses Buches sprengen. Er ist einsehbar auf den Webseiten der Berufsverbände und bei ver.di. Es empfiehlt sich ein genaues Studium der Punkte Arbeitszeit, Mehrarbeitszuschläge, Nachtarbeit, und Zeitkonto. Zurzeit gilt eine Wochengage für fünf Tage a zehn Stunden. Allerdings geht man von einer Höchstarbeitszeit von dreizehn Stunden am Tag aus, wovon drei Stunden als »Arbeitsbereitschaft« tituliert wird. Dieser Begriff ist sehr umstritten. Bei zehn Drehstunden werden immer wieder die Vor- und Nachbereitung der Garderobe vergessen, wie Waschen, Bügeln, Reparieren, was nicht selten bis zu drei Stunden dauern kann. Hinzu kommen die An- und Abfahrten zum Motiv, das Aufbauen und Einrichten der Garderoben.

Mehrarbeit muss vom Produzenten angeordnet und die hierbei anfallende zusätzliche Vergütung eingehalten werden. Überschreitet sie die zwölfte Arbeitsstunde, bedarf sie der Zustimmung der am Set arbeitenden Filmschaffenden. Eine Regelung für Mehrarbeitsstunden, die nach der Zeitkontenregelung in ein Zeitkonto gespeist und in sozialversicherungspflichtige Beschäftigungstage umgewandelt werden, kann auf Wunsch der Arbeitnehmer an die Verträge angehängt werden. Leider werden einwandfreie Arbeitsbedingungen mit Lohndumping und Verstößen gegen das Arbeitszeitgesetz oft unterwandert. Ein Tariftreue-Verfahren von der Vereinigung der

Berufsverbände Film und Fernsehen brachte bisher schon Verbesserung. Sei 2011 gibt es gibt es sogar eine Auszeichnung für faire Produktionsbedingungen, den FairFilmAward.

Transport

Neben einem PKW für Kostümbildner wird selten ein Fahrzeug für Assistenten bereitgestellt. Ein dem Kostümaufkommen entsprechender Kostümbus muss rechtzeitig angemeldet und angemietet werden. Man sollte unbedingt auf eingebaute Kleiderstangen achten und möglichst auf ein Regal. Dieser Bus dient nur zum Transport. Sind Umzüge am Drehort notwendig und keine Räume dafür vorhanden, sollte wenigsten ein kombiniertes Masken- und Kostümmobil vor Ort sein, um die Schauspieler nicht auf der Straße umziehen zu müssen, denn nicht jedem Schauspieler wird ein mobiler Wohnwagen zugestanden. Bei historischen Filmen sind in der Regel mehr Kostüme zu transportieren, die große Transporter inklusive professioneller Fahrer erfordern.

Reiseproduktion und Auslandseinsätze

Spannend und aufregend können Dreharbeiten sowohl im Spreewald, als auch in Panama sein. Eine intensive und sehr sorgfältige Vorbereitung verhindert trotzdem nicht unerfreuliche Ereignisse. Deshalb sind noch vor Antritt der Reise, zentrale Fragen zu klären. Gibt es örtliche Produktionsfirmen, die mit unserer zusammenarbeiten? Gibt es ein Studio mit gewissem Service und einen Fundus? Sind abschließbare, trockene Räume, die abzudunkeln und zu belüften sind, vorhanden und die Möglichkeit zum Waschen und Trocknen vorgesehen? Nicht riskieren sollte man Stockflecken oder Mottenbefall wegen Feuchtigkeit oder unsauberer Lagerung. In sonnenintensiven Ländern führt Lichteinstrahlung ganz schnell zum Ausbleichen oder zersetzt sogar das Material. Woher bekommen wir Kleiderstangen, Spiegel, Stühle und Nähmaschinen?

Eingehende Erkundigungen nach am Drehort vorhandenen Mitarbeitern, vertrauenswürdigen Ateliers, Einkaufsmöglichkeiten sind dank des Internets heute einfach einzuholen und erleichtern unsere Arbeit. Es schadet keinesfalls, Sitten und Gebräuche zu studieren und sich auf spezielle soziale und klimatische Bedingungen einzustellen. Bei außereuropäischen Einsätzen, ist auf die Gültigkeit des Passes zu achten.

Drehpläne

Ein Drehplan ist schwer zu erstellen. In der Verantwortung des Produktionsleiters müssen künstlerische Interessen mit den organisatorischen und finanziellen Rahmenbedingungen in Einklang gebracht werden. Meist wird diese Aufgabe vom Ersten Aufnahmeleitern und Regieassistenten bewerkstelligt. Hier treffen sämtliche Parameter ineinander verzahnt zusammen.

Nicht zu unterschätzen ist die erste Zeitnahme eines Drehbuches. Dabei wird die Länge jeder Szene gestoppt und kann so in den Plan eines Drehtages mit eingearbeitet werden. Dann gibt es Sperrtage der Schauspieler. Es wird festgestellt, wann sie verfügbar sind, wann sie Drehtage in anderen Produktionen oder Theaterverpflichtungen haben. Motive und ihre Fertigstellung müssen koordiniert, Drehgenehmigungen eingeholt werden. Das alles soll ohne Zeitverlust mit Einbeziehung von Umzügen der gesamten Teamflotte von einem zum anderen Motiv organisiert werden. Dass es dabei immer wieder zu Überraschungen kommt, ist klar. Umstellungen wegen schlechten Wetterbedingungen, Unfällen, technischer Ausfälle, z.B. bei Kamera und Licht, können sehr spontan anfallen. Nie ist sicher, dass das Drehpensum im ausgedachten Rhythmus geschafft wird. Während des Drehs werden Bilder immer aufs Neue verschoben, umgestellt oder gestrichen. Ganz wichtig ist dabei die Kommunikation und die flexible Umstellungsbereitschaft in jeder Abteilung.

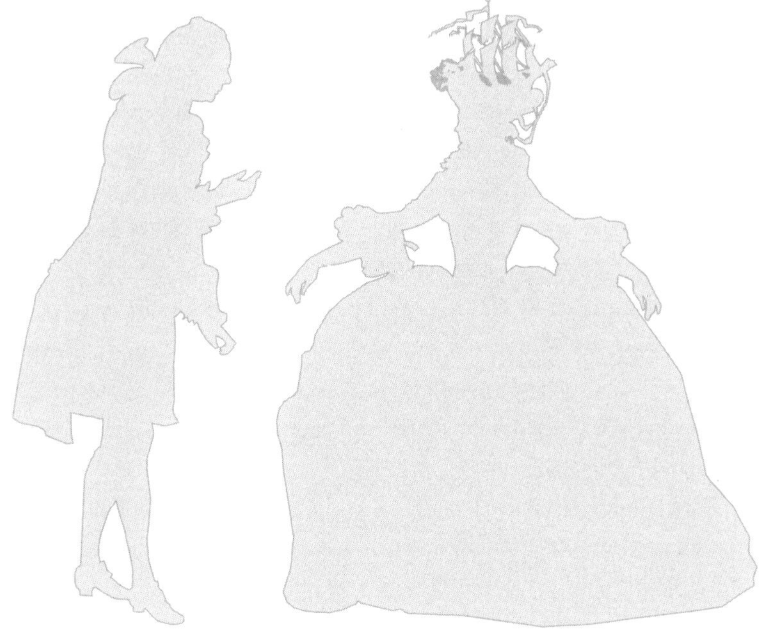

ABENTEUER IN PANAMA (2011)

Das Projekt ist schon länger geplant, aber der Sender wird die Gelder nur fließen lassen, wenn dieses Jahr noch gedreht wird. Also entscheidet der Auftraggeber, dass trotz der dort noch herrschenden Regenzeit die Crew über Newark, Madrid oder Dubai nach Panama zieht. »Oh, wie schön ist Panama.« Mit diesem Zitat aus dem Buch von Janosch werden wir verabschiedet. Wir bereiten so viel wie möglich in Berlin vor. Probieren unsere Hauptrollen. Der alte »Schatzsucher« und der junge »Beach-Boy« werden hinreißend, eitel verschlampt, aussehen. Das könnte der Sender doch zähneknirschend hinnehmen. Kostüme werden in diverse Teamkoffer verteilt. So gelingt es halbwegs, ohne Kosten für Übergepäck zu reisen.

Auf meine verzweifelte Mail hin – »... eine Katastrophe, der Stoff für den Anzug Rolle ‚Carlos' ist eine Seiden-Leinen-Mischung, die von der Schneiderin als sehr fragil bezeichnet wird und bei der Verarbeitung schon Beulen und Ausrisse zeigt. Wir sind uns also nicht sicher, ob der Stoff durchhält und seine Façon behält. Schrägerweise eine Panama-Webart, die oft nicht sehr haltbar ist. Das konnte man vorher aber nicht so sehen. Habe eine Seide in nahezu gleichen Ton gefunden, eine besser gewebte, auch glänzende, sehr edel! Wir schneidern daraus einen zusätzlichen Anzug, für den Showdown, welchen auch immer. Das Ende ist ja noch nicht entschieden. Beide Anzüge im gleichen Schnitt, wie angepasst. Vom zweiten Anzug nehme ich Stoff mit für eine Kopie und lasse ihn in Panama nähen« – antwortet der Regisseur: »Liebe Riccarda, na, wenn du das schon als Katastrophe bezeichnest, wie wirst du dann das nennen, was uns alles in Panama erwartet????? Liebe Grüße, S. (sei ganz gelassen was die Kostüme angeht).«

Als nächstes bricht meine Assistentin unter zu vielen (von der Ärztin empfohlenen) Impfungen zusammen. Ich verlasse ein Land, das in buntfeuchten Blättern versinkt, wo melancholische, junge Gesichter an U-Bahn-Gittern lehnend ins Nichts blicken.

Den langen Flug nach New York überstehe ich mit einer Kapuze über dem Kopf. Die Klimaanlage scheint unter dem Gefrierpunkt eingestellt zu sein. Was wird mich dort erwarten? In einem unbekannten Land werde ich mich in kurzer Zeit orientieren müssen. Die mir empfohlene Mitarbeiterin Magali habe ich über Skype kennengelernt. Eine Französin, die seit acht Jahren in Panama lebt. Wir verständigen uns auf Französisch und Englisch.

In New York werde ich mit Fingerabdrücken und Iris-Fotografie erkennungsdienstlich behandelt und darf einreisen, um mit meinem Koffer gleich wieder nach Mittelamerika auszureisen. Die verabredete SMS nach Hause wird zu einem komplizierten Prepaid-Anruf, da mein Handy kein Netz mehr hat. Fünf Stunden verbringe ich am Flughafen, und nach weiteren fünf Stunden im diesmal überhitzten Flugzeug voller warmer, korpulenter, lauter Panamaer lande ich in einer nächtlichen Geisterstadt. Häusertürme, dunkle Glasfassaden, rechts und links an einer Schnellstrasse. Am Hotel wird laut gefeiert, wie an fast jedem der kommenden Abende, und ich falle nach 28 schlaflosen Stunden in einen mit Oropax gedämpften Schwebezustand. Am Morgen schweift der Blick über den verregneten Panamakanal und auf riesige vorbeischwebende Schiffe, Hochhäusern gleich. 98 Prozent Luftfeuchtigkeit.

Ich inspiziere Kostümraum und Büro und erhalte ein lokales Handy, in das ich gleich die wichtigen Mitarbeiternummern eingebe. Die zweite Nacht ohne Schlaf, Klimaanlagen dröhnen, Fiesta auf den Straßen. Die Unabhängigkeit von Kolumbien (seit 1903) wird gefeiert.

Am nächsten Tag in den Shoppingmalls ist die Verständigung mit Magali nur durch Handzeichen möglich. Eine albtraumhaft laute Dauerbeschallung. Jeder Shop hat seine eigene und übertrifft den Nachbarn. Ich erkenne, dass im Vergleich dazu Kostümretouren an einem Freitag oder Samstag bei P & C in Berlin geradezu Wellnessereignisse sind. Meine Assistentin Gabi reist an und ist vom Ausblick auf den Kanal, den sie für eine Fototapete hält, sowie von unserem Apartment mit Waschmaschine und Trockner überwältigt. Wir kämpfen uns durch Glitzerkleidung, Pailletten-besticktes von Kopf bis Fuß. Offensichtlich die große Liebe der Panamaer, aber für unsere Geschichte sehr ungeeignet. Wir suchen einfaches Outdoorzeug und diverse Verbrauchsutensilien. Der Weg bis wir eine Rechnung in Händen halten, ist lang. Man wartet wirklich Stunden, vom Misstrauen der Angestellten verfolgt, während die bezahlte Rechnung inklusive der Ware eine Hürde nach der anderen in der streng hierarchisch gegliederten Struktur der Mitarbeiter durchläuft, bis sie nach mehreren Unterschriften an oberster Stelle angekommen, abgesegnet, an die Warentüte geheftet, ausgehändigt wird. Für uns ist es undurchschaubar, wie oft die Quittungen unterschrieben werden müssen. Im dreckigsten Second-Hand-Laden finden wir schöne alte, bunte Hemden, Kleider, Krankenhausbekleidung, die man hier nicht leihen kann und sehr sonderbare, nie gesehene Accessoires. Alles muss gewaschen werden und wir in die Badewanne.

Wir treiben uns mit Magali in den weniger malerischen Straßen der Altstadt umher. Da gibt es neben Eisentüren, die sich hin und wieder öffnen, um seltsamste Freaks mit glasigen Augen aus Matratzenlagern zu entlassen, Händler mit militärischen Uniformen, die alles, was ein Wachmann hier so haben muss, verkaufen. Wachmänner gibt es an jeder Ecke zu sehen. Verschiedenste Khaki, olivfarbene oder gerne auch schwarze oder blaue Uniformen werden stolz getragen. Da wir die Größen unserer Komparsen noch nicht kennen, ist das zunächst nur als Vorabinformation wichtig.. Es soll auch Militäruniformen zu kaufen geben. Man darf sie aber nicht tragen oder im Film zeigen.

Am Tag vor dem ersten Drehtag muss das ganze Team um acht Uhr zur Emigrationsbehörde, um eine Arbeitsgenehmigung zu bekommen. Ein gut bezahlter Anwalt begleitet uns in einem Bus zu dem Gebäude, das an ein Gefängnis erinnert. Wir stehen immer wieder als Gruppe vor und zwischen geschlossenen Türen und warten. Unser Regisseur regt sich laut auf, was dort nicht beeindruckt. Es geht weiter und stockt gleich wieder. An zwei winzigen Schreibtischen sitzen Beamte in XXL-Größe und quälen den Computer. 35 Teamleute stehen an schmuddlige, kahle Wände gelehnt, um am nächsten Tag eine karibische Traumgeschichte bebildern zu können. Unsere Pässe und die bereits ausgefüllten 24 Seiten des Fragebogens werden noch mit Fingerabdrücken vervollständigt und Stunden später mit Fotos, die die Köpfe bis zur Unkenntlichkeit in die Länge ziehen, ergänzt. In den Fluren traben Beamte und Security-Leute hin und her. Der Raum mit Einwanderungswilligen ist inzwischen überfüllt. Kafkaesk das Ganze, und nur noch wenige Stunden für die Vorbereitung. Der erste Schwung ist nach vier Stunden fertig. Mit »Carlos«, unserem Ganoven, schnell ins Hotel zur Anprobe. Schnell heißt, in einem Mietauto, das immer wieder stotternd stehenbleibt, weil der Fahrer es nicht fahren kann. Tränen und Schweiß, Verzweiflung und Lachen sind ab jetzt nicht mehr so richtig zu trennen.

Die sich bereits in der Feuchtigkeit quälenden Leinen- und Seidenanzüge werden anprobiert, von einer Schneiderin enger gesteckt und für die Änderung mitgenommen. Als sie am Abend zurückgeliefert werden, fang ich an zu schreien. Sie hat es geschafft, nur den äußeren Stoff abzunähen, ohne das Futter anzugleichen. Die Nähte sind nicht ausgebügelt, das Sakko ähnelt einem Sack. Die andere empfohlene Schneiderei vermag in Deutschland zugeschnittene Teile für Hemden trotz Vorlage eines Musterhemdes, einfach nicht zusammenzunähen. Wir brauchen zwei mal drei gleiche Hemden, mit der Betonung auf gleiche! Das Ergebnis: ein drei Zentimeter größerer Kragen, eine falsche Manschette, eigene Knöpfe und auch noch das eigene Label eingenäht. Sind das schon die wirklichen Katastrophen? Ich verbringe die Nacht mit Notoperationen an den Kostümen.

Im Drehbuch gibt es das große Fest. Der Schatz wird übergeben, die Finder werden geehrt, die Geschichte hat ihr glückliches Ende. Einige Marinesoldaten und Offiziere sollen den Akt begleiten. Das schreibt sich wieder schön, aber es gibt keine verlässliche Auskunft, woher wir Uniformen bekommen können. Nein, es ist nicht erlaubt, Uniformen vor die Kamera zu stellen. Originale Offiziere werden sich dazu niemals bereiterklären. In Deutschland wäre dies möglich, hier aber benötigen wir mehrere Genehmigungen. Eine ganze Woche verstreicht, ohne dass wir weiterkommen. Der Dreh wird auch noch drei Tage vorgezogen, sodass wir am Tag davor in höchster Alarmstufe, noch immer ohne Uniformen dastehen. Magali telefoniert stundenlang bis sie um 16 Uhr einen Senior mit blitzendem Goldzahn aufgetrieben hat, der an der Marineschule unterrichtet. Er lockt uns in eine Gegend, die nicht sehr vertrauenerweckend anmutet. Magali sucht einen »bad guy to watch the car«, eine Art Bewachung für das Auto, wofür sie ihm zwei Dollar gibt. Der kleine, runde Senior führt uns strahlenden Auges in die schmutzigste Straße. Eine kleine Theke, eine Nähmaschine, eine scheu abgewandte Frau. Tief im schmutzigen, neonbeleuchteten Raum öffnet sich eine Kammer, aus der es weiß scheint. Ich jubiliere aber nur kurz, denn unbeschreiblich verstaubte, ergraute Polyesterkassacks kommen zum Vorschein. Drei Kindergrößen! Nur einer hat Knöpfe, und die sind mit Sicherheitsnadeln befestigt. Unser Senior lacht stolz mit goldenem Zahn. Alle anderen hervorgezerrten Teile sind verschnitten, nur halbfertig genäht und nicht tragbar. Wir weinen lachend oder umgekehrt, machen ein Foto und kaufen die drei kleinen. Bei Senior Pitti, dem Halsabschneider, der ein Geschäft für Militaria führt, erstehen wir für ungeheure Summen, schlecht genähte Mützen, Rangabzeichen und diverse Aufnäher. Wir waschen, nähen und verbringen die halbe Nacht im Kostümraum. Die Casting-Leute finden niemanden, der so winzig ist und in die Kostüme passt. Magali schafft es in einer Nacht, ihre Facebookfreunde zu rekrutieren. Am nächsten Morgen stehen drei blitzblanke Jungs in Weiß vor der Kamera. Ob die Adjustierung stimmt, ist mir schon egal, und jedem deutschen Zuschauer, der meutert, erzähle ich diese Geschichte.

Bocas

Abreise aus Panama City, Abschied von Magali und Ankunft auf der in heißes Sonnenlicht getauchten Insel in der Karibik. Die einzige große Straße ist bunt und lebendig. Oh, wie schön ist Panama! Ich bewohne ein bezauberndes Haus auf Stelzen mitten im Urwald. Das nächtliche Brüllen der Affen und die Fledermausschreie sind mir bald vertraut. Zwei Tage Sonnenschein und das Team hat frei. Gabi und ich bereiten vor, genießen aber auch einen, den einzigen, Tag am goldenen Strand und blauen Horizont, ganz geblendet von der Schönheit der Natur. Unser alter Schatzsucher entdeckt schnell seinen Platz in einem windschiefen Café über dem Wasser, und man findet ihn an dreh- freien Tagen auf dem durchgesessenen Sofa. Die Zeit ist hier stehengeblieben, und uns holen die Erinnerungen ein. Chris, der Schiffseigner unserer »Marita«, dem Schiff der Schatzsucher, turnt in kurzen Hosen barfuß, mit verblichenem T-Shirt, an Bord herum. Besser hätte ich es mit der Rolle nicht treffen können, denn so sieht unser »Skipper« auch aus.

Und dann lernen wir den Tropenregen kennen. Hätten wir nur an den Sonnentagen gedreht! Es werden die einzigen gewesen sein. Die Regenzeit ist also nicht vorbei! Es schüttet kübelweise aus dem grauen Himmel. Der Zuschauer am Sonntagabend will aber die himmelblaue Karibik sehen. Dispos werden mit Coversets geschrieben, das heißt es gibt für jeden geplanten Drehtag eine Variante mit anderen Bildern. Jetzt versuchen wir erst mal, alles zu drehen, was nicht draußen spielt. Der Kostümbus fräst sich durch eine mit Wasserlöchern versehene Strandkante. Durch knietiefen Sumpf watend, laden wir aus. An dem Haus auf Stelzen direkt am Meer, einem wunderschönen Motiv, laufen wir stundenlang barfuß oder mit Gummischuhen durch knöcheltiefes Schlammwasser. Nichts ist mehr sauber oder trocken. Na Bravo! Reißende Wellen, grüngrauer Schaum auf dem Wasser und tiefschwarzgrauer Himmel. »Na, dann nutzen wir das. Wir können nicht anders«, lautet die Anweisung, und wir lassen die drei Schatzsucher im offenen LKW durch den Regen fahren. Die Voranschlüsse werden wieder einmal zuerst gedreht. Unsere Wasserspritzen kommen zum Einsatz wenn die Schauspieler das Haus erreichen, um den Anschluss herzustellen. Wir füllen sie mit Eiswasser aus dem Getränkekühlkarren.

Inzwischen hat es aufgehört zu regnen. Sobald es wieder anfängt, rauf auf den Truck. Das ist der Plan. Seit Stunden sitzen unsere zwei Komparsen stoisch in ihrem mit lebenden Hühnern beladenen LKW. Die Kamera bekommt ein Regendach. Dann stürmt es leider, nicht so schön für das Bild. Ein Darsteller will sich zwischendurch doch noch in trockene Kleidung werfen. Die anderen sind tapfer. Ich rutsche auf der nassen Treppe aus und fange mich mit Hand und Schultergelenk auf. Gummistiefel bloß wieder ausziehen. Ohne ist es sicherer. Dann endlich wieder flutartige Güsse. Zum Glück ist es warm. Bei der ersten Einstellung am Truck verreckt der Motor, die Ameisen beißen, der Kameramann rennt fluchtartig ins Meer, und wieder warten wir unter dem Stelzenhaus.

Tropfen trommeln zu laut auf das Dach. Der Tonmann ist sauer, und außerdem kleben die Mikrofone weder auf der nassen Haut noch auf den Kostümen. Wasser von allen Seiten. Wir müssen da durch. Die Mädels riskieren Blasenentzündungen. Am Ende des Tages wird der Rum in Strömen fließen.

Tägliche Krisensitzung. So darf die Karibik nicht aussehen! Der Zuschauer will Sonne und Palmen, Delfine und Seesterne und die romantische Seite des Abenteuers. Nur unser haarsträubend stinkendes Dschungelabenteuer nicht.

Tauchszenen mit Darstellern und Doubles stehen an. Das Team drängelt sich einige Tage auf dem engen Boot und einiges wird geschafft. Unter Wasser sieht es grau aufgewühlt aus. Eine Second Unit schießt nur uninteressante Bilder mit Qualen. Pablo, eine Art Hausmeister in unserer Wohnanlage, hat die Wasserpumpe abgestellt, die Kinder und seine Frau wollen schlafen. Das heißt, die Waschmaschine läuft nicht. Wir waschen in der Nacht mit der Hand und stellen am Morgen um fünf Uhr den Trockner an. Ohne Trockner bleiben die Kostüme nass. Auch ohne Nähmaschine anzureisen, war ein Fehler. Wir kürzen Rippenshirts und Hosen mit der Hand. Es gibt keine Reinigung auf der Insel. Die sich in der Feuchtigkeit auflösenden Anzüge, sind kaum mehr für den nächsten Drehtag aufzuarbeiten. Ich schicke sie per Flugzeug nach Panama City zur Reinigung. Das nächste Mal gibt es nur Kunststoffe. Plastik überlebt hier.

Meine Schneiderin aus Berlin fragt: »Seid ihr vorangekommen mit dem Familienprogramm oder ist es schon längst ein Katastrophenthriller geworden?« Dann mailt sie: »... was man so erleben kann, wenn man nur einfach seinen Beruf ausübt. Ich hoffe ja immer noch, Euch irgendwie im ganzen Stück wiederzubekommen.«

Fledermäuse und Riesenheuschrecken kreisen in Gabis Haus um den Ventilator, bei mir übernehmen die winzigen Ameisen das Regiment. Ein ganzes Team steht auf Abruf. Milo liegt auf seiner Couch. Freie Tage gibt es nicht, außer an den Regentagen, an denen wir nichts spontan drehen können. Ob es regnet oder die Sonne scheint, ob Tag oder Nacht, das Straßenbild verändert sich nicht. Die Hunde liegen immer träge mitten auf den Straßen. Menschen bewegen sich langsam, lassen sich durch nichts beschleunigen. Zu dritt auf einem unbeleuchteten Fahrrad ist die Regel. Ein Wunder, dass keiner an- oder überfahren wird. Hin und wieder fängt einer an, ein verblichenes Haus auf der Hauptstraße zu streichen. Dabei bleibt es auch. Aus der ganzen Welt treffen sich hier junge Surfer, alte Hippies, verarmte Millionäre, braungegerbte Weltenbummler, die hier Familien gegründet haben. Handwerker, die aus Deutschland eingewandert sind schätzen die gute Laune in Bocas und gute Aufträge. Sie denken nur mit Grauen an ihr Leben in Südtirol oder Hamburg zurück. Träge und gewaltlos grooven sie auf den Straßen.

Wir dagegen hüpfen wild im Drehplan herum. Alle Abteilungen disponieren laufend um. Man schaut uns verständnislos zu. Für den folgenden Tag stehen Szenen mit dem Schatzsucherboot und einem Gangsterspeedboot auf der Dispo. Letzteres gibt es nicht, da der Eigner jetzt doch keine Zeit hat. Dann ist dieses Boot kaputt und eine anderes, das aber nicht mehr der Grundidee entspricht, wird gefunden. Das Team ist ab 9 Uhr wieder auf Standby. Laut prasselt das Wasser aufs Dach des Hotels. Die Schauspieler sind in Kostüm und Maske, und wir warten.

Am Tag zuvor wird der Versuch unternommen, das romantische Schlussbild mit allen Protagonisten auf einer Segeljacht zu drehen. Den blauen Himmel gibt es dann in der digitalen Nachbereitung, grau ziehen Wolken auf, aber es tröpfelt nur und ein Wind geht. Einer murmelt: »Das könnten wir auch am Wannsee drehen.« Vom Dingi geht es mit Taschen und Kisten aufs Traumschiff. Für zwei Schauspieler wäre es das letzte Bild. Sie könnten abreisen. Unser Büro versucht schon, Flüge zu buchen. Der Skipper dreht in den Wind und rollt die Segel aus. Das Vorsegel lässt sich nur halb ausrollen, klemmt und spannt bedrohlich. »Das gibt kein Bild«, tönt es vom Kameraschiff aus. Abbruch. Was kann denn noch alles kommen?

Am nächsten Morgen der Anruf. Der Regen soll sich nicht auflösen in den nächsten Tagen. Dafür werden wir eingeladen auf einen gemeinsamen Abend im Restaurant. Anstelle eines Bergfestes. Die Stimmung ist auf dem Nullpunkt, als wir in einem der Bretterrestaurants direkt über dem Wasser sitzen. Wir beschwören den nächsten Tag, trinken Caipirinha auf die Sonne und tatsächlich, als wir um fünf Uhr aufstehen, regnet es nicht. Der Dreh mit zwei Booten steht unter einem günstigen Stern. Wir haben gutes Licht und einige Szenen verschwinden unter Beifall im Kasten. Aber bei der wiederholten schnellen Anfahrt und Abfahrt des Gangsterboots verfängt sich ein Seil an der Flanke dieses Schiffs und reißt diese teilweise ab. Und am nächsten Tag ist der einheimische Waffenmeister einfach ohne Absprache abgereist. Warum soll es denn einfacher werden?

Tage, an denen wir morgens warten bis der Regen stoppt, gehen auf die Nerven. Augenringe, Mückenstiche, diverse Verletzungen und der wachsende Rumgenuss lassen uns wie Monster aussehen. Warum sollten wir keinen trinken? Die vom *película* (span. »Film«) sind mittlerweile im Ort bekannt und den Locals immer ähnlicher, etwas verwildert in fleckig ausgeblichener Kleidung, mit auf Arme, Hals und Füße beschränkter

Arbeitsbräune laufen wir mitten auf der Straße, kennen jeden Laden und werden überall begrüßt. Wir gleichen uns an. Auf Ansprache hin stehenbleiben, stutzen oder Stirn runzeln, zur Seite gucken und ausatmen, antworten und sich langsam, bedächtig in Bewegung setzen. Das ist der Bocas-Rythmus.

Wir waschen jetzt auch Teamwäsche. Keiner hat mehr saubere Klamotten. Diese amerikanischen Waschmaschinen kennen nur drei Einstellungen – kalt, kalt/warm und warm – und verschonen jeden Fleck. Ein in einer Tasche vergessener Kugelschreiber verursacht die nächste Katastrophe: Das weiße Achselshirt vom einem der Hauptdarsteller ist mit blauen Flecken übersät. Wie durch ein Wunder nur im Rücken und da haben wir das offene Hemd drüber. Diese wunderbare Kreation aus Netz gab es leider nicht doppelt. Unsere Nerven liegen blank. Bilder vom Kanal, schwimmende Landstücke mit Bäumen, die unter Brücken abknicken wie Streichhölzer. Wir bereiten uns vor auf die Rückkehr nach Panama City und die letzten Drehtage. Der Kanal ist seit 30 Jahren zum ersten Mal gesperrt.

Panama City hat übrigens Wassersperre wegen Gefahr einer Überflutung. Die Hotels werden teilweise kein Wasser haben. Schöne Aussichten, unsere Matsch- und Wasserdrehs im Studio dort liegen noch vor uns, und unser vorheriges Apartment mit Waschmaschine und Trockner steht auch nicht mehr zur Verfügung. Ich frage nicht mehr, habe offensichtlich den Panamagroove in mir.

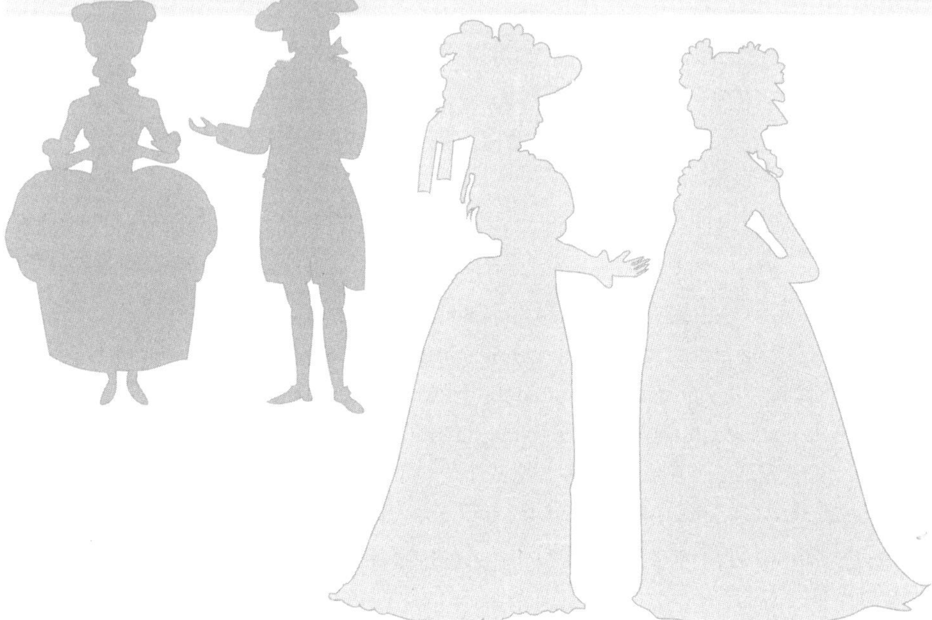

Memos und Kommunikation

Es gibt immer wieder Situationen, in denen Umstellungen, wie ich sie unter Drehpläne (S. 69) beschrieben und im Abschnitt »Abenteuer Panama« geschildert habe, zu Schwierigkeiten in unserer Abteilung führen. Für vorgezogene Szenen sind eventuell Kostüme noch nicht fertig oder nicht anprobiert. Zu späte Besetzungen setzen uns auch unter großen Stress. Um nicht ärgerlich und gereizt unsere Arbeit fortzusetzen, ist das Verfassen von schriftlichen Memos sehr hilfreich. In diesem Moment klärt sich auch eine eigene Desorientierung.

Memos sollten immer dann geschrieben und weitergeleitet werden, wenn es sich um die Produktion betreffende, unvorhergesehene Ereignisse handelt, um Stellungnahmen zu einer kurzfristigen Umbesetzung, und wenn die Zeit für die Besorgung der Kostüme und deren Abnahme zu kurz ist. Bei spontanen Wünschcn der Regie können Kosten aus dcm Ruder laufen. Es geht hierbei um unsere Absicherung und die Information und Klarheit für den Auftraggeber (Beispiel-Memo siehe »Nützliche Infos«, S. 157).

Wir sollten uns regen, bevor das Kind in den Brunnen gefallen ist. Das bewahrt uns im Eifer des Gefechts vor verwirrenden oder verletzenden Statements, die zu unproduktiver Stimmung führen können. Memos schaffen eine professionelle Distanz und verhindern ermüdende Missverständnisse.

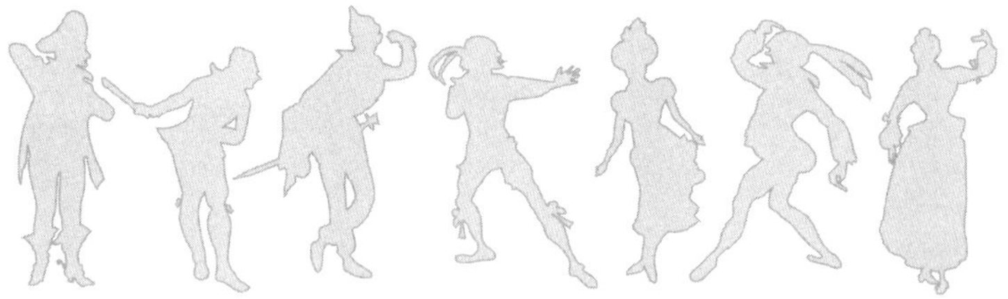

Agenturen

In den meisten Fällen werden Schauspieler von Agenturen vertreten. Sobald die Produktionsfirma grünes Licht gibt und die Verträge der Schauspieler verhandelt sind, können wir den Agenturen Informationen entlocken. Größentabellen, der derzeitige Aufenthalt und eventuell Mobiltelefonnummern der Darsteller sind abzufragen. Bei einem persönlichen Anruf oder Rückruf sollte man schon Präferenzen und Vorstellungen der Schauspieler ausloten und über die eigene Idee zur Figur sprechen. Dabei sollte ein Treffen oder bereits einen Anprobentermin vereinbart werden.

Die künstlerische Vorbereitung eines (Film-)Projekts

Die Imagination

Eine Geschichte beginnt in unserem Kopf zu leben.

Das Drehbuch breitet glaubwürdig Intimes und Verfängliches, Verworrenes und Mörderisches, Liebevolles und Bizarres vor uns aus. Ein selbstvergessener, schrulliger Uhrmacher findet doch noch eine Liebe, ein Anwalt jagt die Bösen, eine großartige Pianistin stellt sich in den Schatten der geliebten Männer, der Terrorist zieht vernichtend seine Kreise in der ganzen Welt. Es wird geliebt, gelebt und gestorben. Man hasst, verachtet und leidet mehr oder weniger profan, nüchtern oder sentimental. Die Intuition und die Fantasie verleiht den Figuren Flügel oder Hörner. Kostümbildner erwecken aus Gefühlen wie Liebe oder Hass, Geiz oder Großmut, aus Trübsinn, Sucht oder Wonne, ihre Kreationen.

Was passiert mit mir selbst ab dem Moment, wo ich die Geschichte kennenlerne? Wie lasse ich den privaten Alltag los und dringe in die Situationen der Geschöpfe ein, die mir auch eine unbekannte Welt eröffnen können.

Recherchen

Jede Kultur hat ihre spezifischen sozialen Strukturen. Die gilt es aufzuspüren. Wenn eine Geschichte heute in der BRD spielt, scheint es einfacher zu sein, Atmosphäre, Gesellschaftsschicht und politische Strömungen zu bestimmen. Forschung im Internet, in Archiven und Bibliotheken und in den Straßen ist trotzdem notwendig. Die Gegenwart begegnet uns draußen in den Städten, auf dem Land; Wanderungen durch Ausstellungen sind genauso ergiebig wie Gespräche unter Freunden und die Befragung von Großmüttern. Spannend kann es sein, in Berlin-Neukölln die türkische Szene zu studieren, dort Fotos zu machen – und misstrauisch beschimpft zu werden.

Für historische Stoffe sind Bilder, Skulpturen und Bücher aus der Epoche relevant. Den bisherigen Kostümbildnern des Regisseurs Peter Greenaway (*1942) waren häufig alte Gemälde, z.B. von Jan Vermeer, Quellen der Inspiration. Sie bestimmen die gesamte Ästhetik seiner Filme wie etwa Der Kontrakt des Zeichners (1982), Kostümbild: Sue Blane, oder Der Bauch des Architekten (1986), Kostümbild: Maurizio Millenotti.

Um Figuren aus vergangenen Jahrhunderten anzuziehen, muss kostümgeschichtlich und gesellschaftspolitisch genau recherchiert werden. Zur Zeit der Regentschaft Königin Victorias über das Vereinigte Königreich (sie regierte von 1837 bis zu ihrem Tod 1901) spiegelten sich die wechselhafte Entwicklung der Gesellschaft, die strenge Religiosität und die industrielle Revolution auch in der Bekleidung wider. Bürgerliche Frauen waren ihren Ehemännern unterworfen, ohne Recht auf Eigentum oder Arbeit. Sie wurden in schwere, unbewegliche Stoffmassen, in Mieder und Krinolinen gesteckt. Lust und Freiheit sollten und konnten ihnen vergehen. Ein Leben in Strenge und Unbeweglichkeit war ihr Los. Auch das deutsche Kaiserreich unter Wilhelm II. (er regierte 1890–1918), ganz militärisch und patriarchalisch orientiert, setzte Maßstäbe für die Bürgerlichkeit. Dunkle Stoffe, eine detailversessene Verarbeitung, Zylinder und Stehkragen schufen eine ganz bestimmte Haltung, in der Frömmigkeit, Gehorsam und Furcht gedeihen konnten. DAS WEISSE BAND, ein Film von Michael Haneke von 2009, Kostümbild von Moidele Bickel, ist ein hervorragendes Bild dieser Zeit. Es beweist, wie ein Film durch aufwendige, sorgfältige Recherche und den Einsatz visueller Effekte zu einer echten Zeitreise wird, glaubhaft, beunruhigend und bewegend.

Für das 19. und 20. Jahrhundert gibt es wunderbare Zeugnisse der Fotografie, z.B. von dem bereits genannten August Sander (siehe »Geschichte des Bühnen- und Filmkostüms«). Ebenso beflügelnd kann es sein, Musik von Komponisten aus dem 19. Jahrhundert zu hören, Jazz aus den fünfziger Jahren – und sich vielleicht Einbauküchen aus dieser Zeit anzusehen. Alles, was die Sinne erfahren können, ist für uns nutzbar. Das Aufspüren alter Modemagazine oder Fotografiesammlungen ist mühsam, aber auch amüsant. Quellen der Inspiration bieten alle künstlerischen Ausdrucksformen vom Kupferstich bis zur Fotografie, von der Literatur bis zum Tanz. Es gibt keine Grenzen außer der Zeit, die man bei einem Projekt oft nicht hat. In einer Ausstellung des russischen Fotografen Boris Mikhailov begegnen mir Aufnahmen, die Menschen in der Sowjetunion in ihrer tristen Umgebung u.a. von hinten zeigen. So spricht Kleidung. Eindringlich. Wie stark sie Unterschiede signalisiert, ist verblüffend. Ärmliche, abgenutzte Kleidungsstücke und abgegriffene Mützen gegenüber Mänteln aus Leder, Hüten der Parteifunktionäre und Geheimdienstler. Oder Tanzende, die sich in einem Leben der Unzulänglichkeiten eingerichtet haben und mit ganz beseeltem Genuss und im saubersten, einfachsten Kleid sich in ein Tanzvergnügen stürzen.

Nach eingehenden Studien einer zurückliegenden Epoche kann immer noch aus dramaturgischen Gründen entschieden werden, authentische Kostüme zu verändern, zu modernisieren oder zu stilisieren. Es ist wichtig, sich in die Zeit einzuarbeiten, sich mit dem gefundenen Material zu umgeben, um dann die eigenen Entwürfe mit eigenem Geschmack entstehen zu lassen. Um mich herum stapeln sich Stoffe, Bücher, Steine, Farbkleckse oder vom Herbst gefärbte Blätter. Wie ein Fischer ziehe ich aus, um mein Netz mit Meilensteinen und Wegweisern zu füllen. Ich begebe mich in eine Art Asyl, einen Zufluchtsort und blende teilweise die eigene Realität aus.

Individuelle Sozialisation

Das Hauptmedium im Film ist der Mensch. Ein Körper wird bekleidet dargestellt. Die Bekleidung wird vom Betrachter mit der Person identifiziert. So entsteht die Verschmelzung von Textilien und Körpern. Die Kleidung ist ein Blickfang und erzeugt Ablehnung oder Begeisterung. Auf jeden Fall irgend ein Gefühl. Die intime Beziehung des Körpers zum Kleidungsstück kennt jeder. Erfahrungen aus der Kindheit, Trägerröcke, die über Jahre hinweg mitwuchsen, von Oma gestrickte, hautfarbene Unterwäsche, die kratzte, aber wärmte. Wer kennt nicht die Qual, noch in Strumpfhosen laufen zu müssen, wenn andere bereits in Kniestrümpfen spielen durften. Jeder hat Erinnerungen an erste modische Exzesse oder deren Verweigerung. Diese persönliche Sozialisation prägt Generationen. Kein Zuschauer, kein Producer, kein Regisseur ist frei davon. Hinzu kommt die unterschiedliche Entzifferung von Körper und Kleidungssprache in verschiedenen Kulturen und Traditionen. Mit offenen Augen sammeln wir täglich visuelle Noten. Objekte, Worte, aber auch Gerüche rufen Erinnerungen hervor und verknüpfen diese mit den gerade zu bearbeitenden Themen. Ein ganz individuelles Gewebe entsteht und ist die Grundlage der herausfordernden Gestaltung.

Was ist ein Kostüm?

Ein Film- oder Theaterkostüm schließt das gesamte Outfit einer Person von Kopf bis Fuß ein. Es hat die Aufgabe, den sozialen Status und die Befindlichkeit der Filmfigur sichtbar zu machen, weist auf die Zeit der Handlung hin und wird als dramaturgisches Element eingesetzt. Ein Kostüm spricht, bevor es der Schauspieler tut.

Auf der Suche nach der Psychologie der Figuren sind Kleider, Accessoires und Schuhe eine außerordentliche Hilfe für die Darsteller. Mit unserer Konzeption und ihrer Realisation können wir die Rollen stark mitbestimmen. Kostüme sollten nicht die private

Befindlichkeit der Schauspieler bedienen und doch sich deren Wohlbefinden zum Ziel setzten. Sie sollten auch nicht den Geschmack der Redakteure oder Producer widerspiegeln. Die Aufgabe eines Kostüms ist es, die erdichteten Personen wahrhaftig werden zu lassen. Sie sollten als gelungenes Futteral die Schauspieler im sozialen Umfeld der Geschichte unterstützen und so eine geliehene Identität ermöglichen. Die dramaturgische Relevanz eines Kostüms wird meist sehr unterschätzt. Es kann verjüngen oder altern lassen. Es verrät die Gesellschaftsklasse und das Niveau, enthüllt Anpassung und Rebellion, provoziert oder verschleiert. Es schafft Klarheit in seiner Funktion, ob Sport oder Business, auf dem Bau oder einer Beerdigung. Und es ermöglicht als Komplize der Schauspieler zahllose komische Momente, z.B. wenn Helga Hahnemann (1937–1991) Sahne durch ihren Hutschleier isst …

In einem hochkarätig besetzten TV-Film, der auf Arte gezeigt wurde, finde ich den Beweis eines frechen Muts. Nachdem Edgar Seldge in einer Priestersoutane und mit ganz weißen, kurzen Haaren aufgetreten ist und in seiner Rolle als Oberhirte der katholischen Kirche genau identifiziert werden konnte, wird er, bzw. die Figur, in einer nächsten Szene in seinem Domizil in der Schweiz besucht. Grandioserweise steht er auf der Terrasse des sagenhaften Anwesens (der Kirche?) mit Blick über fantastische Täler und Berge. Er bietet dem Gast den feinsten Champagner an. Sein Kostüm besteht jetzt nur aus einem verlängerten schwarzen Kollarkragen über einem ärmellosen, weißen T-Shirt und einer schwarzen Jeans mit Gürtel. Die kalkigen Arme aus diesem lächerlichen Lätzchen wirken wie die einer Krake. Die Figur ist bizarr, albern und gefährlich zugleich. Sie spinnt Intrigen, das ist klar.

In Wong Kar-Wais IN THE MOOD FOR LOVE (2000), einer der schönsten, nahezu wortlosen Liebesgeschichten, trägt Maggie Cheung bezaubernd körpernahe Kleider, die in eine fast symbiotische Beziehung zur Musik und zum Licht treten. Verschiedene chinesische Blumenmuster in immer gleichem Schnitt verarbeitet, mit kleinen, hochgeschlossenen Stehbundkrägen verstärken die außergewöhnliche Ausstrahlung dieser Frau. Bei jedem Schritt auf den hohen Schuhen wird der Rhythmus des Körpers spürbar. Das wiederholte Treppensteigen hinab ins schummerige Licht der Suppenküche und wieder hinauf in den Schatten der Stadt, im Einklang mit der Musik, gehört zu den erotischsten Momenten des Films.

Unsere Aufgabe lautet, dem Zuschauer fiktive Personen anzubieten, die er annehmen, lieben oder hassen kann. Modische Aspekte sollten nicht übersehen werden, können aber im Film sehr störend und falsch wirken. Je weniger die Kleidung wahrgenommen wird, desto stimmiger ist die Person angezogen. Das Werk der Kostümbildner ist fühl- und greifbar, aber irgendwie auch unsichtbar.

Was ist ein Kostümbild?

Die Gesamtheit, der in einen dramaturgischen und szenischen Zusammenhang gebrachten Kostüme, ergibt ein Bild. Im Zusammenspiel mit allen vor der Kamera stehenden Objekten spielen Kostüme eine bedeutsame Rolle in der ästhetischen und psychologischen Gesamtkomposition einer filmischen Erzählung oder eines Theaterstückes. Das Kostümbild ist ein Teil der gesamten Bildgestaltung. Es ergänzt sich mit dem Raum des Szenen- oder Bühnenbildners und mit dem Auge der Kamera zu einer künstlerischen Anordnung. Ein historisches Werk z.B. spielt in einer vergangenen, an sich streng definierten Welt. Die eigene Komposition des Kostümbildners entsteht, indem er sich frei in dieser Welt bewegt und den eigenen Geschmack und die Intuition dahin mitnimmt. Das Konzept des Kostümbildes beinhaltet nicht nur die Bekleidung der Protagonisten oder kleinerer Rollen. Jeder Komparse wird mit einbezogen und trägt in seinem Outfit zum authentischen Umfeld bei, damit ein in sich stimmiges Gesamtbild entsteht.

Entwürfe

Kostümbildner stellen eine Idee dar, um die Erscheinung einer Person und ihre Persönlichkeit glaubhaft zumachen. Ihr Look trägt dazu bei, Klischeevorstellungen zu bestätigen, sie zu konstruieren oder zu entkräften. Ein Kunstprodukt soll entstehen. Es soll in idealisierter oder widersprüchlicher Form eine größtmögliche Akzeptanz erlangen. Die Entscheidung, ob das Bild der Person eventuell karikiert oder ironisiert wird, muss getroffen werden. Ist sie asketisch, artig und behäbig oder stürmisch und dynamisch? Bedienen wir Stereotypen oder experimentieren wir mit ungewöhnlichen, sprunghaften Wesen?

Wir sehen uns auch dem Voyeurismus des Publikums gegenüber, dessen Neugier Bilder sehen will, die nicht öffentlichen Bereichen entstammen. Das erotische Moment will bedient und durch die Kleidung zelebriert werden. Ebenso die Schönheit, ein relativer Begriff, der nicht immer den griechischen Idealen folgt, sondern auf den jeweiligen Modewellen surft.

Meist ist die Zeit zu kurz für ausgefeilte Kohle-, Wachs- oder Aquarellentwürfe, und die Figuren sind erst später klarer. Zunächst darf noch gesponnen werden. Der Moment der freien künstlerischen Gestaltung ist gekommen. Eine aus der Imagination geborene, üppige Spielwiese tut sich auf. Unsere inneren Bilder purzeln heraus und landen auf Papier, Pappe, Zettel oder Kalenderseiten. Nur für uns, ganz frei können wir uns in der Geschichte umtun und unserer Kunst, unserer Virtuosität vertrauen. Die Geburt eines Kostümbildes kommt einem wagemutigen Seiltanz gleich. Manchmal bleibt von der Ursprungsgestaltung nicht viel übrig. Es ist nicht auszuschließen, dass Besetzungen, die später hinzukommen, den Einsatz bestimmter Farben oder Formen nicht erlauben. Womöglich steht einer Schauspielerin Rot absolut nicht oder es ruft das Gegenteil der gewünschten Aussage hervor.

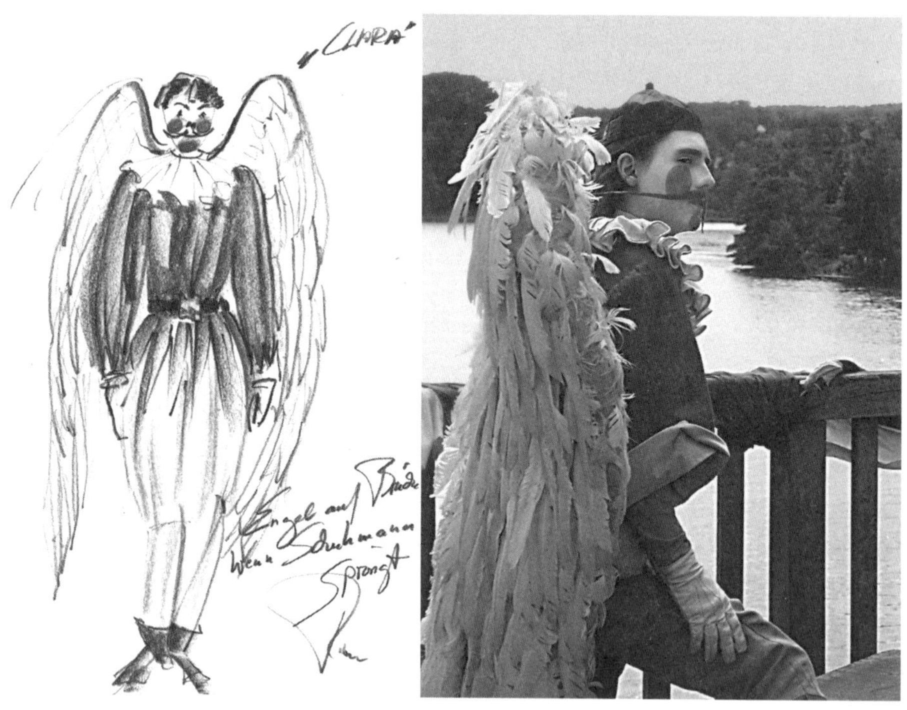

Entwurf und fertiges Kostüm des Engels (Michael Court) aus GELIEBTE CLARA (2008)

EIN GESPRÄCH

Ein kurzes, spontanes Interview am Telefon gab mir ein langjähriger Freund, **Miguel Herz-Kestranek**, Autor und Publizist, Schauspieler, Entertainer und Kabarettist; ca. 160 TV- und Kinorollen, mehrere Dutzend Theaterrollen; bisher dreizehn Bücher und verschiedene Hörspiele veröffentlicht; außerdem mit Soloprogrammen unterwegs.

Nach unzähligen TV und Filmrollen auf der ganzen Welt – hast Du ein paar Worte zu meinem Job?

Ich sehe oft, dass Schauspieler nicht in der Rolle denken, sondern fragen: »Was steht mir?« Das ist vermutlich das Allerschlimmste für euch Kostümbildner, diese Schauspieler erst überzeugen zu müssen, dass es zuerst mal immer um eine Rolle geht und sie ihre private Eitelkeit hintenan stellen müssen. Das stelle ich mir ganz schwierig vor. Natürlich muss man jemandem nicht Knallrot anziehen, wenn ihm Knallrot nicht steht. Trotzdem geht es immer um die Rolle. Und vielleicht ist manchmal gerade die Tatsache, dass jemandem Rot nicht steht, der Clou fürs Kostüm und somit ein Vorteil für die Rolle. Das Schwierige ist ja, meiner Beobachtung nach, gar nicht so sehr der Kostümfilm, sondern der Alltagsfilm, die Serie. Viele Kostümbildner sagen einfach: Da haben wir ein Sakko für diesen Tag, hier eines für den nächsten und für den drauf folgenden ein neues. »Aber warum kann ich die Rolle nicht im selben Sakko spielen? Ziehen Menschen denn ein Sakko nicht auch zwei Tage hintereinander an?«, frage ich. »Nee das wollen wir nicht«, ist die Antwort, »der Sender will es schick.« Und bevor man noch darüber befinden kann, was »schick« ist, vor allem aber, ob und was das mit der Rolle zu tun hat, ist das Kostümgespräch zu Ende.

Ja, in vielen Fernsehfilmen sieht es nach Modenschau aus.

Letztens habe ich Folgendes erlebt. Es ging um eine Episodenhauptrolle in einer Serie. Die Kostümbildnerin ruft mich an und will übers Kostüm sprechen. Sag ich: »Ja, fein, schau, ich habe mir überlegt, der Mann ist ein Scharlatan und so eine merkwürdig exponierte Figur. Der könnte zum Beispiel so aussehen wie der Magier David Copperfield, so ein bisschen inszeniert und immer gleich angezogen, zum Beispiel schwarz, so als

Statement. Wie siehst Du das?« Sie: »Du, ich hab ja schon alles eingekauft.« »Na,« sag ich, » dann brauchen wir ja nicht mehr übers Kostüm zu reden.« Sagt sie: »Ich wollte Dir nur sagen, was ich gekauft habe …« Ich: »Wenn du es gekauft hast, muss ich es sowieso anziehen – also, was hast Du denn gekauft?« Sie: »Ja, also ich habe so ein beiges Sakko gekauft und eine unauffällige Durchschnittshose. Dann hat er das eine Mal die Hose mit dem Sakko und einem Hemd an und das nächste Mal die Hose mit einem anderen Sakko und mit einer Strickjacke, und dann ...« Da ist man als Schauspieler schon etwas frustriert. Die Sachen waren dann wie vom Aldi-Markt und total beliebig. Dementsprechend hat es dann auch ausgesehen. Das hatte nichts mit Sparen zu tun. Ich hätte auch *irgendetwas* anziehen oder gleich privat bleiben können. Da wäre ich wenigstens besser angezogen gewesen.

Ich habe Ähnliches auch von einer Schauspielerin gehört. Und was sie wegen ihrer Übergröße miterleben musste, war schrecklich.

Und was heute auch ganz schlimm für euch sein muss, ist doch, dass die sogenannten Producer und die Redakteure bei allem mitsprechen. Da habe ich eine ganz lustige Sache erlebt. Die Kostüme waren schon fertig, und plötzlich kommt die Producerin angereist, ein junges Ding, und meint besserwisserisch: »Ich hätte da gerne, mmh … also, sie muss mehr rot sein, weißt du, sie mehr rot und er mehr blau.« Der Regisseur hört 'ne Weile zu und sagt: »Ja, gut, dann brauchen wir aber die anderen Objektive und das andere Filmmaterial, sonst haut das mit unserer Farbbestimmung nicht hin. Das ist doch sicher kein Problem, es sind maximal 20 000 Euro mehr, das geht doch, nicht wahr? Wenn Sie die Kostüme in diesen Farben wollen, kostet es eben ein bisschen mehr.« Die ist erschrocken, denn sie hat das tatsächlich geglaubt. Und so blieben die Kostüme glücklicherweise wie sie waren. Ich will damit sagen, die »Front« ist nach wie vor gut, Regie, Schauspieler, Kostümbildner, Kameraleute, Beleuchter und so weiter, aber das »Hinterland« wird immer ahnungsloser. Es ist eine Schande, dass das Kostümbild so gut wie nicht mehr für wichtig erachtet wird, sondern man sagt: »Die müssen halt irgendwas anhaben.« Dabei ist für mich und wahrscheinlich für alle ernsthaften und vor allem professionellen Schauspieler das Kostüm unendlich wichtig. Es bedeutet viel mehr als nur adäquat »angezogen« zu sein. Das gilt auch für die schnellen Alltagsproduktionen wie Serien, Krimis etc. Wenn ich das Kostüm in Abstimmung mit der Kostümbildnerin und der Regie rundum »richtig« finde, unterstützt es mein Spielen, meine Rolle ungemein. Selbst das unangenehmste oder das heißeste, schwerste, historische Kostüm ist wie ein allgegenwärtiger Turbo. Wenn es nicht »stimmt« oder nur lieblos umgehängt ist, wirkt es als Hemmschuh, zieht mich runter, und ich fühle mich und die Rolle permanent beschädigt, es ist eine zusätzliche – und unnötige – Schwierigkeit.

Berlin, 2012

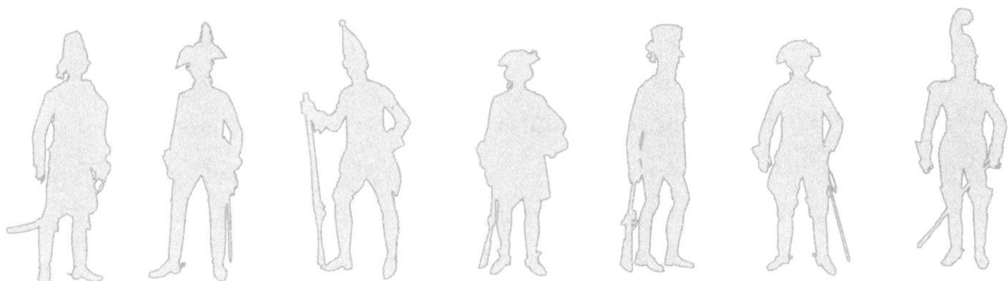

Erstellung eines Moodboards – erste Konzeption

Auf Wunsch der Producer und Redakteure werden sogenannte Moodboards oder -books, kurz Moods, angefertigt. Das sind Stimmungsvorschläge, erste Darstellungen von Kostümideen und Farbbestimmung. Anhand dieser vorliegenden Angebote ist es leichter, ein gemeinsames Konzept zu erarbeiten. Ich halte es für sinnvoll, eine Art Collage aus gezeichneten Entwürfen, Skizzen, Zeitschriftenschnipseln, Farben und Stoffmustern zu fertigen. Viele Möglichkeiten, die von der jeweiligen Begabung und Vorliebe abhängen, können genutzt werden.

Sowohl Szenenbildner, als auch Kostümbildner müssen ihre Ideen darstellen. Oft schon als Grundlage für eine erste Besprechung. Die Zeit sitzt uns dabei immer im Nacken. Leider fehlt bei der heutigen Produktion eines Fernsehspiels die Zeit, um dieses Konzept gut vorzubereiten. Kostümbildner werden für ein 90-Minuten-Movie im Allgemeinen drei bis vier Wochen vor dem ersten Drehtag engagiert. Sie werden in dieser Zeit nicht nur das ganze Kostümbild realisieren, sondern außerdem Kosten schätzen und die Produktionslogistik mit aufstellen.

Austausch mit den verschiedenen Departments

Regie

Besprechungen mit Regisseuren fallen immer sehr unterschiedlich aus. Sie können, je nach Projekt, Tage dauern oder nur Stunden. Bei einem ersten Brainstorm wird ein gedankliches Fundament für die Geschichte erstellt. Wir können mit Moodbooks und zeitgeschichtlichen Dokumenten, Stilfragen klären. Charaktere werden beleuchtet und umschrieben. Im besten Fall ist Zeit vorhanden für einen Lust machenden, sich gegenseitig die Bälle zuwerfenden Austausch. Gegenseitiges Vertrauen sollte entstehen, und die Scheu voreinander wegfallen.

Wenn sich Regisseure sehr für Kostüme interessieren und erkennen, wie wichtig dieser Mosaikstein für ihr Werk ist, sollte man gemeinsam entscheiden, welche Sprache die Kostüme sprechen sollen und sich zunächst keine Beschränkungen auferlegen. Oft werden die unendlichen Möglichkeiten, die nicht zwingend kostenintensiv sein müssen, nicht ausgeschöpft. Wir könnten so viel anbieten! Wenn wir davon überzeugt sind, auch Bizarres, auch den Kostümmix aus verschiedenen Epochen, oder Minimalistisches in Grau.

Regisseure können und sollen einiges von uns verlangen. Aber durch ängstliche Einflussnahme der Sender und Produzenten, und durch zu viele unproduktive Diskussionen läuft ein Kostümbild Gefahr, bieder und langweilig zu werden. Immer seltener identifizieren wir die »Handschrift« eines Regisseurs, den ganz bewusst zusammen-führenden Arbeitsstil, die Realisierung seines signifikanten, in sich geschlossenen Films.

Spontane Änderungen, wie sie einer Kollegin widerfahren sind, könnte man schon als Schikane auffassen: »Das blaue Kleid wird übrigens in der Szene morgen zerrissen, habe ich mir überlegt.« Bei solchen Ansagen schrillen alle Alarmglocken Sie treibt also noch einen ähnlichen Stoff auf, reproduziert das Kleid über Nacht selbst. Und dann: »Sorry, ich habe mir gedacht, es ist doch nicht gut für die Story, wenn es zerreißt.« Regisseure können sich unter Umständen schwer entscheiden. Bisweilen werden auch Probleme mit der Rolle oder mit dem Darsteller über das Kostüm ausgefochten. Auf jeden Fall sollte das Regieteam das Gefühl bekommen, dass wir auf ihrer Seite sind und sie in uns Verbündete sehen können.

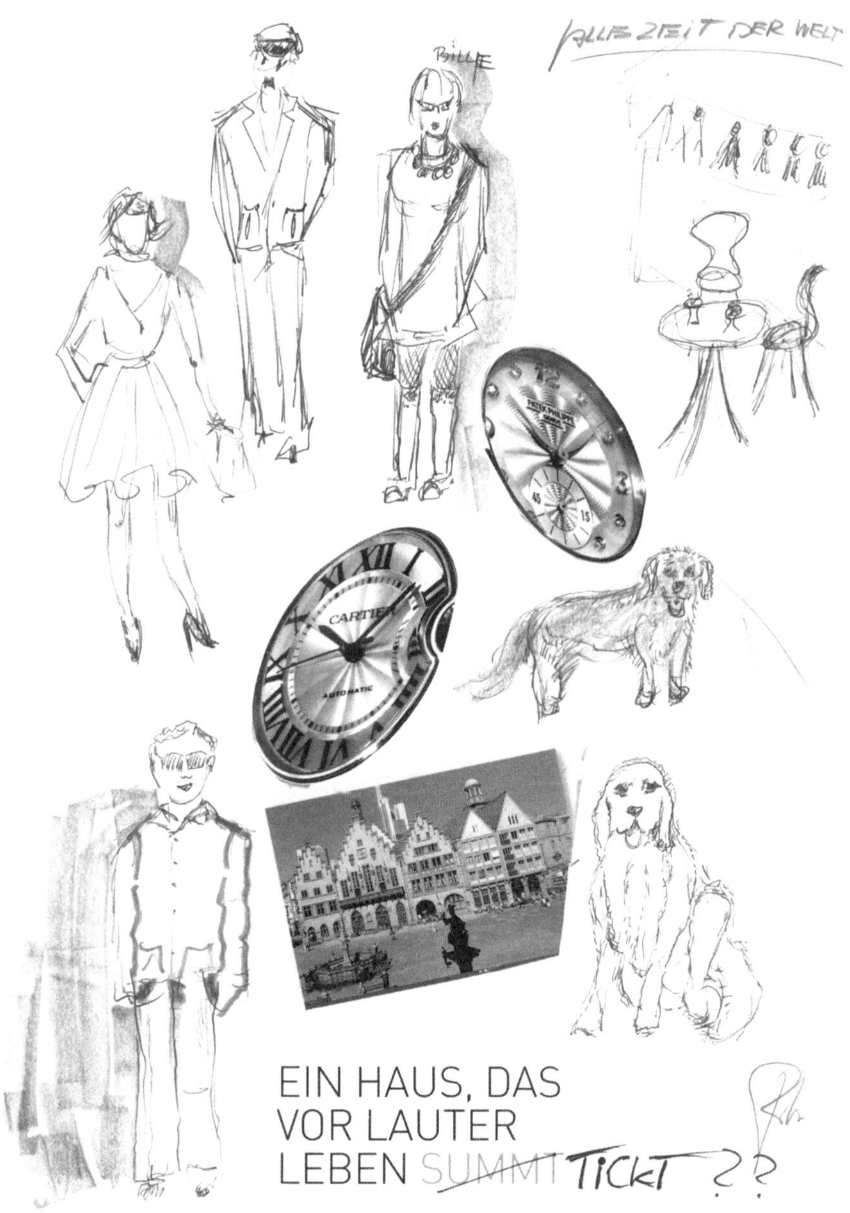

Collage aus dem Moodbook für die TV-Komödie
»ALLE ZEIT DER WELT« (ARD 2010)

Kamera

Bei der Besprechung mit Kameramann oder -frau muss man sehr aufmerksam alle Informationen registrieren. Wird klassisch auf 16-mm, auf 35-mm oder digital gedreht? Heutige HD-Aufnahmen (High Definition) befähigen eine Kamera, wie z.B. die Alexa, extrem sensibel aufzuzeichnen. Jeder Knopflochstich kann zu sehen sein. Die Frage ist, wie viel Mühe gibt sich ein Kameramann, um ein wohltemperiertes Licht einzusetzen? Wie dicht geht er an die Figur ran? Ist es möglich, sich vor dem Dreh zusammenzusetzen, die Probleme zu besprechen und eventuell einen Kameratest mit ausgewählten Stoffen zu machen?

Ein Körper und sein Kostüm sind durch das Kameraauge dem Prozess der Fragmentierung und der Defragmentierung unterworfen. Kameraeinstellungen und die Technik des Schnitts vergrößern und verkleinern, zerteilen und zerschneiden. Figuren werden im Detail gezeigt oder in kühler Distanz. Kamera und Beleuchtung schaffen eine Intensivierung des dargestellten Subjekts und Objekts.

Lichtstimmungen sind bei der Auswahl der Farben und Materialien äußerst wichtig. Weiß und Schwarz wirken innerhalb eines Farbfilms selten schön und werden nicht gerne fotografiert. Knallweiß beleuchtet ungewollt die Haut, Schwarz schluckt Licht und kann wie ein Loch wirken. Es gibt sehr viele verschiedene Schwarz- und Weißtöne. Stoffe reflektieren unterschiedlich, je nach Webart. Sie müssen sorgfältig ausgewählt werden, und im Zweifel sollte man immer einen Kameratest einfordern. Marmorisierende oder kleinkarierte Stoffe, Hahnentritt und bestimmte Streifen sind tabu. Sie flimmern im Auge der Kamera. Im Laufe der Zeit entsteht ein Gespür für diese irritierenden Muster.

Auch Farben können Unruhe schaffen. Es gibt ein bestimmtes Rot, ein Blau und ein Grün, die ähnlich einer Leuchtfarbe störend wirken. Diese Farben werden eher abgelehnt. Auch glänzende Stoffe sind bei der Lichtsetzung ein Problem. Um einen Hintergrund nachträglich einzusetzen, werden Darsteller vor einem Green- oder Bluescreen agieren. Das ist eine große Stoffwand in einem speziellen knalligen Grün- oder Blauton. Dieser ermöglicht anschließend den Ausschnitt der Figuren und das digitale Einsetzen in einen gewünschten Hintergrund. Die Kostüme dürfen dann keinesfalls die oben genannten Farben beinhalten.

Aufpassen heißt es auch, wenn »Day for Night« gedreht wird. Die Szene wird am Tag gedreht und nachträglich zu einer Nachtaufnahme verdunkelt. Kostüme müssen einen mittleren Ton zur Haut bilden, sonst erscheinen sie zu dunkel oder stören mit Helligkeit.

Wird in schwarz/weiß oder farblich sehr reduziert gedreht, muss nicht nur das gesamte Kostümbild darauf ausgerichtet sein. Die gesamte Komposition muss ohne die Unterstützung der Farben auskommen. Die schwarz/weiß-Bildsprache folgt einem sehr exakten Vokabular und bietet erstaunlich zahlreiche Variationen, Kostüme müssen nicht alle in Schwarz oder Weiß sein. Verschwommene Farben und in sich Gemustertes sind allerdings nicht immer sinnvoll. Farbtöne werden in Grauwerte umgewandelt, und können dennoch lebendig und bunt sein. Helligkeiten können sich dabei seltsam verändern oder angleichen. Kontraste und kräftige Muster erzeugen sichtbare Kostüme und Silhouetten. Filme wie DER HIMMEL ÜBER BERLIN (1987), THE ARTIST (2011) oder DAS WEISSE BAND (2009) sind nicht nur eine nostalgische oder kritische Hommage an die originale Ästhetik des Films, sondern bieten auch eine Erholung von der Farbüberflutung, der wir täglich ausgeliefert sind.

Szenenbild

Eine ganz wichtige Komponente des funktionierenden Kostümbildes ist die Einheit mit dem Szenenbild und den Requisiten. Bei einer Besprechung mit den Kollegen entstehen gegenseitige Anregungen und Erkenntnisse. Szenenbildner und Kostümbildner geben gemeinsam dem Film die bildfüllende Stilrichtung. Sie unterstützen Handlungs- und Spannungsbögen.

Szenenbildner werden früher engagiert als Kostümbildner. Ihre szenischen Entwürfe und Fotografien von Motiven machen Räume sichtbar und weisen den Weg in die Ästhetik des Films. Die Auswahl der Motive erfolgt nach künstlerischen und technischen Gesichtspunkten. Konstruktionszeichnungen der bespielbaren ermöglichen bereits die Auflösung der Szenen und Festlegung der Kameraeinstellungen.

Leider lässt man uns Kostümbildner – vermutlich aus Zeit- und/oder finanziellen Gründen – zu spät in diesen Prozess einsteigen. Zu Motivbesichtigungen werden wir selten geladen. Es ist jedoch absolut sinnvoll, daran teilzunehmen, denn der von uns angezogene Mensch sollte sich in dem für ihn realisierten Universum gut zurechtfinden. Die Besichtigung der Behausungen, Büros, Schulen, Bauernhöfe oder die eines Strands würden uns sinnlichere Erfahrungen bieten. Die wiederum helfen, die Figur besser zu erfassen und ermöglichen uns, den Schauspielern ihr Umfeld schon bei einer Anprobe zu vermitteln. Die frühestmögliche Absprache der beiden Art-Departments ist also anzustreben.

Maskenbild

Das gleiche gilt für die Kollegen, die mit Make-up und Haarstyling oder mit Schmutz und Wunden den Figuren sichtbar zusetzen. Ob Haarverlängerungen oder Glatze, Schnauz- oder Fünftage-Bart oder Rokokofrisur. Maskenbildner sind in ihrem Fachgebiet unschlagbar. Die Absprache mit ihnen liegt für die Figurenfindung mit an erster Stelle, nicht nur wenn es um Kopftücher, Zylinder oder Schuten geht. Haarfarben und Längen verändern den Typ. Die Bäuerin kann unmöglich mit einem zarten, blässlichen Teint auftreten. Krankheiten, Unterernährung und Frust spiegeln sich ebenso im Gesicht wider wie strahlendes Verliebtsein. Die Schauspieler werden von Maskenbildnern stark unterstützt mit Augenringen, Tränen oder verführerischem Rot auf den Lippen. Die produktive Zusammenarbeit mit den Kollegen, besonders während der Drehzeit ist wichtig.

Producer

Producer sind im Auftrag einer Produktion für die Entwicklung von Ideen und Themen eines Drehbuches zuständig. Sie sorgen u.a. für die Koordinierung der künstlerischen, kreativen Bereiche und lassen sich auch gerne in den Prozess der Kostümfindung mit einbeziehen. Sie sollten von uns als Unterstützung betrachtet werden, und wenn sie echtes Interesse haben, als Diskussionspartner mit einbezogen werden.

TV-Redakteure

TV-Redakteure sind mit einem breiten Aufgabenfeld betraut. Sie müssen Stoffe für das Programm der Sender finden und konstruktiv daran arbeiten. Sie bringen die Autoren mit Regisseuren und Produktionsfirmen zusammen. Sie dürfen den Kostenrahmen nicht aus den Augen verlieren und müssen die Maßgaben der jeweiligen Sender gegenüber dem Realisationsteam vertreten. Der Erfolgsdruck in Form von Einschaltquoten, Wettbewerbszielen und den politischen Auflagen der Sender führt zu immer weniger risikobereitem Einsatz. Das wirkt sich auf die gesamte Ästhetik der Werke aus. Das übermotivierte Eingreifen in die laufende Entwicklung und Realisation eines Projekts ist bisweilen sehr kontraproduktiv und es findet meist zu spät statt.

Farbdramaturgie und Licht

Wenn Kritiker von einem formal überzeugenden, in der Farbdramaturgie meisterhaft gestalteten Film, von einer selten gesehenen, opulenten oder gespenstischen, klugen oder klaren, einfallsreichen oder simplen Farbdramaturgie sprechen, wird klar, wie entscheidend diese beim Gesamtkonzept eines Filmes sind. So sollten Szenenbildner und Kostümbildner mit den Regisseuren und Kameraleuten auf eine gemeinsame Konzeption hinarbeiten. Leider wird darauf (aus Unwissenheit oder Ignoranz) oft verzichtet.

Farben können dem Zuschauer einen Überblick über wechselnde Orte und Personen erleichtern. Farben sind meist unbemerkte Botenträger. Sie sind psychologisch besetzt. Schwarz schafft Distanz, Grau und Nachtblau lassen Kühle entstehen, stellen die Welt der Macht dar bis hin zur rücksichtslosen Ausbeutung, gestützt von silbergrauem Metall in gläsernen Räumen. Wir alle kennen so gestaltete Interieurs z.B. als Tatorte. Grau als geplante Neutralität.

Mit einer kalten, blauen Folie über der Lichtquelle oder mit Neonlicht kann die Stimmung düster, bedrohlich, künstlich wirken. Warme Lichter aus dem roten Spektralbereich, Glühlampen und Kerzenlicht vermitteln Gemütlichkeit und Natürlichkeit. Geborgenheit, Wärme und Weichheit werden aus braunen, erdigen Tönen geboren. Militär-Oliv gilt weltweit als Kampftracht. Wir können Weltanschauungen mit unserem Farbeinsatz im Kostüm, im Motiv und im Lichtaufbau unterstützen.

Wesentlich ist auch die Frage nach dem Einsatz von Schwarz oder Weiß im Kostüm. Schwarz schluckt Licht. Jedes Material auf eine andere Weise. Glattes schwarzes Material kann Licht reflektieren. Bei schwarzem Samt hängt das vom Strich des Flors ab und vom Winkel, in dem das Licht auftrifft. Reines Weiß knallt dem Betrachter unkontrolliert Licht entgegen und ruft auf Hals und Gesicht eine blässliche, ungesunde Tönung hervor. Ich arbeite grundsätzlich mit getöntem Weiß, z.B. bei Ärztekitteln, um Reflexionen aus dem Weg zu gehen.

Weiterhin sind Kontraste ein wichtiges Stilmittel. Auch der Einsatz von Filtern in der Kamera prägt ganz maßgeblich die Stimmung.

Unsere Aufgabe ist es, zu Beginn einer Arbeit mit Regie und Kameraabteilung diese wichtigen Parameter abzuklären, damit ein Licht nicht die Farbe des Kostüms schluckt, ein Kostüm nicht Licht und Kamera irritiert.

Die Realisation

Nach diesen Besprechungen ist es wichtig, sich loszulösen und seinen eigenen Faden wieder zu spinnen. Die eigene Inspiration wird zur Lokomotive, die an verschiedenen Stationen hält und sammelt.

Stoffe

Wir steuern die verschiedenen Stationen der Stoffhändler und Dekorationsabteilungen an. Die textile Haut unterstützt Charaktere, legt das Seil aus, auf dem die Figuren der Geschichte balancieren. Sie vermittelt Härte, Unbeweglichkeit oder Flexibilität und Verletzlichkeit. Stoffe liegen direkt auf der Haut, können Wohl- und Unwohlsein hervorrufen.

Suchen wir alte Stoffe, erfordert es Geschick im Aufspüren. Bei einem Sarihändler sind Kostbarkeiten in meist sechs bis acht Meter Länge zu finden. Hier entdeckten wir alte cremefarbenen Saris aus Seide mit Stickerei, Chiffon mit leichter Patina versehen und fertigten daraus die komplette Garderobe für Frau von Stein in einem Film über Goethes Christiane an. Hier lagen die nachtfalterblauen Seiden mit bezaubernden Mustern für Clara Schumanns Taillen und Röcke.

Die Inspiration führt uns schon beim Berühren von kostbar gewebten Stoffen zu außergewöhnlich geheimnisvollen Kostümen, die eine eigene Geschichte erzählen und dadurch lebendig sind. Alte Stoffe, die bereits eine Geschichte haben, können ein zweites Leben gewinnen. Sie helfen bei der Verwandlung. Werden neue Stoffe für Anfertigungen gebraucht, sind je nach Bedarf Farbechtheit und Waschbarkeit, Knitter- und Bügelfähigkeit zu prüfen. Ist ein unruhiges Muster zu erkennen, kann es sein, dass je nach Filmmaterial (z.B. bei digitaler Auflösung) dieser Stoff nicht tauglich ist und flimmert.

Auch im Aufspüren von zeitgenössischer Kleidung sind immer wieder die Fragen zu stellen, ob die Stoffe rascheln, flimmern oder nicht erlaubte Logos oder Werbung aufgedruckt sind. Entscheidend ist es, ein Gewebe anzufassen. Kataloge von Lieferfirmen bieten oft kleine Proben. In den Stoffgeschäften der Stadt kann man an größeren Mengen auch den Fall des Stoffes prüfen.

Vor der Verarbeitung sollte man Stoffe immer brühen oder waschen, um eventuelle Veränderungen mit einzukalkulieren. Sie können in der Länge oder der Breite eingehen. Oft ist sachgemäßes Färben erforderlich. Je nach Mengenbedarf kann man professionelle

Theaterfärbereien damit beauftragen oder bei kleineren Metragen mit Drogeriefarbe im Topf oder in einer Waschmaschine selbst Hand anlegen.

Stoffe und ihr Klang

Eines der Gebote ist es, der Tonabteilung keine Störfaktoren an das Set zu liefern. Wer einmal die Kopfhörer eines Tonmannes aufgesetzt hat, wird die verstärkten Geräusche kennen. Raschelnde Materialien sind ebenso unerwünscht wie klingelnder Schmuck oder klappernde Schuhe. Schuhsohlen können zur Schalldämpfung mit Moosgummi unterklebt werden. Selbst eine zarte Seide in Bewegung klingt im Kopfhörer des Tonmannes wie ein Wasserfall. Der Anhänger eines Reißverschlusses kann in der Bewegung so eindringlich klingeln, dass der gesprochene Text dabei untergeht.

Accessoires

Das Wort, aus dem Französischen entliehen, bedeutet Nebensache, Überzähliges. Heute ist ein Outfit ohne Brillen, Taschen und Schmuck nicht zu denken. Sie transportieren gesellschaftliche Codes, Wertmaßstäbe, Lebenseinstellung. Aber wir hinter der Kamera sollten aufpassen, dass diese Dinge nicht das Gesamtbild dominieren. Sehr schnell ist bei einer Nahaufnahme ein glänzender Ohrring irritierend, ein Collier lenkt vom Gesicht, vom Spiel ab. Zu große Taschen wirken lächerlich, denn der Focus durch ein Objektiv ist ein anderer. Hier wird etwas intensiver wahrgenommen als auf der Straße. Wir sollten immer den Einsatz von Accessoires abwägen, auch im Hinblick auf sinnvollen Umgang beim Drehen und auf die Handhabung für die Darsteller. Andererseits kann und muss mit diesen Mitteln auch gespielt werden. Eine Muschel am Lederband um den Hals oder Brillantringe an den Händen verraten Abenteuer oder russische Geldmafia. In Kombination mit Jesuslatschen und abgewetzten Jeans können die Ringe ganz Anderes erzählen.

Die Magie der Verwandlung im Kostüm

Anproben

Zur ersten Anprobe ist eine weit gefächerte Ansammlung der denkbaren Kostüme hilfreich. Wir können Farben und Formen, Stoffstrukturen und Schnitte am Körper sehen. Um Kosten und Zeit zu sparen, ist diese Anprobe in einem Kostümfundus mit seiner fantastischen Auswahl sinnvoll. Hier öffnet sich die Möglichkeit, spielerisch, beflügelnd, mit Spaß sich dem Kernpunkt zu nähern. Alles ist möglich und die Wanderung mit dem Schauspieler gehört zum kreativ dynamischen Teil unserer Arbeit, wenn er/sie sich darauf einlässt. Eine gewisse Entpersonalisierung findet dabei statt und die fiktiven Individuen der Erzählung werden schrittweise aufgebaut. Jeder Mensch hat eine eigene Vorstellung von sich und mit Fingerspitzengefühl tasten wir uns an diese heran, berücksichtigen Allergien, Unverträglichkeiten und große Aversionen. Schauspieler begeben sich ganz in die Hände der Kostümbildner und bringen uns in diesem tatsächlich »nackten« Moment ein großes Vertrauen entgegen. Es geht um mehr als nur um eine Einkleidung. Schauspieler verbinden ihre Rollenfindung mit dem Kostüm.

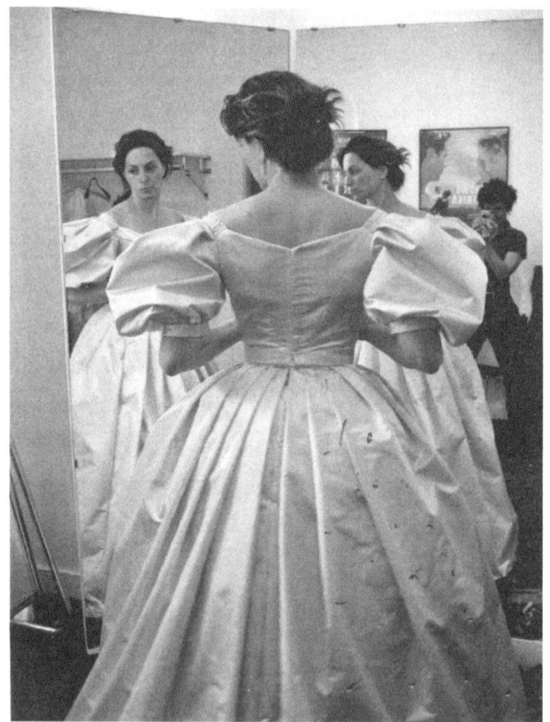

Anprobe für GELIEBTE CLARA mit Martina Gedeck als Clara Schumann
(auf dem Foto sind unten rechts Markierungen für den späteren Perlenbesatz angedeutet)

Eine verzweifelte Schauspielerin erzählte mir Folgendes: Da sie eine fülligere Figur hat und sie der Kostümbildnerin entgegenkommen möchte, kündigt sie telefonisch an, einiges zur Anprobe mitzubringen. Man verabredet bestimmte, der Rolle entsprechende

Kleidungsstücke. Als sie bepackt anreist, hängen jedoch schon vollkommen andere Kostüme bereit und die Anprobe verläuft holprig, aber mit Annäherung. Beim Drehen kommt alles wieder ganz anders. Es hängen in ihrem Raum Kostüme, die mit der Rolle der einfachen Proletarierfrau absolut nichts zu tun haben. Tücher von einer Designerin, weil sie doch so schön seien. Ein anderes Mal erfährt eben diese Schauspielerin, wie aufgrund der speziellen Beziehung zu einer Modefirma drei Hauptrollen aus dem gleichen Label angezogen werden. Genau das sollten wir vermeiden.

Ich schaue mir die Verwandlungen gerne im Spiegel an. So kann ich eine professionelle Distanz einnehmen, um die Wirkung für Kamera und Zuschauer besser einzuschätzen. Diese Überprüfung ist ähnlich nah an der Aussage, die ein Foto vermittelt. So ist viel eindeutiger zu erkennen, welche Kostüme in die richtige Richtung weisen. Trotz Eitelkeiten sollte nicht das Kleidungsstück gefühlt werden, sondern die Figur, die entstehen möchte. Die Symbiose von Person und Kostüm ist das Ziel. Es wird schrittweise erreicht durch Haltung, z.B. in einer Uniform oder in einem Korsett, mit dem Aufsetzen einer Brille oder dem Tragen hoher Schuhe oder eines Hutes. Charaktere lauern darauf, so geweckt zu werden. Wir müssen mit dem Schauspieler diese Chance zum Ausprobieren haben, dann wecken wir die richtigen.

Peter Falk sollte für Wim Wenders Film DER HIMMEL ÜBER BERLIN (1987) einen Mantel, einen Anzug und einen Hut tragen. In seinem kurzen Auftritt spielte er einen der Engel, die bereits als Menschen auf Erden lebten. Mantel und Anzug im Stil der vierziger Jahre waren nicht das Problem. Wir probierten aber etwa fünfzig Hüte. Er fand zu jedem eine Geschichte, spielte unter jedem Hut eine andere Figur, die zunächst nicht die gewünschte für diesen Film war. Er ließ eine Welt der Hutträger erstehen, bis wir uns endlich für einen, den *richtigen* entschieden. Diese Hutprobe wurde später im Film als Szene übernommen.

Wenn eine Linie gefunden, eine Selbstverständlichkeit sich aufdrängt, sind wir auf der richtigen Spur. Der Schauspieler fühlt sich gut, spürt die Verwandlung. Wir fotografieren. Mit der durch ein Foto gewonnenen Distanz, können wir sehr viel klarer, Mögliches von Unmöglichem trennen. Dabei ist eine eigene Vorauswahl wichtig, um das gewünschte Konzept vorstellen zu können. Mit dem um erste Anprobenfotos ergänzten Moodbook, liegt die wichtigste Diskussionsunterlage vor.

Nach den folgenden Besprechungen mit dem Regisseur werden weitere Puzzleteile zusammengefügt. Jetzt kann eine genau gezielte Suche gestartet werden. Für eine zweite Anprobe sammeln wir erneut, haben den Körper besser im Auge. Wir kaufen Stoffe für die Anfertigung oder Kleidung für die nächste Anprobe. Ich ziehe es vor, ohne Darsteller einzukaufen. Nichts ist schlimmer als mit Schauspielern unterwegs zu sein, besonders wenn sich der rote Rollenfaden noch nicht gezeigt hat. Wenn sich dann auch noch Verkäufer mit einer Beratung einschalten, wird der Kostümbildner zum Shopping-Gehilfen degradiert.

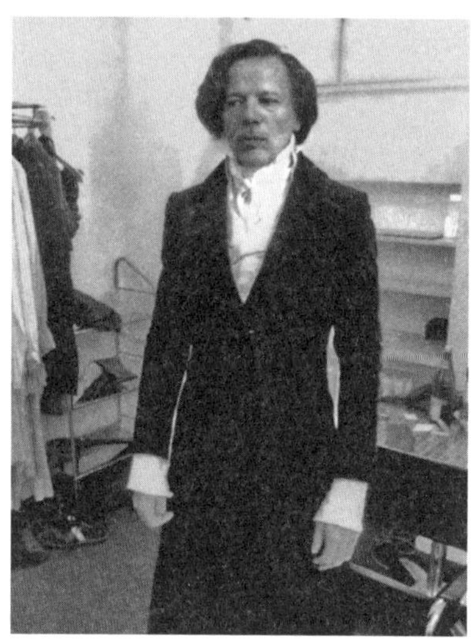

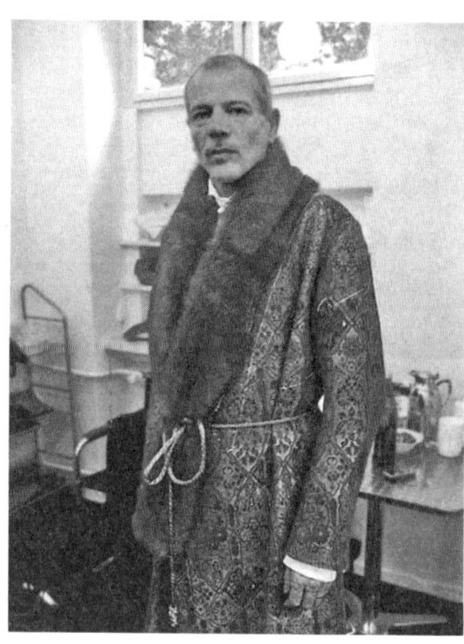

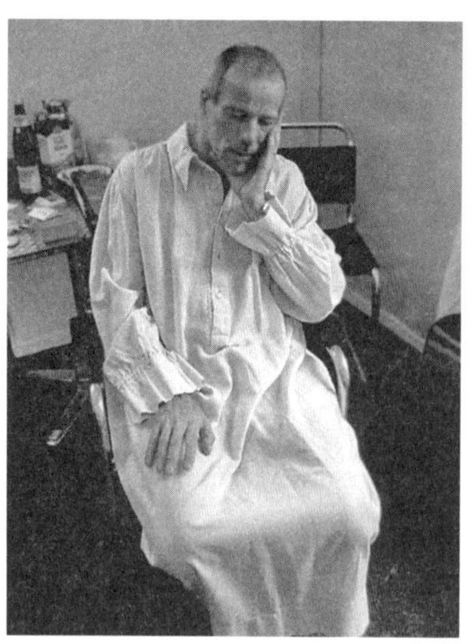

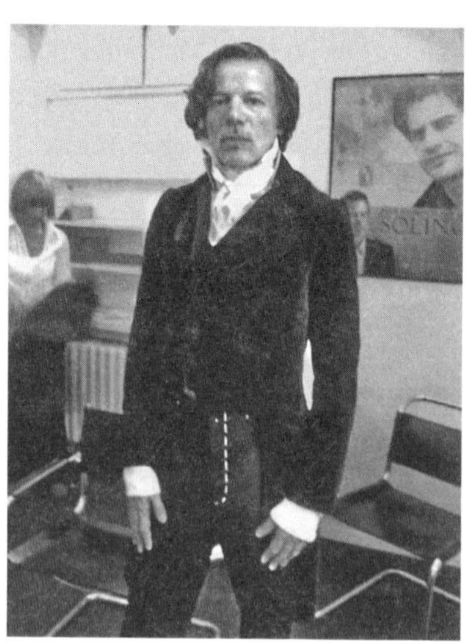

Anprobenfotos für GELIEBTE CLARA mit Pascal Greggory als Robert Schumann

Große Geschäfte bieten die Möglichkeit der Rückgabe. Man sollte diese in Maßen nutzen und dafür Sorge tragen, dass die Retouren in einwandfreiem Zustand sind. Leider gibt es Kollegen, u.a. Stylisten, die verschmutzte Kostüme, auch wenn sie nur kurz für ein Foto genutzt wurden, als ungebraucht zurückgeben. Das ist unfair, hinterlässt »verbrannte Erde«, sowohl in den Geschäften als auch im Fundus.

Kostümabnahme

Sobald es vorzeigbare Fotos von der zweiten Anprobe gibt, wird sich die Kostümbildnerin wieder mit dem Regisseur treffen. Auf Papier abgezogene Fotos bieten den Vorteil, dass sie nebeneinander liegend, angefasst und bewegt werden können. Auge-in-Auge-Besprechungen sind immer anzuraten, um Missverständnisse auszuräumen. Da die Fotos inzwischen auch im PC digital zu betrachten und zu versenden sind, gibt es leider immer häufiger elektronische bzw. telefonische Abnahmen.

Wenn Regisseure bei einer Anprobe dabei sind, was zu begrüßen ist, lernen sie eventuelle Problemzonen und sensible Befindlichkeiten der Schauspieler kennen und werden im günstigsten Falle darauf eingehen. Kurz vor Beginn der Dreharbeiten wird zu einer kombinierten Masken- und Kostümprobe geladen und über die komplette Gestaltung für das Zusammenspiel entschieden.

Nachdem die Kostümbildner früher mit Regie und Schauspielern im Zusammenklang mit Kamera, Szenenbild und Maskenbild ein Konzept erarbeiteten, das stimmig war, verlangen heute Producer und Redakteure ganz entscheidendes Mitspracherecht bei allen produktionsrelevanten Gewerken. Es kann passieren, dass drei Tage vor dem ersten Drehtag eine fertig anprobierte, an den Leib geschmiedete, von der Regie abgenommene Kostümausstattung umgeworfen, für unmöglich erklärt und blitzschnell eine neue verlangt wird, die dramaturgisch nicht mehr stimmig sein kann. Solche Aktionen nehmen den Darstellern die Sicherheit der bis dahin erarbeiteten Rollengestaltung. Eine Unruhe breitet sich aus. Auch das ganze Rollengleichgewicht der Charaktere kann dadurch zerstört werden. Sprachlos stehe ich immer mal wieder vor Mails wie der folgenden: »Das finde ich ehrlich gesagt nicht besonders prickelnd – das ist noch nett ausgedrückt. Der gemusterte Norweger-Pullover ist die absolute Katastrophe, so was kann man als Kostümbildner nicht wirklich ernsthaft vorschlagen. Das dunkle Hemd mit der Jeans ist das einzige Outfit, worin Matthias ein bisschen sexy aussieht. Da wir unseren Schauspieler trotz Glatze so positiv wie möglich darstellen wollen, muss das komplette Kostümbild überarbeitet werden. Matthias soll schon einen Naturburschen verkörpern, aber einen, der sich zu kleiden weiß. Denke da an Sachen wie von Land's End oder Eddie Bauer, bisschen Cord, bisschen Tweed, Jeans in Blau und Schwarz sowie Hemden (ohne Muster!) kombiniert mit V- oder Rundhals-Pullis, elegante warme Sportjacke, die was hermacht – zusammenfassend gesagt: schlichte, rustikale sportliche Eleganz, die nicht nach Bayern sondern nach Norden aussieht und unseren Helden so vorteilhaft wie möglich aussehen lässt. Sorry für die deutlichen Worte, aber das ist wirklich wichtig!« Dies ist eine Mail eines Redakteurs auf die von der Regie abgenommenen Kostüme.

Vor dem ersten Drehtag entstehen über Wochen während der Kostümbesprechungen, der Anproben und vieler Telefonate, bei Fotobesichtigungen und Rücksprachen mit Kamera, Regie und Kollegen vom Szenenbild erst vorsichtig tastende, dann sicherer werdende Rollenbilder, die am Ende der Vorbereitungszeit im Einklang als Basis für die künstlerische Bildgestaltung dienen. Die Geschichte ist in den Köpfen, sie ist in Entwürfen, auf Kollagen, in Stofffetzen, am Körper, auf der Haut. In diese sensible Arbeit wird unqualifiziert eingegriffen und das mühsam erarbeitete Gebäude umgeworfen. Konstruktive Kritik fällt Redakteuren meist schwer und die Gründe für unterschiedliche Vorstellungen werden nicht ausdiskutiert. Die Persönlichkeit und der eigene Geschmack des Redakteurs überlagern die Wertschätzung und das Vertrauen in unsere Arbeit. Sie sind die Geldgeber.

Gefahr der Irritation droht auch bei frühzeitiger Festlegung eines Kostümkonzepts. Ein Beispiel aus eigener Erfahrung: Noch bevor eine Besetzung bekannt war, ohne Gespräch mit der Regie, wollte die Producerin ziemlich konkret von mir wissen, wie ich mir die Figuren vorstelle. Ohne Argwohn ließ ich sie an meinen Ideen teilhaben und zeigte ihr meiner Vorstellung entsprechende Modedarstellungen. Die spätere Besetzung ließ mich sehr schnell erkennen, dass die erdachten Kostüme überhaupt nicht funktionieren konnten (z.B.: die Rolle »Modemodel« wurde mit einer sehr kleinen Darstellerin besetzt). Proportionen, Farbverträglichkeiten, Teint etc. waren nicht mit den ursprünglichen Entwürfen zu vereinbaren. Trotzdem musste ich den ersten Wurf bedienen. Als ich dann erste grobe Anprobenfotos per E-Mail an Redakteurin und Producerin verschicken sollte, ohne sie vorher mit der Regie besprochen zu haben, beging ich den zweiten Fehler. Die natürlich noch nicht perfekt sitzende und auch nicht perfekt fotografierte Kleidung wurde kritisiert, zerredet und ohne Anhörung abgelehnt. Fazit: Eine Kostümabnahme kann nur in Gegenwart der Kostümbildner erfolgen. Kostümfotos sollten niemals vor der Absprache mit dem Regisseur weitergegeben werden.

CARLOS - DER SCHAKAL (2009)

Diese französisch-deutsche Co-Produktion behandelt in fiktionalisierter Form das Leben des als Carlos bekannt gewordenen venezolanischen Terroristen Ilich Ramírez Sánchez. Er war seit 1973 zwanzig Jahre lang der international meistgesuchte Terrorist, ein Phantom, das mit eiskalten Attentaten die Welt in Atem hielt, sich mit Geheimdiensten arrangierte und ein Terrornetz rund um den Globus knüpfte.

Ich werde kurzfristig für die Produktion angefragt, denn die eigentlich engagierte Kollegin ist noch in der Vorbereitung aus diesem Projekt ausgestiegen – wegen chaotischer und unverbindlicher, besser gesagt völlig fehlender Zusammenarbeit mit der französischen Abteilung. Die französische Kostümbildnerin ist ebenfalls gerade im Begriff, das Projekt zu verlassen, wenn auch von den französischen Produzenten dazu gedrängt, und ihr Assistent übernimmt die Aufgabe. Drehbeginn soll in sechs Wochen sein.

Auf das Angebot hin bin ich zunächst sehr interessiert. Kohlen aus dem Feuer holen – eine Spezialaufgabe. Ich lese die drei Drehbücher, eine spannende, sehr gewalttätige Geschichte. Ein nach der wahren Geschichte des Terroristen Carlos geschriebener Actionthriller. Mit Anprobefotos und Informationsmaterial der Kollegin im Gepäck, mache ich mich auf dem Weg nach Paris.

Am nächsten Tag am Flughafen Orly – schon wieder auf dem Rückweg – schiebe ich Bilder im Computer hin und her und versuche, den gestrigen Tag zu erinnern. Erinnerungen in Französisch, einer Sprache, die mir, wenn ich sie lange nicht spreche, etwas abhanden kommt. Mein Kopf ist voller Eindrücke von den Blicken der mich musternden französischen Kollegen, von der nervösen Annäherung des scheuen Regisseurs.

Kann ich wirklich ein so großes, von einer Kollegin bereits »angeknabbertes« Projekt übernehmen? Der französische Kollege, der auch deutsch spricht, scheint zumindest sehr nett zu sein. Und das spannende Thema reizt mich. Wieder in eine vergangene Zeit einzutauchen. Diesmal in die selbst erlebten siebziger und achtziger Jahre. Eine Zeit, in der Menschen, kaum älter als ich, sich in eine politische Ecke begaben, in den Untergrund gingen, Entführungen begingen, mordeten und letztlich als Söldner endeten.

In Orly wird die dritte Stunde Verspätung angesagt. Insgesamt werde ich neun Stunden unterwegs sein, allerdings mit einer Art Zusage im Gepäck. On va vous revoir bientôt. Wir werden Sie bald wiedersehen. Auf dieses Abenteuer lasse ich mich ein. Kurzer Bericht zum Treffen in Paris an die deutsche Produktionsleitung. Und jetzt heißt es: recherchieren bis zum nächsten Treffen. Wie z.B. sahen die österreichischen Uniformen zur Zeit des Überfalls auf die OPEC 1975 in Wien aus? Es gibt nur wenige historische Fotografien in schwarz-weiß. In Wien gibt es einen Fundus, der solche Uniformen verleiht. Im Internet finde ich bereits vergriffene Bücher über die RAF und die nachfolgenden Terroristen-Generationen.

Mir ist klar, dass der Regisseur eine Melange anstrebt. Er will bereits im Äußeren der Figuren eine Sympathie, eine heutige Akzeptanz erwirken. Das Kostüm darf nicht befremdlich wirken, sondern soll eine Vertrautheit beim Zuschauer hervorrufen. Eine Klarheit der Formen, die Farben der Zeit, bräunliche Erdtöne, aber auch starke Knalltöne, enge körperbetonte Sakkos, kariert mit Pullunder getragen, Cordanzüge. In einem solchen wird »Angie«, so lautete der »Kampfname« des Terroristen Hans-Joachim Klein, wie das Vorbild verwundet. Den dunkelbraunen Cordstoff für drei gleiche Anzüge gibt es schon. Außerdem bietet die Zeit Rollkragenpullover, in denen vorzugsweise brustlose Frauen steckten, und zottelige, nicht folkloristische Fellmäntel. Die ganze Mode der siebziger und achtziger Jahre ist heute in der Retroform wieder in. Junge Leute lieben auch die Sechziger-Jahre-Beamtenhütchen, tragen die Spießerkleidung von damals in lässiger, cooler Form. Da verknüpft sich auf seltsame Weise das Gestern mit dem Heute.

Meine Kollegin und Freundin Jutta wird als zweite Kostümbildnerin mitarbeiten. Sie hat irgendwann mal die Dachböden ihrer Familie ausgeräumt und dabei unschätzbare Kostbarkeiten entdeckt: Kleidung von 1900 bis 1990, aufbewahrt über zwei Weltkriege und vierzig Jahre DDR hinweg. Eine ganze Modegeschichte wird ausgegraben. Materialien, die längst nicht mehr hergestellt werden, sind hier noch vorhanden (und unbeschreiblich in ihrer Scheußlichkeit). Aber auch originale Kinderkleidung aus echtem Leinen. Schätze, die wir für den Film verwenden können, hängen nun in unserem Fundus zusammen mit den Kostümen der Theaterkunst-Kostümausstattung und aus dem Babelsberger Fundus. Sie werden unter anderem in den Szenen auf den Flughäfen Budapest, Ostberlin und London eingesetzt werden. Die Terroristen konnten in jener Zeit ohne größere Schwierigkeiten mit gefälschten Pässen überall hinreisen.

Zweite Besprechung. Ankunft im Büro in Paris um 12:00 Uhr. Der Regisseur steht noch nicht zur Verfügung. Mit dem Kollegen zusammen betrachte ich das von uns zusammengesuchte Bildmaterial und den von ihm bereits gesammelten Fundus. Vor mir hängen mehrere Reihen original Siebziger- und Achtziger-Jahre-Herren- und Damenkleidung in teilweise recht kleinen Größen. Austausch von Büchern, Bildern … »unsere« RAF, so sah sie aus … Wir gehen Stapel von Bildern durch, nicht dabei sind die Fotos der zweiten Anproben, die meine Vorgängerin noch gemacht hatte. Die sind offensichtlich nie in Paris angekommen. Das bekomme ich erst mit, als wir die Auswahl dem Regisseur vorlegen und ich einige dieser Fotos auf dem Computer zeige, die für ihn neu sind. Ein unübersichtliches Chaos unsortierter Fotos und nicht allzu klare Vorstellungen bei den Kollegen, wie das insgesamt aussehen soll. Immerhin finde ich heraus, dass wir die Zeit nicht in modisch auffälliger Weise bedienen sollen. Alle Figuren müssen noch einmal überarbeitet und ergänzt werden. Um eine weitere Anprobe mit jeder Hauptrolle, die dritte nun also, kommen wir nicht herum. Es wird keine Abnahme mit dem Regisseur im üblichen Sinne geben. In Berlin werde ich die Schauspieler anziehen und ohne direkte Besprechung Fotos nach Paris verschicken. Das hat den Nachteil des umständlichen Kommunikationswegs und der Kontakt zur Regie fehlt.

Das Wichtigste scheint, eine genaue Logistik anzustreben, Ruhe zu bewahren und eine klare Kommunikation mit Paris einzufordern (Logistik, Ruhe, Klarheit, Kommunikation – das sind eine Menge Fremdwörter für die französischen Kollegen, wie ich erfahren muss).

Am Montag sind die deutschen Hauptdarsteller zu einer vierten Anprobe geladen. Der Kollege aus Frankreich reist für einen Tag an. Das Flugzeug hat drei Stunden Verspätung, und die Arbeit beginnt im Kostümfundus mit Croissant und Kaffee, kurz danach von einem Mittagessen gefolgt. In Form einiger Fotohefte habe ich die dritte Anprobe dokumentiert. Wir ziehen nur einige Kostüme an, der Rest wird anhand der Fotos akzeptiert. Die Männer sind »plus facile«, also einfacher einzukleiden. Das heißt nichts anderes als dass wir die Vorstellung der Franzosen bei den Männerkostümen von vornherein besser getroffen haben. Mit dem Kostüm wird die Rolle sichtbar. Ein untersetzter Teddybär wird in Leder und mit Sonnenbrille zum undurchschaubaren Kerl (Rolle: Boni). Ein langhaariger, hagerer, gebeugter Typ verändert die Haltung in Anzügen und Kombinationen (Rolle: Weinrich). Ein hübscher, zarter Mann verwandelt sich mit karierten Hemden und besticht durch irritierende Harmlosigkeit (Rolle: Angie). So finden wir unsere gewalttätigen Mitstreiter von Carlos.

Problematisch ist die weibliche Hauptrolle, Carlos' Freundin, mit der Kleidergröße 34. Hier entpuppt sich unser französischer Kollege als Modedesigner. Sein sehr heutig geprägtes Farb- und Formempfinden kollidiert stark mit dem der siebziger/achtziger Jahre. In diesem Punkt unterscheiden wir uns. Kostümbildner versetzen sich mit Haut und Haaren in eine Zeit, entstauben und entschlacken diese, damit der Zuschauer nicht vor lauter Befremden vertrieben wird. Der Geschmack ordnet sich bis zu einem gewissen Grad dem Charakter der Rolle unter. Er wird sie aber niemals denunzieren. Wir fragen uns, was eine Figur, wäre sie ein echter Mensch, im Kleiderschrank hätte.

Abgesehen vom Größenproblem, ist auch die Anprobe mit »Carlos' Freundin«, einer Deutschen, zäh. Immer unklarer wird die Richtung. Der Kollege wird unruhig. Außerdem steht er unter Zeitdruck, muss gleich wieder zum Flughafen zurück. Es fehlt eine intensive Besprechung mit dem Regisseur, die aber offensichtlich nie vorgesehen war. Wie wichtig diese ist, um ein Kostümbild zu erstellen und nicht nur »die Schauspieler anzuziehen«, wird mir erneut bewusst. Ein Film wird von einem Gesamtkonzept und der Realisation durch ein gesamtes Team getragen. Dabei geht es nicht ohne Absprachen!

In die Zeit der Vorbereitung fällt auch die Berlinale. In den letzten Jahren war sie ein Lebenselixier für mich, das immer wieder neu Lust auf den Beruf machte. Tage, in denen ich in die Kinowelt eintauche, mich verliere in Bildern und Geschichten. Die Kinobesuche entfallen diesmal. Zu viel zu tun. Und nach sechs Wochen ohne Vertrag bin ich zudem nervös, zweifle am Projekt, lasse mich verunsichern – und in der Produktionsfirma niemand, der mir Vertrauen einflößt. Auf den Empfängen der Berlinale (zumindest die besuche ich) treffe ich die Filmschaffenden. Die ganze verrückte Mischpoche treibt sich mit müden Augen in den Kinos herum und taucht schimpfend oder schwärmend wieder auf. Nicht enden wollende Diskussionen über unsere Selbstausbeutung. Jeder beschwert sich, spuckt und tritt auf die Branche. Die immer wieder aufkochende Liebe zum Beruf, oder auch der Mangel an Alternativen, schweißt uns zusammen.

Bis in die Nacht schreibe ich der Carlos-Truppe E-Mails, um Missverständnissen vorzubeugen. Die Kommunikation in drei Sprachen führt dennoch zu ebendiesen. Wir kommen nicht voran. Die zweite Regieassistentin ist zwei Wochen verreist. Das französische Team dreht bereits und ist kaum ansprechbar. Die Garderobiere sagt ab. Sparen, sparen, sparen!, klopft es im Hirn. Die Telefonkosten steigen ins Unermessliche und bringen trotzdem nicht die gewünschte Klarheit. Es ist nicht die Sprache, sondern die unterschiedliche Mentalität, die mich glauben lässt, ich mache diesen Beruf zum ersten Mal.

Ich erhalte endlich einen Vertrag, den ich geändert zurückgebe. Wer weiß, wo und wie lange der jetzt wieder unterwegs sein wird? Die erste Gagenrechnung wird nicht bezahlt. Ich werde in kein Flugzeug steigen, ohne unterschriebenen Vertrag! Punkt. Es riecht nach Unterfinanzierung und Problemen mit dem französischen Partner, aber kein

Verantwortlicher verliert ein Wort darüber. Verrechnungsgeld für die direkten Einkäufe kann ich abrufen, und das wird vorübergehend zu meiner Lebensgrundlage.

Unser Praktikant entschließt sich, zu gehen. Auch er hat vier Wochen nichts von der Produktion gehört. E-Mails und Memos werden ausweichend oder gar nicht beantwortet. Eine Neuigkeit sickert durch: Die Förderung durch die MDM (Mitteldeutsche Medien) entfällt, aber die »Operation Schakal« schreitet voran. Unsere Stimmung sinkt. Die Produktionsleiterin versucht in unnachahmlicher Weise mit heller Stimme, uns auf Organisatorisches einzustimmen. Wie viele Kostüme müssen verladen und umgeladen werden, wie viele LKWs werden benötigt? – Aber was liegt in der Luft? Keiner der Produzenten wagt sich aus der Deckung oder hat sich uns auch nur je vorgestellt. Wut frisst die Arbeitslust. Warum redet keiner mit uns?

Andere Kollegen sind auch noch nicht bezahlt worden. Nur diejenigen, die auf Lohnsteuerkarte arbeiten, denn hier stehen die Sozialträger und die Krankenkasse blitzschnell vor der Tür, wenn sie keine Abgaben erhalten. Meine Option, noch über Ostern hinaus nach Bedarf weiterzuarbeiten, nehme ich zurück. Schimpfe nachts über die Datenflut im Postfach. Ich sortiere stundenlang Wichtiges, das mich betrifft, aus ellenlangen E-Mails an »Alle« heraus. Mit Knopfdruck wird die Verantwortung abgegeben. Der eigentliche Adressat einer Nachricht wird nicht mehr ausgewählt. Das ganze Vorbereitungsteam versinkt in mehrsprachiger Informationsflut. Zuständigkeiten verschwimmen. Erneut heißt es berechnen: Wie viel Meter Kleiderstangen benötigen wir im LKW. Die vor uns liegenden Transportprobleme von Berlin, Potsdam und Wien nach Halle, Paris und Budapest werden fünffach diskutiert. Die Kalkulationen sind ein üblicher Bestandteil der Arbeit, in diesem Fall ufern sie aus. Entscheidungen aus Paris bleiben aus. Was nützen digital versendete Anprobenfotos, wenn man Wochen auf einen Kommentar wartet?

Endlich! Der Transporter mit unseren Kostümen klappt zu und rollt vom Hof. Er wird von einem der zahllosen und ständig wechselnden Produktionspraktikanten nach Halle gefahren. Der freut sich, vom Telefondienst wegzukommen und steckt mich mit seiner Freude am Einladen an. Zu Hause starre ich mit einer Tasse Tee in der Hand auf die zarten lila-gelben Krokusspitzen im Garten und dann lange ins Leere. Die Produktionsleiterin gibt zu, dass das Projekt komplett auf der Kippe stand. Das Cashflowproblem bleibt, und wir werden erneut vertröstet. Die Arbeit geht weiter.

Endlich in Halle. Nach grauer Nebelfahrt lernen wir unsere Garderobiere und die Praktikantin kennen. Vierzig Anproben liegen am ersten Tag vor uns. Als gutes Team mit den Maskenbildnern, die parallel Frisuren überprüfen und bei Bedarf schneiden, schaffen wir einen reibungslosen Ablauf. Wir lassen Stasi-Beamte aus den Siebzigern, in Zivil oder uniformiert, wieder auferstehen sowie elegante Flugreisende in Frankfurt im Jahre 1985. Ein gutes Casting-Team schickt uns die richtigen Statisten, die das ausstrahlen, was wir suchen. Es ist eine lust- und fantasievolle Anprobe. Immer wieder gerne getragene graue Blousons, Dederon und Lurex in müden beige-braunen Farben, die vielen in der DDR, z.B. aus alten Strümpfen, selbst gefertigten Ansteckblümchen und Gürtel mit Holzschnallen, werden zum Leben erweckt und begeistern alle. Wir finden Charmantes und Schräges an unseren Ost-West-Assoziationen und sind eigentlich selbst die Idealbesetzung: eine Ost- und eine Westkostümbildnerin für einen während des kalten Krieges spielenden Actionfilm. In dieser Zeit glaubten beide Seiten, mit Polarisierung und Gewalt die Welt verändern zu können.

Wir fühlen uns befreit, da wir uns endlich dem kreativen Teil der Arbeit widmen können. Gute Laune bleibt trotzdem aus. Man hat zu viel an unseren Nerven gerüttelt. Am Abend stehen uns die Tränen in den Augen. In der Kneipe bricht die emotionale Erschütterung auf. Heimweh und Erschöpfungsschlaf in einem kargen Appartement. Wir fühlen uns ausgesetzt, verloren, verraten und ausgenutzt. Wenn kein Geld, zumindest eine Anzahlung kommt, werden wir die für übermorgen angesagten siebzig Anproben im Babelsberger Fundus nicht machen. Wo bleibt unsere Glaubwürdigkeit?

Am Rande eine Erinnerung an meinen ersten Job in Halle, kurz nach der Maueröffnung. Eine musikalische DDR-Revue. Der Intendant des Kabarett-Theaters stellte beim ersten Gespräch zweifelnd fest: »Ach, Sie sind nicht in der DDR groß geworden.« Grinsend entgegnete ich ihm: »Im Rokoko auch nicht.«

Sprunghaftigkeit und Spontaneität zeichnet unseren Carlos-Regisseur aus, und das in einem historischen Film, der von 1972 bis 1994 spielt. Der Drehplan ändert sich ständig. Und so werden etwa dreißig für eine bestimmte Szene und Jahreszahl anprobierte Komparsen gar nicht mehr oder für ganz andere Bilder eingesetzt. Dieser Drehtag im verlassenen Flughafen Tempelhof zeigt, wie flexibel und schnell wir sein müssen. Vier Flughäfen in verschiedenen Jahrzehnten – Paris, Rom, London und Budapest sind akribisch vorbereitet. Nur 65 Komparsen sollen spielen. Mehr gibt es nicht. Sie werden keine Umzüge haben, heißt es. Schon Tage vorher wurden die Kostüme angepasst. Die Reisenden haben immer einen speziellen Look von uns erhalten. Ein wenig geprägt von der in der jeweiligen Stadt herrschenden Lebensart. Modebesessenheit, Dolce Vita, Understatement oder grauer sozialistischer Alltag. Und dann kommt die Ansage, dass alle Komparsen in jedem Bild agieren sollen. Das Chaos bricht aus. Wir verändern auf Teufel komm raus, was nur geht. Tauschen Anzüge, Jacken, Mäntel, Hüte. Wir füttern aus dem Garderobeneckchen heraus die Bilder mit Menschen, ziehen unsere Statisten am laufenden Band um, immer schneller dreht sich das Karussell. Zehn Minuten zum Umziehen lautet die Ansage. Aus 65 Reisenden werden 300. Infos kommen nicht mehr, die Franzosen halten sich nicht an die Arbeitssprache Englisch, mein Kollege ist nicht mehr greifbar, in der riesigen Halle wirken alle wie verlorene Irre. In das Durcheinander bricht auch noch die Presse ein. Am nächsten Morgen ist Jutta mit verschränkten Armen und skeptischem Blick auf der Titelseite zu sehen. Und doch fällt eine Klappe nach der anderen.

Nun drehen wir noch den Flughafen Frankfurt 1985. Nicht in Ohnmacht fallen! Diese bereits anprobierten Kostüme hängen in … Halle! Natürlich, da sollte diese Szene ja laut Plan auch gedreht werden. Auf meine Ansage hin, dass wir hier in Berlin jetzt aber kein noch nicht gewendetes Kostüm mehr haben und schon gar nicht aus den Achtzigern, lautet die Antwort: »Man sieht das doch eh nicht.« Mir ist jetzt alles egal. Dann sieht eben alles aus wie Budapest 1976. Ich komme kurzzeitig raus aus dem Affenstall, die Gespielin von Carlos soll für Frankfurt rote Ohrringe haben. Die gibt es noch nicht und ich rase für den französischen Kollegen durch die Stadt und bringe eine Handvoll roten Schmuck herbei. Allerdings habe ich auch einige rote Ampeln mitgenommen.

Spontane Einfälle zerstören und missachten die Arbeit der Kostümabteilung, fordern sie aber auch heraus. Ist nach den größten Turbulenzen am Ende des Tages unsere Arbeit perfekt in die der anderen Abteilungen eingebunden, sind gute Bilder aufgenommen worden und schielt ein erleichtertes Team nach dem ersten Bier, dann macht sich eine zufriedene Erschöpfung breit, fast ein Glücksgefühl. Der Dank für unseren Einsatz wird oft nicht ausgesprochen. Ich nehme meine Mitarbeiter in die Arme.

Aus der Vogelperspektive werden die Dreharbeiten in der Tempelhofer Abfertigungshalle und in ihren kleinen Nebenarmen wie ein großer Ball ausgesehen haben. Eine grandiose Choreografie, die dem Nichteingeweihten wie Planlosigkeit vorkommen muss. Nach sechzehn Stunden auf den Beinen, wir laden bis spät in die Nacht, wartet der kommende Tag mit dem großen Umzug nach Halle auf uns.

Für die Szenen der Opec-Entführung von 1974 haben die Casting-Agenturen alle Mühe, denn der Regisseur besteht auf originaler Herkunft der Besetzung. Hier klebt er an der Authentizität der realen Ereignisse. Die Ölminister und ihre Mitarbeiter sollen ihre jeweiligen Muttersprachen sprechen. Auch die österreichische Sekretärin muss aus

Wien sein … Natürlich wirkt das im fertigen Film wunderbar.

Der Regisseur bekommt einen Wutanfall, da die Produzenten wieder kürzen wollen. Er tobt, hat allerdings für das erste von zwölf Bildern, die an diesem Tag auf der Disposition stehen, auch sage und schreibe sechs Stunden gedreht. Wir ziehen ständig an und um, neue Fahrer für mehr Autos. Das grüne Sanitäterauto wird zum zweiten Polizeiauto umgemodelt. Im Jahr 1972 waren Rettungswagen nämlich noch grün und sahen den Polizeiautos zum Verwechseln ähnlich, was beim Attentat gefährliche Missverständnisse auslöste: Die Terroristen hielten den für den verletzten »Angie« angeforderten Sanitätswagen für ein weiteres Polizeiauto.

Wir »strecken« die Uniformen und sparen Zeit. Wer im Auto sitzt, behält seine private Hose an. Es ist so unwirklich, wie dünne Männer in viel zu großen Uniformen vor die Kamera laufen. Wie lange und genau recherchiert wurde, spielt jetzt keine Rolle mehr. Viele Fehler kann ich nicht verhindern. Von den genauen Recherchen in Wien, von den Aussagen eines Augenzeugen habe ich viel gelernt. Es gab damals wirklich nur vier schusssichere Westen bei der »Alarmabteilung«, der Polizei in Wien. Aus heutiger Sicht sah der Polizeieinsatz bei diesem Überfall mit Geiselnahme aus wie ein Spielzeugfeldzug. Danach wurde aufgerüstet. Sondereinsatzkommandos entstanden.

Dieser Bericht mag manchmal böse und zynisch klingen, will aber kein Angriff sein auf freie Produktionen, die um jede Finanzierung kämpfen müssen und kein Risiko scheuen. Ohne sie wären solche Werke, die am Ende in der Welt Aufsehen erregen und Preise erhalten, nicht möglich.

Die Fertigstellung

Sämtliche Vorbereitungen finden parallel statt. Anfertigungen in den Ateliers werden überwacht, von der Schnittform bis zur Auswahl von Futterstoffen, Knöpfen oder Posamenten. Änderungen, die sich nach Anproben ergeben, werden in Auftrag gegeben. Es wird gefärbt, vorgewaschen, repariert. Der Fundus wird durchstöbert, Kombinationen für noch ausstehende Besetzungen oder Statisten und deren Anproben zusammengestelle Listen mit tausend Arbeitsschritten werden abgearbeitet, bis in die Nacht Telefonate geführt und Mails beantwortet. Die Kommunikation mit den anderen Abteilungen bringt Neuigkeiten, Überraschungen und wieder Änderungen.

Ergänzende Einkäufe in der Stadt sind sehr zeitaufwendig und mühsam. Retouren können von Assistenten erledigt werden.

Und immer wieder wird bis zur letzten Sekunde Fertiges maximiert. Für eine Folge der WEISSBLAUEN GESCHICHTEN (eine in Bayern spielende deutsche Serie aus den 1980ern) durfte ich mit Trachten arbeiten. Die Darstellerin der Hauptrolle sollte in einem kurzen Kleid heiraten. Bei Recherchen traf ich auf wunderschöne, authentisch österreichische Kleider, die alle, so wurde mir versichert, lange Röcke haben. Ich hielt es nicht für sinnvoll, das Ausgewählte zu kürzen, wollte die schöne elegante Linie des klassischen Trachtenkleides nicht zerstören und keinen Faux Pas begehen. Wir reisten am Abend vor dem Dreh an und führten das Kleid vor. Der Regisseur bestand darauf, den Blick auf die Beine freizulegen. So stand es im Drehbuch. Der Angebetete lässt seine Blicke über die wohlgeformten Beine wandern. Das hieß, drei sehr weite Tellerröcke und eine Schürze bis zum nächsten Morgen zu kürzen.

Kostümeinteilung

Die Geschichte, die gedreht wird, findet an einem oder mehreren Tagen oder innerhalb von Wochen statt. Es kann auch Zeitsprünge geben und Jahre vergehen. Mit den Kostümen werden Zeiträume sichtbar gemacht. Wechselt eine Person zu oft das Outfit, besteht die Gefahr einer unmotivierten Modenschau. Bei der Einteilung kann der Wechsel organisch folgen, jeder trägt auch mal zwei Tage dasselbe. Der Bankier vielleicht nicht, aber der Student, der noch bei Muttern waschen lässt, schon. Natürlich sind spezielle Funktionen, wie oben schon erwähnt, zu berücksichtigen. Eckpunkte wie »es regnet«, »er läuft mit nacktem Oberkörper raus« oder »sie liegt im Bett und schläft bereits« weisen sehr deutlich auf die Funktionalität der Bekleidung hin. Um mir immer eine Optimierung, gegebenenfalls auch die Minimierung vorzubehalten und das Bestmögliche einzusetzen, verzögere ich die Festlegung meist bis zum Tage des ersten Einsatzes eines Kostüms. Nicht gerade zur Verzückung meines Teams, dass sich gerne frühzeitig auf eine klare Linie und Information einstellen will. Jeder hat seine eigene Methode. Aber ich bin stets zum »Andrehen« zur Stelle. Jede Rolle wird auf diese Weise von mir begleitet. Erst nach der letzten Klappe darf die Aufmerksamkeit und Konzentration auf das gesamte Kostümbild eingestellt werden.

Patina und »Leben«,

Wenn ich mich am Motiv auf die nächstbeste Drecksecke stürze, mir Schlamm einsammle oder eine Jeans im Gras wälze, wird der Unbeteiligte den Kopf schütteln. Authentisch sollte es sein, wenn Kleidung patiniert wird.

Wir drehten einmal eine Szene, in der der Protagonist, nach einem Sprung in einen Sandcontainer, seine Flucht in eine Halle fortsetzt. Die zeitlich davor liegende Anschlussszene, also der Sprung selbst, sollte erst drei Wochen später gefilmt werden. Keiner konnte mir sagen, welche Farbe, welche Konsistenz dieser Sand haben würde. Den Container gab es einfach noch nicht. Sand eben … Ich schmierte den Schauspieler, der unbedingt noch dreckig aussehen sollte, mit Heilerde und anderem beigebraunem Sand ein. Der echte Container war dann mit rotem, eisenhaltigem Sand gefüllt!

Das Kleid, in dem eine junge Frau tagelang in einer Kiste gelegen haben soll oder der Militärmantel eines Soldaten im Krieg – in diesen Fällen werden wir das mehrfach angefertigte Kleid und den Mantel schmutzig machen und mit Vorsicht zerreißen. Auch vor der Anfertigung kann man Stoffe bereits patinieren, färben, bemalen und zerschleißen.

Mit viel Geduld und Geschick im Umgang mit Fetten, Schuhcreme und Drahtbürste sind Alterungsprozesse darstellbar. So auch einen sozialen Abstieg in Form eines ehemals schicken, jetzt speckigen und abgewetzten Anzuges oder Mantels. Da Schauspieler sich nicht unbedingt selbst wälzen wollen, muss immer eine entsprechende Patina vorbereitet sein. Ob mit eingebügeltem Wachs oder mit eingearbeiteter Vaseline, mit Raspel oder Feile, es ist nicht ganz einfach, echt wirkende Verschmutzung herzustellen. Sehr gut entwickeltes Patina-Material, auch auswaschbarer Dreck in verschiedenen Farbnuancen, sind im Internet zu beziehen (siehe »Nützliche Infos«, S. 157). Es gibt Workshops, die die fachgerechte Herstellung von Alterungs- und Abnutzungserscheinungen vermitteln.

Bis vor einigen Jahren war es keineswegs Usus, Kostüme getragen vor die Kamera zu bringen. Ihre Ausstrahlung sollte clean, nahezu aseptisch sein, wie in einer Puppenstubenwelt. Selbst Morde fanden ein unblutiges Ende. Schauspieler agierten in Bügelfalten, in gestärkter Wäsche, die sich nie veränderte. Auch historische Filme, die in der höfischen Gesellschaft spielten, wirkten steril. Sie sollten in einer Zeit spielen, in der selbst Könige nur ein paar Mal im Jahr badeten. Das einfache Volk durfte hin und wieder auf geradezu lächerlich übertriebene Weise beschmuddelt sein.

Der erste Kinofilm, der mich restlos begeisterte, war der im Jahre 1986 gedrehte LA REINE MARGOT (Die Bartholomäusnacht) von Patrice Chereau, Kostümbild von Moidele Bickel. Spätestens als ich glaubte, den Film riechen zu können, war ich restlos begeistert. Ich ließ mich von einem der wenigen Historienfilme, die nicht auf ästhetische Reinheit Wert legten, verführen. Der Zeit entsprechend wurden dem Zuschauer schmutzige Fingernägel, fettige Haare, Schweiß und graue, vor Schmutz erstarrte Haut geboten. Wie fantastisch sah dagegen in einer Szene das hüftlange, offen getragene, gewaschene Haar der Königin aus. Es zeigte Anmut und geheimnisvolle Macht. Hier stimmten Maske und Kostüm und trafen in der Übersteigerung genau die Zeit.

Mein Prinzip ist es immer schon gewesen, Kostüme vor der Kamera oder auf der Bühne bereits gewaschen und getragen zu zeigen. Nichts ist schlimmer als die Liegefalten eines Hemdes aus der Zellophantüte (nicht zu verwechseln mit den Liegefalten nach dem Bügeln und der Lagerung im Schrank) oder bauschige, vor Imprägnierung erstarrte Materialien. Zwar realitätsnah, aber ulkig wirkt ein Pullover an dem sich der Kleiderbügel, mit dem er aufgehängt war, abzeichnet. In einer großen Einstellung wirkt das lächerlich. Bei Einstellungen auf den Oberkörper oder auf Kopf und Schulter fallen z.B. Hemdenknöpfe auf, die, wenn sie hell auf dunklem Stoff sind oder perlmutt glänzen, vom Gesicht ablenken und stören. So kommt es manchmal vor, dass ich alle Knöpfe an einem Kostümstück austauschen lasse.

UND ALLE HABEN GESCHWIEGEN (2012)

Andrea Stoll schrieb das Drehbuch für einen TV-Film auf der Grundlage einer dokumentarischen Sammlung nach Aussagen von Heimkindern aus den fünfziger und sechziger Jahren, den wir im goldenen Herbst 2011 drehen. Regisseur ist Dror Zahavi.

Bei Recherchen im Internet lande ich immer wieder bei dem vom Petitionsausschuss des Bundestags 2008 initiierten Runden Tisch zur Heimerziehung in den fünfziger und sechziger Jahren. Ich finde unglaubliche Berichte, aber nur wenige Bilder. Betroffenen-Foren vermitteln mir einen Eindruck vom tiefen Leid dieser Menschen. Bei der Lektüre des Buches von Peter Wensierski »Schläge im Namen des Herrn. Die verdrängte Geschichte der Heimkinder in der Bundesrepublik« (2006) muss ich immer wieder innehalten. Was Heimkinder damals erleiden mussten, hatte ich nur im Kleinen selbst erfahren. Ich wurde als Kind einige Male in Ferienheime geschickt. Das Reizklima sollte mir als Asthmakind Linderung verschaffen. Das Gegenteil war der Fall. Meine Erinnerungen aus dieser Zeit belaufen sich auf kalte Waschungen mit dem Schlauch am Morgen, nach welchen ich erst recht keine Luft mehr bekam. Wir durften ab mittags nichts mehr trinken. Es könnte in der Nacht ins Bett gepieselt werden. Man wollte Bettnässer verhindern und erzeugte verängstigte, zugleich wütende Jugendliche. Meinen kleinen Bruder fütterte ich quälende Stunden lang mit Spinat, den er immer wieder ausspuckte. Briefe an die Eltern wurden kontrolliert und zurückgegeben, falls wir uns in ihnen ausweinten oder beklagten. Das eigene Erinnerungsvermögen dient als treibende, unterstützende Kraft während der Arbeit. Im Zuge meiner Recherchen über die damals typische Kleidung von Kindern und Erziehern in den Heimen schrieb ich einen Brief an das Diakonische Werk und erhielt folgende Antwort: »In evangelischen Heimen hat es keine spezielle Kleidung für Heimkinder gegeben. Die Kinder trugen (zumeist einfache) Kinderkleidung, die Jugendlichen zur Arbeit auch Arbeitskleidung. Bilder wie aus dem Film THE MAGDALENE SISTERS* haben mit der Heimwirklichkeit in Deutschland nicht viel zu tun. Das Erziehungspersonal bestand in der Nachkriegszeit auch in von Diakonissen geführten Häusern nur noch zum kleineren Teil aus Diakonissen mit Tracht.«

Viele Fotografien bestätigen diese Aussage, aber wir werden trotzdem eine für alle gleiche Heimkleidung einsetzen. Ich bin zunächst nicht davon überzeugt. Meine ersten Bilder beim Lesen des Drehbuchs waren andere. Karge, nicht gestrichene Räume, abgestoßene Wände, abgeblätterte Farbe. Ärmliche, nicht passende, altmodische, gestopfte Kleidung, gespendet für Heimkinder von dem Teil der Bevölkerung, der seit dem Krieg wieder zu relativem Wohlstand gekommen war. All das verstärkt den Eindruck der Ausgrenzung, die erkennbare Andersartigkeit dieser Kinder, die der Willkür des Erziehungssystems ausgeliefert waren. Später werde ich jedoch die Aussagekraft des ganzen Films durch die gleichförmige Heimtracht verstärkt sehen. Die überhöhte Wirklichkeit, das Zusammenspiel von Szenen- und Kostümbild schafft eine brisante Stimmung. Unser Heim wird exemplarisch für alle gelten und die brutale Entwürdigung der jungen Menschen in Abhängigkeit demonstrieren.

Meine Entwürfe entstehen. Ich versuche zusammen mit der Schneiderin, die die Kostüme unserer Hauptrollen anfertigen und die Schnitte entwickeln wird, eine

* Eine mehrfach preisgekrönte britisch-irische Filmproduktion aus dem Jahr 2002, die unter dem Titel »Die unbarmherzigen Schwestern« auch in den deutschen Kinos lief.

Möglichkeit, diese große Anzahl von Mädchenkitteln, Jungenhemden und Hosen, einigermaßen günstig aus Leinen herstellen zu lassen. Außerdem müssen verschiedene Größen, ausgehend von einem Schnitt, z.B. der Größe 36, maßstabsgerecht nach den Größen 38 bis 42 digital erarbeitet werden, damit die große Anzahl maschinell zugeschnitten werden kann. Ich suche Stoffproben bei allen bekannten Stofflieferanten und möchte am liebsten alte Zuckersäcke verarbeiten. Die haben den Vorteil, wirklich schon hundertmal gewaschen zu sein. Heimleitung und Erzieherinnen werden einen strengen Look in Grau tragen, angelehnt an protestantische Schwesternkleidung. Die männlichen Erzieher, die ich von Anfang an nicht in gleiche Uniformen stecken möchte, sehe ich in einer farblos-grau gehaltenen Kleidung aus der Zeit, mit Jacken, die eine Mischung aus Chauffeur- und Gefängniskleidung sein sollten, robust und strapazierfähig, ein Gefühl von Unnahbarkeit vermittelnd. Hemden in Blaugrau mit verwaschenen Streifen oder Mustern, die unauffällig, aber lebendig wirken. Diese aus dem Fundus zusammengesammelte Kleidung stellt natürlich den Eindruck von Uniform her. Sie sind nicht angefertigt, sondern wirken der Zeit und Aufgabe entsprechend authentisch.

Unsere »Schwester Clara«, die Haupterzieherin, entsteht: Während der Anprobe im Atelier wird der Schauspielerin das steife graue Faltenungetüm angezogen. Sie fühlt sofort die Rolle. Erstaunlich, welche Haltung sie einnimmt, wie ihr Gesichtsausdruck sich verändert. Das Kleid weist einen Weg in diese schwere, strenge, in gutem Glauben gewalttätige Figur. Mit einer gestärkten weißen Haube über dem zurückgebundenen Haar ist sie auf dem Anprobenfoto sofort zu identifizieren. Auf mein Moodbook hin bekomme ich folgende Anerkennung: »… Übrigens, die Kostümmappe kam sensationell an. Ric hat sie noch einmal überarbeitet und neue, gute (!) Fotos von B. S. im Kostüm dazugepackt. Das war ein professioneller Auftritt!«

Ich möchte den Fertigungsauftrag für die Kostüme nicht nach Rumänien oder Ungarn geben und kann den Produktionsleiter überzeugen. Immer wieder glauben Produktionen, dass Sie dadurch günstiger produzieren können und berücksichtigen nicht den Zeitaufwand bei der Kontrolle, die Reisekosten, eventuelle Einbußen bei der Qualität oder Missverständnisse aufgrund von Mentalitäts- und Sprachunterschieden. Laut Regie sollen 120 Kinder in dem Speisesaal sitzen. Eine zweite Assistentin wird angeheuert. Sie wird mir u.a. während der Dreharbeiten für die weiteren Anproben zur Verfügung stehen und mir zuarbeiten. Der Produktionsleiter bewundert später meine Ruhe während der aufwendigen Einsätze. Man-power ist die Zauberformel. Eine zusätzliche Mitarbeiterin schafft es, dass die Zügel nicht aus der Hand gleiten.

Die Zwischenmeisterin der Massenanfertigung, eine Subunternehmerin, schickt einen akzeptablen Kostenvoranschlag. Diesen wird sie wegen kurzfristiger Anzahlkürzungen nicht einhalten, da sie den Auftrag als Ganzes bereits an einen Fertigungsbetrieb vergeben hat. Bei einer hohen Anzahl von Anfertigungen werden die Teile maschinell auf einmal zugeschnitten. Auch die Anzahl der Näherinnen muss genau geplant werden. Wir zahlen später pro Kostüm fünfzig Prozent mehr, als eine Art Ausfallvergütung. Auch die zwanzig Schwestern werden auf zehn reduziert. Es gibt kaum Betriebe, die mit unseren spontan sich ändernden Ordern umgehen können. Bereits bestellte Stoffe werden nicht ganz verbraucht. Noch wenige Tage vor dem ersten Drehtag wird wieder gekürzt, das heißt die Anzahl der Komparserie wird aus Kostengründen verringert. Die Kostümabteilung kann so kurzfristig nicht mehr sparen. Wir haben bereits die 70 Kleider, die ohnehin sehr spät geliefert wurden, in unserem Raum, wir patinieren und färben mit der Hand, um leicht unterschiedliche Waschungen und Verfärbungen herzustellen. Aus dem blassen beigegrünen Grundton werden Blaugrün und Graugrün, Grauflieder etc.

Wir drehen in Halle und in Berlin-Buch. Hier sind Motive vorhanden, die der Vorstellung von massiv wuchtigen Gebäuden mit langen Gängen und klaustrophobischen Treppenfluchten entsprechen. In dem in ein Außen- und ein Innenmotiv gesplitteten Heim sind die Kinder mit je nach Wohnort wechselnden Statisten besetzt. Außenszenen werden in Halle, Innenszenen in Berlin gedreht. Wir bemühen uns, mit zusätzlichen Ankleidern in vorher stattfindenden Anproben, die Drehtage vorzubereiten. Anstatt zarter, dünner, blasser Mädels und Jungens stehen lange, wohlgenährte, braungebrannte Abiturienten vor uns. Die Kostüme sind bald zu klein und zu eng. Wie war das mit den Absprachen? Ich stehe wieder einmal als Rumpelstilzchen da. In diesem Heim gibt es Graupensuppe mit Fettaugen zu essen. Kinder, die aus den Kleidernähten platzen, geben nicht das richtige Bild ab. Ein Drehtag mit vielen zivilen Statisten außerhalb des Heims wird um drei Wochen verschoben. Die Anproben sind allerdings für den folgenden Tag angesetzt, und wir müssen jeden fragen, ob er an dem neu geplanten Drehtag zur Verfügung steht. Die historischen Kostüme erfordern Leihgebühren, und ich werde deshalb die anprobierten Sachen erst kurz vor dem Dreh ausleihen, um nicht unnötige Kosten zu verursachen, falls wieder verschoben wird oder die gefitteten Komparsen kurzfristig absagen. Die andauernde und notwendigerweise flexible Organisation, nächtelange Verständigungen über E-Mail und ständig aufs Neue überraschende Wendungen machen einen stetigen Kontakt zur Produktion notwendig. Ich warne wegen der Kosten, die noch im kalkulierten Bereich liegen, aber immer wieder drohen, aus dem Ruder zu laufen.

Früh im Nebel, der die Landschaft ins Unwirkliche, Gespenstische hüllt, fahre ich zum Set. Die Sonne geht wie ein blasser Luftballon auf. Wir drehen im Speisesaal. Die einfachen, klaren Kostüme in diesem sehr aufwendig gestalteten Raum, der überwiegend dunkel gehalten ist. Die Kameraabteilung setzt wenig Licht ein und ich bin froh, dass die Heimkinder sich in helleren Tönen herumtreiben. Ein Nebel entsteht im hohen Raum, diffuses Licht aus hohen Fenstern über gebeugten Rücken, klapperndem Geschirr in bedrohlicher Stille. Mir läuft einen Moment lang ein Schauer über die Haut. In die Finsternis des Themas hinein entstehen im sonnigen Herbst betörende Bilder. Ein Ausbruchsversuch der beiden Protagonisten führt sie aus den Mauern des Heims auf ein freies, im Sonnenlicht liegendes Feld. Und darüber hat die Natur eine dunkeldrohende Wolke gesetzt. Ein Glücksmoment für uns alle. Die Stimmung im Team ist bemerkenswert. Eine starke Konzentration herrscht vor, aber es erklingt auch erlösendes Lachen. Die Gewaltszenen sind für alle Beteiligten belastend.

Noch nie habe ich so selten Dreharbeiten verfolgen können. Da die Kostümvorbereitungen parallel und ausschließlich in Berlin stattfinden und die Motive zu weit weg liegen, schaffe ich es nicht, Kostüme in den neuen Bildern selbst einzurichten. Der Blick der Kostümbildner am Ort ermöglicht einen letzten Schliff. Hochgekrempelte Ärmel oder offene Knöpfe in der Waschstube, in der die Mädchen schwitzend schuften, bedeuten die Spur einer Auflösung der Disziplin, eine kleine Flucht aus der Unerbittlichkeit. Ich bin in diesem Fall nicht vor Ort und habe diese Idee meinen Leuten leider nicht kommuniziert. Die Mädchen bleiben also zugeknöpft. Nach der Preview des Rohschnittes wird mir klar, dass dieses Drehbuch und diese Art der Inszenierung unsere Uniformierung verlangt. Ich vermisse jedoch die mit viel Aufwand von uns hergestellten Typen der sechziger Jahre. Sie sind nur flüchtig oder in der Entfernung zu sehen, weisen aber in nur wenigen Szenen vage auf die Epoche hin. So verschiebt sich die Geschichte in eine unbestimmte, mehrdeutige, nicht scharf umrissene Zeit. Sie könnte auch in den zwanziger oder dreißiger Jahren spielen.

Wunderbar: unsere altgewordenen Heimkinder, die unter erneuten Qualen vor einer Kommission aussagen. Senta Berger und Matthias Habich agieren fraglos außerordentlich, geben den Opfern eine Stimme und die Aussicht auf Heilung durch Reden. Sie klagen an. »Die Gewalt fängt da an, wo das Reden aufhört.« (Hannah Arendt)

»Achtung! Wir drehen«

Wenn in der Stadt ganze Straßenzüge abgesperrt sind, wenn Halteverbotsschilder und ein stinkendes Aggregat zu Unmut führen und Nachbarn sich über ein ungewohntes Poltern, laute Stimmen, Türengeklapper und Treppenpoltern beschweren, dann ist ein Filmteam in Aktion. Neugierige Passanten werden angehalten, damit sie nicht durchs Bild laufen, aufgeklärt und um Ruhe gebeten. Filme entstehen in gemeinschaftlicher Teamarbeit mit einer autoritären Struktur. Individualität ist hier mit Professionalität verbunden und folgt einer immer wieder überraschenden Dynamik. »Ton ab!«, »Kamera ab!« und »Bitte!« sind die Kommandos für die genannten Abteilungen. Der spezielle Rhythmus beim Drehen geht in Fleisch und Blut über. Nach »Bitte!« werden die Schauspieler agieren, die Kamera verfolgt sie und der Rest des Teams erstarrt. Doch bis zu diesem Moment haben wir alle Hände voll zu tun.

Warm-up

In der Regel wird ein Warm-Up, ein Kennenlernen und »Miteinanderwarmwerden« aller am Dreh Beteiligten, am Abend vor dem ersten Drehtag veranstaltet. Die Produzenten begrüßen ihr Team, stellen dies in seltenen Fällen auch einzeln vor, sodass eine vage Vorstellung der »Familie auf Zeit« entsteht. Oft kennen sich einige Kollegen bereits und sind schon miteinander vertraut. Ein Spiel ist das »Wann und wo haben wir uns schon mal gesehen? Mit wem haben wir schon mal …?«, und man registriert die Fülle der Projekte, die in guter oder schlechter Erinnerung sind. Der Imbiss ist nicht selten für unsere Abteilung ein eher hektisches Ereignis. Wir vollbringen an diesem Tag eine Hochleistung an letzten Vorbereitungen. Letzte Änderungen, Besorgungen und das Packen des Kostümbusses mit dem sehr umfangreichen Equipment liegen hinter uns. Schnell greifen wir uns noch Schauspieler für eine Schuhanprobe, zeigen zwischen Frühlingsrolle und Mousse au Chocolat der Redakteurin den gewünschten bunten Schal und richten mit der ersten »Dispo«, dem Tagesplan für alle Abteilungen, die Kostüme für den kommenden Tag ein. Am frühen Morgen, nicht selten schon um sechs Uhr, wird das von Kopf bis Fuß fertige Kostüm erwartet. Und immer lauern Überraschungen.

Die Tagesdisposition

Die kurzgenannte Dispo ist eine aus dem Drehplan für jeden Drehtag erarbeitete Übersicht. Sie beinhaltet Informationen für jedes Teammitglied. Einem Fahrplan ähnlich wird sie am Abend vor dem Drehtag verteilt. Wir finden u.a. die Adresse der Drehorte und die Wegbeschreibung dorthin, inklusive der Parkplätze. Außerdem einen Zeitplan mit Arbeitsbeginn, Drehbeginn, Drehschluss und die Liste der abzudrehenden Szenen. Zur Orientierung gibt es Informationen über Ankunft der Schauspieler, ihre Masken und Kostümzeiten und Anzahl der Komparsen. Ganz wichtig sind auch die Kontaktdaten der Produktion und der Aufnahmeleitung am Set. Eine kurze Vordispo für den nächsten Tag hilft sehr bei der Vorbereitung. Die Dispo ist der stets griffbereite Laufzettel, nach dem sich 35 bis 120 Teammitglieder täglich ausrichten.

Erster Drehtag

Früh am Morgen trifft eine Crew aufeinander, die sich noch nicht kennt. Namen zu den seit gestern Abend bekannten Gesichtern sind noch nicht parat. Die Arbeitsweise der Regieabteilung, der Kameracrew und der Aufnahmeleitung werden an diesem Tag erkennbar. Nur langsam können sich die vielen Rädchen aufeinander einstellen. Jeder Mitarbeiter steht unter erheblichem Erfolgsdruck. Das erste was meine Leute an mir entdecken, sind die an meiner privaten Garderobe abgerissenen, fehlenden Knöpfe, aufgeplatzte Nähte oder Löcher in Pullovern. Der Tag beginnt mit Achselzucken und einem Lachen. Der 2. Aufnahmeleiter (der 1. sitzt im Büro) und seine Assistenten sorgen für den möglichst reibungslosen Verlauf der Dreharbeiten und koordinieren die verschiedenen Gewerke während des gesamten Drehs. Sie sind sehr früh am Set zusammen mit der Kostümabteilung und den Maskenbildnern. Letztere haben eine besondere Aufgabe. Sie sind die ersten, die den Darstellern nahekommen und feinfühlig eventuelle negative Stimmungen umschiffen und aufhellen. Unausgeschlafene, aufgeregte, auch unsichere Schauspieler werden von ihnen betreut und gewinnen Vertrauen. Mit ihren psychologischen und fachlichen Fähigkeiten helfen sie den Schauspielern in die zweite Haut. Nachweislich sind die Kostüm- und Maskenräume, wenn die Mitarbeiter entsprechend geschult sind, auch ein Refugium für die Schauspieler, um sich vom Trubel des Drehs etwas abzugrenzen.

Ein Kostüm wird angedreht

Das heißt, das Outfit eines Spieltages im Drehbuch wird zum ersten Mal vor der Kamera im richtigen Motiv mit dem entsprechenden Licht getragen. Warum ist es so wichtig, als Kostümbildnerin in diesem Moment vor Ort zu sein? Trotz äußerster Sorgfalt kann z.B. Folgendes passieren: Der Schauspieler, blond, blauäugig, sieht in blauem Hemd mit grauem Anzug unwiderstehlich aus. Das Kostüm ist lange abgenommen. Die Szene spielt in einem Zimmer, das überraschenderweise blau tapeziert ist. Der Kopf des Darstellers ist von Natur aus hochrot und wird verstärkt durch das Blau. Die Maskenbildnerin hat schon ihr Möglichstes getan und das Gesicht sieht mit dem dichten Make-up nahezu grün aus. Es gibt nur noch eine Chance: Ein Kostümumzug wird fällig und die Sache mit einem blass-grauen Hemd entschärft.

Um Überraschungen zu vermeiden, ist es wichtig, die ausgewählten Motive rechtzeitig gesehen zu haben. Dennoch sind Szenenräume oft erst am Morgen des Drehtages fertiggestellt und dem Team zugänglich. In diesem Moment ist der schöpferische Blick der Kostümbildner auf die Filmpersonen im Raum wichtig, sowie die blitzschnelle Erkenntnis und Umsetzung gegebenenfalls notwendig werdender Umgestaltung, die im Einvernehmen mit der Regie vorgenommen wird. Kostümbildner sollten jeden Morgen zum Andrehen am Set sein. Es gibt immer Klärungsbedarf im eigenen Team, Änderungswünsche oder optische Überraschungen. Ist ein Schmuckstück zu viel, irritiert ein zu großer Ohrring? Diese und andere Fragen sollte man sich immer kritisch stellen und im Zweifelsfall eher etwas weglassen. Diese Intuition und endgültige Entscheidung vor Ort sollte nicht unterbewertet werden. Damit es keine böse Überraschung gibt, sollten Kostüme immer vor dem Dreh dem Regisseur gezeigt werden; wenn sie erst in der Nacht vor dem Dreh probiert werden konnten, dann werden Fotos über E-Mail verschickt oder am nächsten Morgen im kleinen Display der Kamera gezeigt. Solange ein Outfit nicht angedreht ist, lässt es sich verändern. Fällt die erste Klappe, bzw. ist die erste Einstellung angedreht, steht das Kostüm fest und wird von da an in die Hände der Set KostümerInnen gelegt.

Kostümanschlüsse

Von nun an gilt es, Anschlüsse zu bauen und genau zu verfolgen, ob eine Jacke angezogen, ein Ohrring abgenommen wurde, ein Hemd in der Hose oder außerhalb getragen wird. Ringe sollten an der gleichen Hand, am gleichen Finger bleiben. Schals oder Krawatten auf immer dieselbe Weise gebunden werden, wenn sie an mehreren Drehtagen Anschluss haben. Bei der Beobachtung eines Kostüms über den ganzen Zeitraum der Dreharbeiten darf es nicht »beabsichtigt« aussehen. Auch die begründete Verwüstung eines Outfits muss natürlich wirken. Es wird bei Anschlüssen mehrmals gleich hergerichtet. Ein Hemd, das immer nur links aus der Hose heraushängt, kann seine Ursprünglichkeit verlieren, sei es durch fortwährende Wiederherstellung oder durch den intensiver wahrgenommenen Zeitraum. Der Zuschauer bemerkt eine asymmetrische Linie eher als störend. Es kann also besser sein, das ganze Hemd raushängen zu lassen, um legere Unordentlichkeit oder Gedankenlosigkeit zu zeigen.

Das Anschlussbuch am Set ist die »Bibel« der Kostümabteilung. Es besteht aus Formularen, die z.B. mit den Rubriken Spieltag, Bildnummer, Rolle, Motiv und einer kurzen Beschreibung der Handlung versehen werden. Diese bereits beschriebenen Auszüge werden während der Dreharbeiten mit detaillierter Beschreibung der Kostüme, ihren Veränderungen und mit Fotos versehen. Eine für alle gültige Tageseinteilung ist demnach maßgebend für die Einteilung der Kostüme. Für jede Rolle entsteht ein genauer Extrakt der Geschichte. Die einmal festgeschriebene Chronologie eines Rollendaseins ist unentbehrlich, da nie chronologisch gedreht wird. Mithilfe des Anschlussbuchs hat das Kostümteam den Überblick, und es muss je nach Bedarf Kostümumzüge veranlassen. Alle Szenen, die z.B. in einem Klassenraum spielen, werden am gleichen Tag abgedreht, auch wenn sie in der Geschichte zeitlich weit auseinander liegend stattfinden. Diese verschiedenen Tage müssen natürlich mit den richtigen Kostümen gespielt werden. Es kommt nicht selten zu spontanen Änderungen noch nicht angedrehter Kostüme. Extreme Witterungseinflüsse, dramaturgische Veränderungen oder Überraschungen am Motiv. Alles findet sich in unserem Ordner wieder.

Motive werden häufig gesplittet. Szenen in Innenräumen und Außenansichten werden an unterschiedlichen Orten gedreht. Eventuell und immer wieder gern wird das Innere der Bank drei Wochen später gedreht als der Eingang. Ein Bankangestellter sollte niemals im Anzug mit Krawatte seinen Büroraum verlassen und eine halbe Minute später im legeren Karohemd aus der Bank heraus auf die Straße treten. Es sei denn, er soll sich wirklich laut Drehbuch umgezogen haben. Vorsicht und Voraussicht sind geboten, wenn Verletzungen und Verschmutzungen als Voranschluss gedreht werden. In diesem Fall sind Absprachen mit Regieassistenten wichtig, aber leider oft nicht bindend. Der Blutstropfen sollte nicht auf der linken Schulter vorbereitet sein, wenn er im Spiel, in der Aktion, auf der rechten landet. Anschlussfehler dieser Art sind dauernd zu entdecken. Eheringe werden an der rechten Hand getragen, bei der Hochzeit links angesteckt. Aus dem Wasser gezogene Schauspieler sind in der nächsten Einstellung wieder trocken. Man könnte eine Form des Orakelspiels entwickeln. Der Teufel sitzt mit am Set und lacht sich ins Fäustchen. Aber auch beim Schnitt des Films passieren ungeplante Hüpfer. Um einen korrekten Anschluss zu gewährleisten, ist also unsere »Bibel« ganz wichtig. Fotos von Anschlüssen werden zwischendurch geschossen und ins Buch eingeklebt. Auch wenn sich die Schauspieler gestört fühlen, ist die Einsicht in die Notwendigkeit vorhanden. Bezaubernde Erinnerungen bleiben in Form dieser Fotos, die die Stimmung am Set widerspiegeln. Witzige oder schlecht gelaunte Darsteller, im Hintergrund sich unbeobachtet fühlende Teammitglieder.

Eine enge Zusammenarbeit mit den Continuity-Kollegen ist grundsätzlich ratsam. Sie halten die verschiedenen künstlerischen und technischen Komponenten einer Filmarbeit täglich schriftlich fest und schreiben die groben Kostümfolgen mit. Austausch, Rückversicherungen und Rückschlüsse sind so möglich.

Drehfertig!

Dies ist das Kommando für Set Kostümer und Maskenbildner, ihre Arbeit am Darsteller zum letzten Mal zu überprüfen. Das Make-up wird ausgebessert, die Haare auf Anschluss gebracht und der letzte Fussel vom Anzug entfernt oder eine nicht korrekt sitzende Weste arrangiert. Diese beiden Gewerke sind immer auf dem Beobachtungsposten. Auch während einer Umbaupause können sich Kaffeebecher auf dem Kleid entleeren oder Knöpfe abreißen. Taschen werden gern vergessen, Ohrringe ausgezogen und private Brillen angezogen. All dies kann zu dummen Anschlussfehlern führen. Set Kostümer werden auf ihre zu betreuenden Schauspieler fixiert sein, ohne dass es unangenehm auffällt. So ganz nebenbei und einhundertprozentig! Die hohe Konzentration auf das Drehgeschehen sieht für Außenstehende wie Nichtstun oder eine Pause aus. Wenn Kamera und Licht umgebaut werden, hat unser Team Zeit, sich vom Set zu entfernen. Meist wird dann im Garderobenraum das nächste Kostüm vorbereitet, gebügelt, repariert oder die nächste Schauspielerin umgezogen. Selbst eine Zigarette und das Brötchen vom Catering gibt es immer nur im Trio mit dem Ohr am Funkgerät und dem Auge am Set und müssen schnell ausgedrückt oder liegengelassen werden, wenn es heißt: »Umbau zu Ende«. Dann erfolgt eine Stellprobe für die neue Szene. Anschließend wird eingeleuchtet.

Kamera ab!

Während der Dreharbeit wird eine ständige Ausspielung vom Bildausschnitt als Kontrolle eingesetzt. Entweder wird sie in Form eines kleinen Gerätes in der Hand des Regisseurs und/oder eines größeren mobilen Bildschirms für das ganze Team mitgeführt. Für die Arbeit des Set Kostümteams ist das eine große Hilfe, ersetzt aber nicht das eigene prüfende Auge direkt auf den Schauspieler oder die Hand direkt am Kostüm. Wir können mithilfe des Bildausschnittes sehen, welche Person und welche Partien des Kostüms im Visier sind und so auf überflüssige Korrekturen am Kostüm, z.B. ein hochgerutschtes Hosenbein oder einen Fussel am Ärmel zu entfernen, verzichten. Bei den Proben kann bereits genau erkannt werden, was in der Einstellung zu sehen ist. Die Kamera diktiert Richtung, Ausschnitt und Perspektive. Ist sie in Bewegung oder nimmt sie die Figuren aus dem Stand, schwenkt sie mit der Figur oder gehen Personen aus dem Bild. Ich beobachte immer wieder die räumliche Positionierung der Kamera, da sich auch die Wirkung der Kostüme mit der Einstellung ändert. Ob es um die Bewegung von Stoffen/ Kostümen am Körper geht, um Details in der Naheineinstellung usw. – mithilfe der Ausspielung kann ich immer wieder lernen.

»Drehfertig machen« lautete das Kommando für Set Kostüm und Maske. Davon dürfen wir uns nicht verscheuchen lassen, sondern die Zeit in Anspruch nehmen, die es braucht, um die Arbeit professionell zu beenden, ohne zu trödeln. Ob man dieses und jenes »ja eh nicht sieht«, entscheiden *wir* – und zwar erst, wenn wir davon überzeugt sind. In der Totalen werden Kostüme eher als Silhouette wahrgenommen. Die sogenannte Amerikanische Einstellung zeigt zwei Drittel des Körpers. Schuhe sind hierbei nicht im Bild. Eine Halbtotale zielt auf den Oberkörper in etwa bis zur Taille. Die Nah- und die Großaufnahmen konzentrieren sich auf Kopf, Hals und Schulter. Bei Detailaufnahmen sind endlich die doppelt gesteppte Naht eines Revers' oder die Tüllbiese zu sehen. Auch wenn Details selten Beachtung finden, sind sie ein wichtiger Baustein zum Gesamtbild und wir sollten nie auf sie verzichten. Im Kino, das immer wieder den höheren Qualitätsanspruch stellt, bleiben dem Zuschauer Einzelheiten nicht verborgen. Natürlich springen auf der großen Leinwand schmutzige Fingernägel, dreckige Ärmelrüschen und verschieden- farbige Knöpfe ins Auge. Somit sind sie auch wunderbar dramaturgisch nutzbare Vehikel. Die abschätzige Bemerkung »Ist ja nur Fernsehen« gilt gar nicht mehr. Man beachte, welche Ausmaße ein TV-Bildschirm in einem normalen Haushalt inzwischen haben kann. Der Qualitätsanspruch unserer Arbeit sollte dem entsprechen.

SFX (Spezialeffekte) – warum Kostüme mehrfach vorhanden sein müssen

Für Spezialeffekte gibt es Experten. Brände, Explosionen, Rauch und dergleichen werden von Pyrotechnikern künstlich erzeugt. Der Gebrauch von Schusswaffen und dergleichen muss immer unter Ausführung und Kontrolle der SFX-Leute gedreht werden. Ob es im Film regnet oder schneit, ob Autos durch die Luft fliegen oder einer von der Brücke fällt, die Spezialisten sind dabei. Hinter ernsthaften Schlägereien, riskanten LKW-Fahrten oder Fallschirmsprüngen stecken sehr genaue Vorbereitung, Absprachen und Proben. Stunt-Koodinatoren sind verantwortlich für die fast choreografische Umsetzung solcher Szenen vor der Kamera. Für Sprünge aus dem Fenster, Autounfälle, Explosionen mit in alle Richtungen fliegenden Personen werden von den Produktionen Stuntleute engagiert, damit Schauspieler sich nicht gefährlichen Aktionen aussetzen müssen und eventuell verletzt werden. Diese Doubles werden mithilfe von Perücken und Kostümen annähernd in die zu kopierende Figur verwandelt. Das Auge des Zuschauers lässt sich mit einigem Abstand und durch Geschwindigkeit täuschen.

Bei diesen Actiondrehs ist eine große Konzentration wichtig und notwendig verbunden mit dem scharfen, geübten Auge der Kostümbildner und ihrer Intuition. Ich erinnere einen POLIZEIRUF mit einem sehr großen Set. Zwei Kameras waren kurz vor dem »Go«. Das »Und bitte« lag schon auf den Lippen des Regisseurs, als ich plötzlich sah, dass der präparierte Schuss nicht funktionieren würde. Ich stürzte nach vorn und stoppte den Drehbeginn, um die kleine Felljacke des Opfers zu schließen. Im Moment der Zündung muss der Stoff über dem Blutbeutel einen Widerstand bieten, damit ein annähernd runder Schusseintritt mit Blutaustritt sichtbar wird. Ohne diesen Widerstand klappt z.B. das Futter auf und entblößt den Fake.

Für einen sehr gewalttätigen Krimi wurden drei kleinere, aber sehr bedeutende Rollen mit Stuntleuten besetzt. Sie hatten einige Spielszenen zu meistern. Diese und die großen Actionszenen, in denen sie »erschossen« wurden, »verbrannten« oder »ertranken« wurden wie immer nicht chronologisch gedreht. Die Menschen mussten immer wieder »auferstehen«, das heißt, das Kostüm musste in unzerstörter Form wieder eingesetzt werden. Deshalb konnte ich nur alles fünffach einkaufen und die Auswahl beschränkte sich sehr.

Bei diesem Thriller passierte es mir tatsächlich, dass das Jackenfutter des Hauptdarstellers beim ersten Schuss nach vorne weiß aufklappte, bei der Wiederholung ein komischer Triangel zu sehen war und erst beim dritten Mal der gewünschte

Bauchschuss authentisch aussah. Der Blouson war zu körperfern, lag nicht nah genug an dem präparierten Mechanismus und musste letztlich unsichtbar angeklebt werden. Blutbeutel werden unter dem Kostüm, direkt auf dem Körper bzw. auf einem hautfarbenen Unterhemd befestigt. Stromkabel führen zum Auslöser der kleinen Explosion. Kein leichter Einsatz für Schauspieler, die großes Vertrauen haben müssen. Es ist wichtig, von vornherein eine Absprache mit den SFX-Spezialisten zu treffen und ihnen das Material rechtzeitig zu zeigen. Dann können sie die notwendige Explosionskraft besser berechnen. Naturmaterialien sind immer erforderlich, da Kunststoffe eher schmirgeln und sich mit ihnen der sichtbare Schusseffekt nicht herstellen lässt. Bei brennenden Personen wird die Bekleidung Tage vor dem Dreh speziell mit feuerfesten Lösungen bearbeitet. Es wird mit einem Double gedreht, der oder die möglichst die gleiche Statur wie der Darsteller hat. Auch hier muss an mehrfache Kostüme gedacht werden, die besser größer zu berechnen sind wegen unterzuziehender Schutzanzüge. Speziell für Feuer eingesetzte Kleidung ist nach dem Einsatz nicht mehr zu gebrauchen.

Meine Schneiderin leidet regelmäßig, wenn ihre Anzüge sterben oder angeschossen werden und sie schon bei der Anfertigung weiß, dass sie ruiniert werden. Wenn sich ein Darsteller im Wasser tummeln soll, ist ein Neoprenanzug zum Unterziehen gegen die Kälte ratsam. Dieser sollte möglichst hautfarben und an den Stellen ausgeschnitten sein, wo er vom Kostüm nicht bedeckt ist (Hals, Ärmel). Auch hier muss das Kostüm eine Nummer größer und mehrfach besorgt werden, da mit Sicherheit ein Double den Actionpart übernimmt. Anschließend sollten wir Sorge tragen für Handtücher, Bademäntel, eine heiße Dusche und trockene Kleidung für die Darsteller.

EIN GESPRÄCH

mit **Regine Borkenhagen**, nach einem Fachhochschulstudium an der Berliner FHTW seit 1986 Damenmaßschneiderin; 1994 Diplom in Bekleidungsgestaltung und Bekleidungskonstruktion; betreibt freiberuflich ein eigenes Atelier und erarbeitet Kostüme für Kino, TV und Theater, für Eiskunstläufer und Revuen im Friedrichstadtpalast.

Wie erlebst Du uns Kostümbildner, wenn wir in dein Atelier kommen, irgendwas auf den Tisch werfen und wieder verschwinden.

Dann ist der Irrsinn bei euch schon voll im Gange. Und es ist gut, dass ich dann in meinem Atelier bin und bei mir bleibe und das ganze Theater mit der Produktion nicht habe. Dadurch behalte ich immer den Überblick. Bei mir geht es um Kleider. Dieses und jenes Produktionsdrama muss ich Gott sei Dank nicht mitbekommen. Ich kümmere mich nur noch um die Kostüme.

Du hast die wundervolle Begabung, dich mit Haut und Haaren in die Fertigung der Kostüme zu versenken. Und wenn wir dann kommen und dir sagen, dass unsere Kreationen leider sterben müssen oder blutig werden, ins Wasser fallen oder dergleichen...

(atmet tief aus) ... Das ist dann eben so. Und nicht nur beim Film. Ach, ich habe auch schon fürs Theater Kostüme angefertigt, und als ich am nächsten Tag dorthin kam und mich erkundigen wollte, ob alles gut sitzt, da waren die längst »gestorben«, wurden völlig ungetragen und ungeändert in den Fundus gehängt.

Gut, das gibt es immer wieder ... Und du fragst jedes Mal: Stirbt das Kostüm bzw. die Figur darin, verbrennt es oder wird einer darin angeschossen?

Ja, das hat ja auch ein bisschen Einfluss auf die Art, wie man nähen muss. Wenn das Teil blutig wird oder Löcher reinkommen, wird es dreimal angefertigt, und wenn geschossen wird, darf es nur Baumwolle sein usw. Du wirst das ja alles wissen.

Ja, Naturstoffe verbrennen kurz und rückstandslos und schmirgeln nicht weiter, wodurch Schauspieler eventuell verletzt werden können. Ich denke aber, dass das zweite und dritte Kostüm nicht so gut verarbeitet sein muss, weil diese nur für den Spezialeffekt angezogen werden sollen ...

Wobei das eigentlich meistens nicht geht, da du nicht immer weißt, welches das erste, welches das zweite usw. ist. Im Stress greift die Garderobiere vielleicht das falsche. Das zweite, das nicht komplett mit allen Details genäht ist, würde z.B. keine Innentaschen mehr haben. Und plötzlich wird es als erstes genommen, und der Schauspieler muss in einer Szene aus der Innentasche einen Brief herausholen ... Ich habe mir deshalb bisher erspart, die Technologie der Verarbeitung großartig zu ändern.

Du hast völlig recht, aber ich denke, man könnte Zeit sparen.

Am Ende spart man nicht so viel Zeit. Wenn man es einmal richtig verarbeitet und die Technologie festgelegt hat, ist es egal, ob man es ein- oder gleich dreimal näht.

Wir haben viele Schlachten zusammen geschlagen für Theaterstücke und auch für Filme. Wie unterscheidet sich aus deiner Sicht heraus Film vom Theater?

Beides ist mit einer normalen Garderobe, wie sie jeder von uns zu Hause im Kleiderschrank hat, nicht zu vergleichen. Kostüme werden sehr viel mehr beansprucht. Ein Unterschied ist, dass beim Film die Zeit für die Fertigstellung nach der ersten Kostümprobe meistens sehr knapp ist. Lass mich aber noch mal aufs Theater zurückkommen. Auch hier hat man gerne die Kostüme doppelt, wegen der Reinigung – vor allem wenn drei Monate Ensuite gespielt wird. Die Verarbeitung für das Theater ist aber differenzierter und spezieller nach Aufgabe und Haltbarkeit zu erledigen. Beim Film ist die Beanspruchung zwar auch sehr stark, aber nur kurzzeitig. Man muss wissen, welche Materialien man zu welchem Zweck verarbeitet.

Genau.

Alte, historische Stoffe z.B. halten nicht lange, wenn man in ihnen schwitzt und sie gewaschen werden müssen. Insofern ist ein Hauch von Polyester im Material gut, auch wenn man hinterher Wodka hineinsprühen muss …

Damit es nicht so riecht? Denn Gerüche lassen sich ja aus Polyester mit der Zeit nicht mehr gut rauswaschen ...

Ist meine Erfahrung, ja.

Dein Fachgebiet ist auch Kleidung für Eiskunstläufer. Welche Bedingungen sind da wichtig?

Bei aller Dekoration sind das hochfunktionale Sachen. Sie werden allerdings nicht acht Wochen lang jeden Abend benutzt, sondern mehrmals beim Training und bei vier bis acht Wettkämpfen. Und dann auch nicht den ganzen Abend, sondern nur während der Wettkampfzeit. Da kann man mit feineren Sachen arbeiten, z.B. feinere Reißverschlüsse einnähen als am Theater. Es ist günstig, wenn Eislaufkostüme tatsächlich einen Elastan-Anteil haben. – Wenn allerdings ein Hemd insgesamt gut sitzt, kann man sich auch gut darin bewegen, wenn es nicht elastisch ist.

Bewegungsfreiheit ist das Wichtigste.

Genau, weil die Eiskunstläufer nicht auch noch über ihr Kostüm nachdenken können, wenn sie in Bruchteilen von Sekunden entscheiden, springe ich jetzt den Vierfachen oder reiße ich den Sprung nur auf. Das ist eine Sekundenentscheidung, je nach dem, wie sie in den Anlauf kommen.

Die dürfen ihr Kostüm nicht spüren, oder?

Ja, besser ist es.

Bei den Entwürfen spielt das eine wichtige Rolle. Denn du kannst ihnen Großartiges anziehen, aber wenn sie dadurch behindert werden, funktioniert es nicht.

Wobei die aber auch immer rasant dekoriert werden wollen. Mädchen eher noch als Jungen. Hier muss was flattern, und dort darf das Röckchen nicht stören und nicht zu lang sein. Die Jungen tragen beim Schaulaufen mitunter sogar Straßenkleidung. Die ist nicht elastisch und oft treffen die Sachen den Typ besser als gewollt künstlerische Kostüme Aber da ist dann kein Gummi am Schlittschuh, der die Hose festhält, da rutscht das Hemd raus, da springen die selbst mit Mantel und stürzen merkwürdigerweise trotzdem nicht. Es geht also auch ohne Elastizität, aber sie wollen natürlich in der Bewegung unterstützt werden und da ist Elastan schon besser. Ich teste das an ihnen. Wo zieht die Hose, wenn sie das Bein hochreißen usw. Zur Sicherheit der Läufer und ihrer Beruhigung habe ich mich darauf eingestellt, dass die Sachen meist elastisch sein sollen. Damit geht man vielem aus dem Weg. Aber elastische Sachen fallen eben anders. Lycra macht nicht denselben Eindruck, den Wollstoff macht. Er flattert und sieht dabei nicht schön aus. Mit Lycra läuft es daher meistens auf ein eng anliegendes Kostüm hinaus.

Das sind natürlich andere Anforderungen als bei Schauspielerkostümen. Noch mal zurück dazu. Du warst einige Male am Set von Filmen, die ich betreut habe, hast Kostüme gebracht, die ganz schnell da sein sollten oder relativ spät angefertigt wurden. Wenn wir keine andere Möglichkeit hatten, wurden Anproben in den Kostümmobilen der Schauspieler gemacht ...

Man wartet eventuell auch lange auf den richtigen Moment, auf eine Pause z.B., und dann muss alles sehr schnell gehen. Es ist sagenhaft hektisch bei euch. Aber irgendwie klappt es doch immer.

Nur, weil du so flexibel und auf Zuruf mit uns arbeitest..

Berlin, 2012

Optimierung

Die richtige Einschätzung der vielfältigen Anforderungen, ein gekonntes Zeitmanagement und kontinuierliche Kostenkontrolle sind das eine. Die mit großem Einsatz angestrebte Verbesserung des eigenen Einsatzes und die Übernahme von Verantwortung das andere. Die Optimierung bei der Realisierung des Projekts ist nur durch Überwachung, ständige Offenheit und engagierte Teilnahme am Produktionsgeschehen zu erreichen. Wir müssen auf unser Gespür vertrauen und mit unaufdringlicher Präsenz oder, wenn nötig, krachender Anwesenheit glänzen. Fehler werden passieren, dürfen aber nicht abgewälzt werden, und sie können manchmal zu noch besseren Lösungen führen.

Die Abwicklung

Bereits während der letzten Drehtage durchdringt eine Unruhe das gesamte Team. Hier und dort wird bereits sortiert, gezählt, gerechnet, abgewickelt. Nach Beendigung der Dreharbeiten heißt es, in kurzer Zeit den aufgebauten Betrieb wieder aufzulösen. Je nach Volumen sind hierfür drei Tage bis drei Wochen einzuplanen.

Rücklieferung

Geliehene Kostüme werden zurückgeliefert, fehlende ersetzt, fehlende Lieferscheine und Rechnungen der Kostümfundi eingefordert und überprüft. Oft wird vergessen, dass ungetragene Kostüme bei Rückgabe je nach Kostümhaus mit 30 Prozent des Leihpreises berechnet werden, wenn die vereinbarte Zeit der Ausleihe (ca. eine Woche) z.B. für eine Anprobe nicht überschritten wurde. Man sollte die Auswahl rechtzeitig und tatsächlich unbenutzt zurückgeben. Die benutzen Kostüme werden von den Leihfirmen selbst gereinigt. Das ist meist inklusive.

Sinnvoll ist es, dass Kostümbildner selbst die Rücklieferung verfolgen. Eine Sortierung der Kostüme bereits vor der Rückgabe an einen Fundus erleichtert die reibungslose Abwicklung.

Verkauf und Entsorgung von Kostümen

Gekaufte Kostümteile müssen gereinigt in einen produktionseigenen Fundus eingelagert oder nach Absprache an den Auftragssender geschickt werden. Dafür ist die Aufstellung von Listen, meistens bereits elektronisch, notwendig. Eventuelle Veräußerung der Kostüme an Schauspieler oder an das Team werden überwacht, aufgelistet und berechnet. Die Produktionsfirmen fordern üblicherweise zwischen 50 und 60 Prozent vom ursprünglichen Kaufpreis.

Und wo bleiben die restlichen Kostüme? Kostüme sind einem Alterungsprozess unterworfen. Das englische »fade away« lässt sich nicht gut übersetzen, meint aber treffend den Auflösungsprozess, den Licht, Luft und Feuchtigkeit an Stoffen in Gang setzen. Besonders Naturstoffe sind betroffen. Farben verblassen je nach Haltbarkeit, Gewebe zerbröselt und wird auch durch häufiges Waschen und Reinigen kraftlos. Viele

Artikel sind heute von vornherein auf Zeit kalkuliert, sodass von ihnen nach Drehende wegen der starken Beanspruchung nicht viel übrig bleibt.

Einige Produktionsfirmen oder Sender halten sich einen meist vernachlässigten Fundus, in welchem übriggebliebene Kostüme, die weder zerschossen noch blutig sind, ihr Dasein fristen. Was überlebt hat, wird unter Umständen auch von kommerziellen Fundi angekauft. Zum Glück sammeln Filmmuseen inzwischen seltene Stücke. Kreationen berühmter Kollegen aus prämierten Filmen, getragen von Stars, sammeln sich in der Cinémathèque Française in Paris an. Das Filmmuseum Berlin bewahrt u.a. die Filmgarderobe und den Nachlass von Marlene Dietrich auf. Das Düsseldorfer Filmarchiv hält Kostüme, u.a. von Fassbinder-Filmen, in Ehren. Auch die Firma Theaterkunst beherbergt in ihren Niederlassungen in Berlin, Hamburg und Köln eine große Anzahl Filmkostüme, die bereits in Ausstellungen der Öffentlichkeit zugängig gemacht wurden. Kostbarkeiten werden inzwischen nicht mehr verliehen. Echte historische Kostüme lagern unter Lichtausschluss als Musterstücke.

Die Entsorgung restlicher, zerstörter oder nicht weiter nutzbarer Kostüme schafft einen Schlussstrich. Noch Brauchbares bringe ich zu verschiedenen Hilfsorganisationen, die sehr dankbare Abnehmer sind.

DER GROSSE HAMOUDI (2011)

Ein Freund arbeitet an einem Projekt über unbegleitete, jugendliche Flüchtlinge, die zu Tausenden auf sich allein gestellt durch die europäischen Metropolen irren. Geplant ist ein kurzer Spielfilm mit betroffenen Jugendlichen unterschiedlicher Nationalitäten, die durch ihr Spiel direkt und glaubwürdig ihre Situation zeigen sollen. Ich biete meinen Fundus an, denn es ist klar, ein Kostüm hilft den Jungs, im Schutz ihrer Rolle sich zu öffnen. Wir verbringen einige Stunden mit den vier Hauptrollen, finden erst vorsichtig, dann entschiedener für jeden ein authentisches, aber auch sicherndes Futteral. Mit Zylinder, Sonnenbrillen und Mützen, Jacken, Hemden, T-Shirts und einem Zaubermantel entstehen spielerisch diverse Schutzschichten. Stark farbige Kostüme werden probiert und wieder verworfen. Langsam baut sich Vertrauen auf, wir lachen und freuen uns über die Anprobenfotos.

Eric setzt sich eine dunkelrote Baskenmütze auf und posiert mit glänzenden Augen im Spiegel. Rolf und ich sehen uns erschrocken an, den gleichen Gedanken im Kopf: Jetzt steht ein Kämpfer vor uns. Der Feind, vor dem diese Kids geflohen sind. Kann ich die kaufen, werde ich gefragt, und ich winde mich um die Antwort, lenke ab. Das ist nicht die Rolle erkläre ich. Eric sagt, er sammle Uniformen. Mir wird recht mulmig zumute. Später gebe ich Rolf die Mütze, eventuell als Geschenk für Eric. Mir wird am Abend aber klar, dass ich hätte nein sagen sollen. Viel später, als der Film bereits geschnitten ist, kommt eine Mail: »Die Mütze liegt auf meinem Schreibtisch, ich habe sie ihm nicht gegeben.«

Abrechnung

Die weitere administrative Abwicklung besteht aus der Abrechnung gekaufter Kostüme und Verbrauchsmittel, des gesamten Kostümetats und der Ausgleichung des Verrechnungsgeldkontos, das vom Filmgeschäftsführer überwacht wird. Wir KostümbildnerInnen erhalten Geld, bar oder per Überweisung, mit dem sie Einkäufe und Dienstleistungen begleichen können. Rechnungen und Quittungen für alle Ausgaben sind als Belege einzureichen. Eine stetige Kontrolle der Kosten ist trotz meist großer Zeitnot unbedingt zu empfehlen, damit es am Ende kein Chaos gibt. Der aktuelle Kostenstand ist ohnehin während der Produktion jederzeit auf Anfrage der Produktionsleitung bekanntzugeben.

Ein eigenes System der Aufstellung ist sinnvoll. Meist gibt es Formblätter, um Quittungen aufzukleben und produktionsspezifische Abrechnungsbögen. Thermopapier-Belege sollten sofort kopiert werden. Sie haben die Angewohnheit, sich aufzulösen. Rechnungen über mehr als 150 Euro müssen folgende Angaben enthalten: Namen und Anschrift des Ausstellers sowie des Rechnungsempfängers, Ausstellungsdatum, Umfang und Art der Leistung, Steuernummer oder Umsatzsteuer-Identifikationsnummer des Rechnungsausstellers, fortlaufende Rechnungsnummer, Netto-/Bruttorechnungsbetrag und den Steuersatzbetrag. Immer wieder finden Filmgeschäftsführer fehlende Angaben. Das bedeutet zusätzliche Rennerei und kann eigentlich vermieden werden. Die sorgfältig aufgeklebten und beschrifteten Belege werden bei der Geschäftsführung eingereicht. Leider hat sich eine Unsitte eingeschlichen. Ein Teil der Gage wird von den Produktionen zurückbehalten, bis das Verrechnungsgeldkonto ausgeglichen ist.

Räume

Genutzte Kostümräume oder Lagerräume sollten wieder geräumt und ohne Müll übergeben werden.

Fahrzeuge

Die von der Abteilung genutzten Fahrzeuge werden vollgetankt bei der Autovermietung zurückgegeben. Man sollte sich ein Abgabeprotokoll geben lassen, um nachträglich »gefundene« Schadensfälle zu vermeiden.

Nachdreh

Im Falle eines Material- oder Kameraschadens können Nachdrehs notwendig werden. Was den Kostümpart betrifft, wird alles Nötige von uns organisiert. Die notwendigen Kostüme werden zurückbehalten oder wieder zusammengesucht.

Kostümbild für Serien

Das Fernsehspiel wurde in den letzten Jahrzehnten von verschiedenen Serienformaten verdrängt. Es gibt sogenannte »Fernsehreihen«. Ihre Folgen haben keine zusammenhängende Handlung. Eventuell spielen sie im gleichen Genre (z.B. Tatort), und werden unregelmäßig produziert. Der Stamm der Darsteller bleibt gleich oder wird hin und wieder ausgetauscht. »Miniserien« werden in wenigen Folgen, die sich intensiv einer Geschichte widmen, abgehandelt. »Endlos-Serien« wie die LINDENSTRASSE sind unbegrenzt und zum Ende hin offen. Sie haben ihren Ursprung in den USA. Dort wurden in den 1920er Jahren bereits Hörfunkfolgen und dann in den Fünfzigern sogenannte »Soapoperas« gedreht. Aus Südamerika stammen die »Telenovelas«, die auch als Vorlage für einige unserer Produktionen dienen. Serien sind durch regelmäßige Ausstrahlung mit festem Sendeplatz definiert. Das Format hat eine Länge zwischen fünfundzwanzig und fünfzig Minuten je Folge. Meist werden zunächst Pilotfilme gedreht und gesendet, um die Reaktion des Publikums zu testen. Erst danach wird über eine Weiterproduktion entschieden. Mit einfachen Konfliktmustern werden Serien unter Einschaltquotenzwang auf Publikumswirksamkeit hin entwickelt und produziert, das Team und die Darsteller von den Auftraggebern engagiert und bei Erfolglosigkeit ausgetauscht.

In Serien bestimmen eine gewisse Anzahl fester Figuren die Handlung, und diese werden von Episodenrollen begleitet. Ob Krankenhaus- oder Krimi-, ob Kinder- oder Science-Fiction-Serie, Kostümbildner sollten sich zunächst mit den durchgehenden Hauptrollen befassen, in die Atmosphäre, das Wesen der Story eindringen. Eine neue Serie aus der Taufe zu heben, macht Spaß, und wenn alles läuft und die festen Figuren gut eingeführt sind, kann man die eigene kreative Arbeit beenden und den Stab weiterreichen. Springt man in eine bereits laufende Serie hinein, haben die Protagonisten einen »Kleiderschrank«, der eventuell ergänzt werden muss, falls die Jahreszeit oder besondere Aktionen dies erfordern. Ein mehr oder weniger großer produktionseigener Fundus steht oft zur Verfügung. Bei dessen Benutzung ist es wichtig, markante Stücke, die schon in der gleichen Serie »Spiel« hatten, nicht wieder einzusetzen. Neue Figuren werden erfunden, anprobiert, abgenommen und betreut. Die Dreharbeiten unterscheiden sich nicht ausdrücklich von der Arbeit an einem TV-Einzelstück, außer in der zugestandenen Drehzeit und dem Motivrhythmus. Weniger Drehtage stehen zu Verfügung. Mehrere Folgen werden parallel gedreht, d.h. Motive werden quer durch die einzelnen Episoden gejagt. Alles, was in Folge 1 bis 9 im Restaurant »Möchtegern« spielt, wird an vielleicht zwei Tagen gedreht. Bei alledem wird das Anschlussbuch zum Überlebenswerk. Kompliziert wird es, wenn verschiedene Regisseure eine Staffel ohne Pause für das Team hintereinanderweg drehen, sodass die Vorbereitung mit dem zweiten Regisseur in die Drehzeit des ersten fällt usw. Dieser Spagat trainiert schnelles Handeln, Entscheidungsfindung und höchste Konzentration. Einige Bücher kommen oft später, zum Teil erst während der Drehzeit und müssen blitzschnell bearbeitet werden. Man sollte sich nie auf einen Deal ohne ständige Assistentin einlassen. Hier ist die Vorbereitung eine andere als bei einem 90-Minuten-Film. Serien erfordern eine umfangreichere Kalkulation und längere Vorbereitung. Eine längere Beschäftigungszeit winkt, aber auch der Rund-um-die-Uhr-Einsatz, wobei die Sorgfalt und die Lust an der Arbeit auf der Strecke bleiben können. Achtung! Die Gage wird bei Serien gerne gedrückt.

Reality-TV zeigt den Alltag in Ausnahmesituationen. Hochzeiten, Todes- und Kriminalfälle als realitätsnah gedrehte, nachgestellte Geschichten, die dokumentarisch anmuten. Sitcoms sind meist von Privatsendern produzierte, am amerikanischen Vorbild orientierte, relativ undramatische Unterhaltungs- und Alltagsprodukte, die zum Teil relativ unaufwendig produziert werden. Comedyserien sind auf wenige Motive, oft im Studio gebaute Kulissen, beschränkt. Üblicherweise werden sie in kurzer Zeit mit bis zu drei Kameras aufgenommen. In Form von Kurzbeiträgen oder Sketchen mit humoristischen Inhalten lockern sie die Lachmuskeln der Zuschauer.

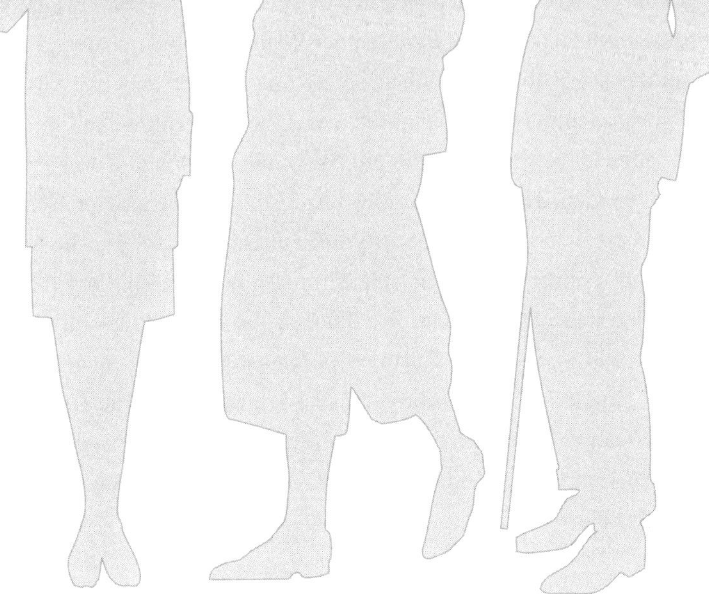

Kostümbild für die Bühne

»Das Leben hinter den Coulissen ist ein ewig wechselndes Kaleidoscop. Neue Figuren tauchen auf, neue und bessere Werke drängen die veralteten auf die Seite, treten in anderen Bildern, in schöneren, interessanteren Masken auf. Glänzendere Hofkostüme, mächtigere Rüstungen, richtigere historische Nationaltrachten, sonderbarere Charactergarderoben treten vor die strenge Kritik des Publikums.«

Mit diesem Vorwort gab der Verleger Eduard Bloch 1859 die Sammlung »Bühnen-Costüme« mit nachkolorierten und kommentierten Lithografien von kostümierten Schauspielern heraus. Das Theaterkostüm hat eine lange und bewegte Geschichte, eine andere Tradition als das Filmkostüm. Es gibt unverkennbare Unterschiede in der Arbeit zum Film. Beide Tätigkeiten können sich auch befruchten. Sie ermöglichen unterschiedliche Blickwinkel und eine Erweiterung des kreativen Potenzials.

Theater ist für die Seele. Ich meine damit die gesamte Arbeit, den langsamen Prozess während der Proben und die Wertschätzung der künstlerischen Liebe zum Detail. Der hohe Anspruch an die kreative Arbeit ist sehr belebend. Ein Regisseur leitet oder lenkt in eine konkrete, abstrakte oder speziell verfremdete Bühnenwirklichkeit. Die Verwirklichung eines Theaterstückes lebt von der Interpretation des gesamten Teams. Von der ersten Lesung an sind Kostümbildner mit einbezogen. Sie sind in dramaturgischer Hinsicht gefordert, werden in den Inhalt, in die Psychologie des Stückes eindringen und im Gedankenaustausch zu wichtigen Partnern der Regisseure und Schauspieler.

Zuvor sollten sie jedoch das Stück selbst analysieren und zunächst den Prozess der freien Ideensammlung in Gang setzten. Eine konzeptionelle Vorarbeit und die Entdeckung der vielen Gesichter, die ein Stück hat, ist wichtig. Ein Produktionsbuch sollte angelegt werden, das von einer groben Auflistung der benötigten Kostüme und ihrer Szenenwechsel bis zu Zeichnungen, Stoffproben alles dokumentiert. Die Anwesenheit bei den Proben führt zu einer langsamen Annäherung an die Figuren. Im selben Tempo leben die Schauspieler sich in sie hinein. Wir können die Entwicklung der Rollen direkter nachvollziehen und sie in unsere Kostüme einfließen lassen. Es entstehen Zeichnungen, zunächst eher Skizzen und Vorschläge für den Regisseur, der die Geschlossenheit des Stils verantworten muss. Oft verändern sich die ersten Entwürfe wieder, weil wir parallel zu den Proben Gestaltungsideen entwickeln. Spätere Werkstattzeichnungen für die Ateliers müssen sehr viel detaillierter sein, fast schematisch.

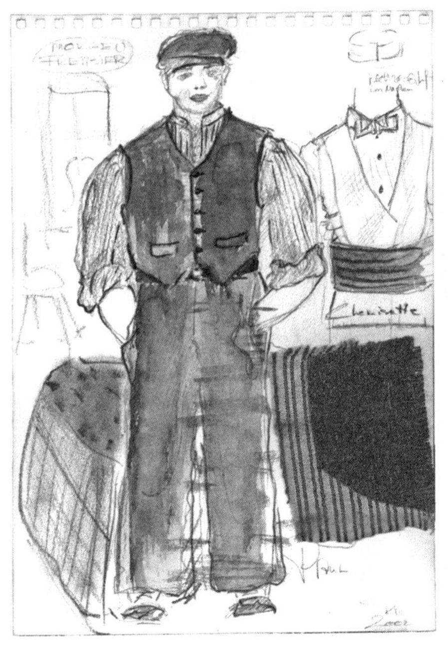

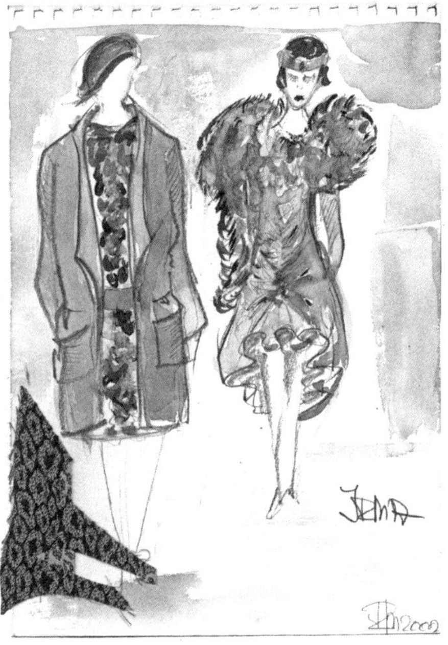

Aquarellentwürfe mit Stoffprobe für die Theaterproduktion KOHLENPAUL
(Theater am Kurfürstendamm Berlin, 2002)

Wir sollten für die Bühne besonders eng am Körper des Darstellers selber arbeiten, der Beweglichkeit im Kostüm einen großen Raum geben und den Schauspielern oder Sängern so viel Sicherheit wie möglich bieten. Auch hier gilt es, Figuren nicht zu denunzieren und mit Einfühlungsvermögen zu entwerfen. Bühnenkostümbildner bringen Haarstil, Make-up, Perücken oder Bärte in die Figurenfindung mit ein. Die optische Wirkung eines Kostümbildes muss auf größere Distanz als beim Film geplant werden. Die Stileinheit von Maske, Kostüm- und Bühnenbild wird detaillierter erarbeitet als bei den meisten TV-Filmen. Im besonderen Maße ist eine enge Zusammenarbeit mit den Bühnenbildnern wichtig. Farbkonzeptionen bewegen sich anhand von mehrfach variierten Entwürfen aufeinander zu. Es gibt weitaus mehr Besprechungen als beispielsweise bei einem TV-Movie. Entwürfe und Textilproben müssen verglichen, Farbproben angefertigt werden. Zuerst sollten Probestücke von Hand eingefärbt werden. Größere Metragen gibt man besser mit dem vorbereiteten Musterstück zusammen in eine Färberei.

Auch das Bühnenbild ist zu Probenbeginn noch in Arbeit. Da die eigentliche Bühne meist noch mit anderen Stücken bespielt wird, finden Proben oft in Räumen statt, in denen das Bühnenbild nur skizziert ist. Angedeutete Wände und Möbel geben den Schauspielern die Chance, sich zurechtzufinden. Ebenso ist es mit Probenkostümen, die meist sehr schnell angefordert werden. Sie helfen ganz entscheidend, in die Rolle einzusteigen. Sie können und müssen noch nicht sehr spezifiziert sein. Mögliche Fundorte sind ein Theaterfundus, Secondhand Läden oder Flohmärkte. Auch hier gilt es, zuerst kostensparend zu liefern, um für die endgültige Version noch Zeit und Geld zu haben. Manche Probenkostüme bleiben für die Aufführung bestehen, da sie perfekt eingelebt sind und in die gesamte Konzeption passen. Sie können auch in Farbe und Form verändert oder reproduziert werden. Während der Proben stehen Schauspieler abwechselnd für Kostümanproben zur Verfügung. Für eine Oper hingegen sollten meist alle Kostüme bereits zu den Proben nahezu fertig sein. Sänger müssen sich einleben, bzw. einsingen in das Kostüm und können so eventuell notwendige Änderungen besser ansagen. Das setzt einen ausgefeilten Zeitplan voraus.

Es gibt auch am Theater Überraschungen für uns. Ein oft spontan wechselnder Proben- plan stellt wieder unser Organisationstalent auf die Probe. Regisseure ändern bis zu zwei Tage vor der Premiere plötzlich ihre Meinung und verwerfen Kostüme, die abgesprochen waren und fertig bereits am Schauspieler leben. Auch hier die Verunsicherung und die rasante Geburt einer neuen Kreation. Und auch der Kostenplan darf am Theater nicht fehlen. Wenn ein höherer Etat zur Verfügung steht, können entworfene Bühnenkostüme in theatereigenen Werkstätten, sofern vorhanden, angefertigt werden. Das zum Glück in manchen Opernhäusern noch existierende Handwerk der Directricen und Schneider ist eine große Kunst. Die dort arbeitenden Kollegen verstehen sehr viel von der Struktur eines Kostüms und sind bei der Umsetzung eines Entwurfes mit ihrer Erfahrung und Kunstfertigkeit unentbehrlich. Für kleine Theater, die selten eigene Werkstätten haben, lasse ich Kostüme in Ateliers meines Vertrauens anfertigen.

Für alle Bühnenkostüme muss eine gewisse Robustheit eingeplant werden, da diese Kleidung sehr viel häufiger getragen, gewaschen und gebügelt wird als beim Film. Eine doppelte Ausführung ist oft sinnvoll. Schuhe sind ganz wichtig. Sie sind auf der Bühne nicht nur sichtbarer als im Film, sondern müssen auch sehr gut zu tragen sein. In Opernhäusern gibt es noch Schuhmacher, die auf Leisten arbeiten. Schuhe oder Stiefel werden hier neu anfertigt oder verändert. Sänger bestehen auf sicheren Stand, auf

Maßanfertigung und anschmiegsames Material ihres Schuhwerkes. Die Spieltauglichkeit der gesamten Kostüme ist zu überprüfen, um auch eine mögliche Unfallgefahr (Stürze oder Hängenbleiben) während des Spiels auszuschließen. Schnelle Umzüge erfordern spezielle Verschlüsse, z.B. Klettverschlüsse, und müssen rechtzeitig mit Ankleidern, die die Vorstellungen betreuen, eingeübt werden. Ankleider haben in etwa die Aufgabe von Garderobern. Sie übernehmen die Vor- und Nachbereitung der Kostüme.

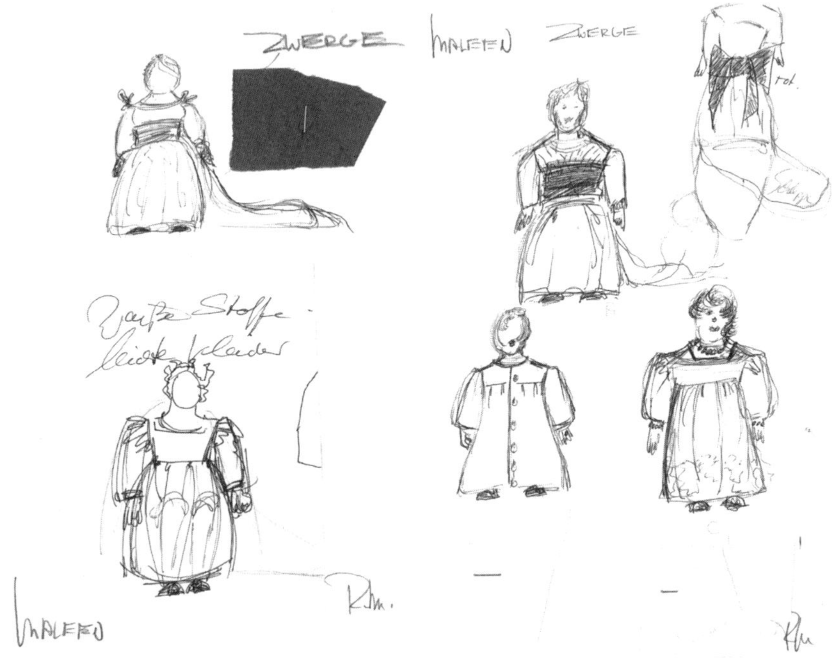

Figurinen für die Tanztheaterproduktion Unschuld und Bosheit – Jungfrau Maleen
(UA Festspielhaus Dresden/Hellerau 2008)

Nach der Premiere ist der Auftrag der Kostümbildner beendet. Es ist ein gutes Gefühl, sich an diesem Abend auf der Bühne vor dem Publikum zu verbeugen, eine Anerkennung zu spüren, die es bei der Arbeit am Film selten gibt.

Theaterprojekte sind genauso unterschiedlich und aufregend wie die Arbeit am Film. Für das Stück Die Abenteuer des braven Soldaten Schwejk war ich auf der Suche nach Materialien, die durch Waschen Patina erhalten, schnell »altern« und mit jeder Vorstellung »schöner« werden. Sie sollten vom Muster her in die Zeit um 1915 passen.

Wir konnten alle Kostüme anfertigen lassen. In einem Großhandel der hin und wieder alte Stoffe verkauft, hatte ich viel Glück. Für ein Sakko fand ich dort u.a. einen Wollstoff in grober, schon fadenscheiniger Webart, die der Schwejk noch vor dem Krieg trägt. Als Grundkostüm trugen alle Männer verwaschene, blaue Leinenhosen und helle Priesenhemden (ohne Kragen), die nach hundert Vorstellungen einer Kriegsware immer ähnlicher wurden. Nach mehreren Jahren auf Tournee mussten die Kostüme nur teilweise erneuert werden.

Die meisten aber sind immer noch funktionstüchtig und eine Weste aus Möbelstoff wird ewig leben.

Die Mannschaft in KOHLENPAUL, einem Stück, das vom Aufstieg eines Kohlenhändlers zum »Schlager-Star« in den 1930er Jahren erzählt, spielte teilweise in Funduskostümen, die mit Neuanfertigungen ergänzt wurden. Im KAISER VOM ALEXANDERPLATZ, der in den letzten Tagen des Zweiten Weltkriegs spielt, wurden ausschließlich abgenutzte Funduskostüme getragen. Meine Zeichnungen begleiten mich bei der Suche nach geeignetem Material und erinnern immer wieder an die Konzeption.

Für die Tanztheaterkombination UNSCHULD UND BOSHEIT von Helma Sanders-Brahms konnte ich in Berliner Secondhand Läden viele Hochzeitskleider finden. Ein Erlebnis war die Anprobe dort mit zehn Tänzern und Tänzerinnen. Ein Hoch auf waschbare Hochzeitskleider! Wir bearbeiteten ungeheure Mengen an Satin, Tüll, Stickereien und glänzendem Kunstmaterial. Erwachsene spielten Zwerge, auf Knien gehend in höchst absurde, weiße, festliche Stoffberge gehüllt. Eine Königin schritt neben dem König in steifen, weißen Plastikornat, auf das wir tausend Spiegelscherben klebten. Barbiehochzeitspuppen flogen durch die Luft. Eine außergewöhnlich aufwendige Arbeit für nur drei geplante Aufführungen.

Kleidung hat eine auffallende Bedeutung in dem vom Goetheinstitut geförderten Tanztheaterstück OPEN FOR EVERYTHING (Kostümdesign: Gilvan Coelho de Oliveira) mit ungarischen Roma und Tänzern der Tanzcompay DorkyPark aus verschiedenen Nationen. Hunderte Kleidungsstücke werden in einer Szene an- und wieder ausgezogen, fliegen vom einem zum anderen durch die Luft, werden in einem Tempo gegriffen, dass einem schwindelig wird. Hemden werden zu Hosen, Röcke zu Tops. Ohne Rücksicht auf die eigentliche Bestimmung wird alles über Kopf und Körper gestülpt und wieder ausgezogen. In dieser Überaktivität zum immer schneller werdenden Rythmus der Geige werden Bewegung und Musik zu einem Energieball, der uns vom Hocker fegt. Theater kann das.

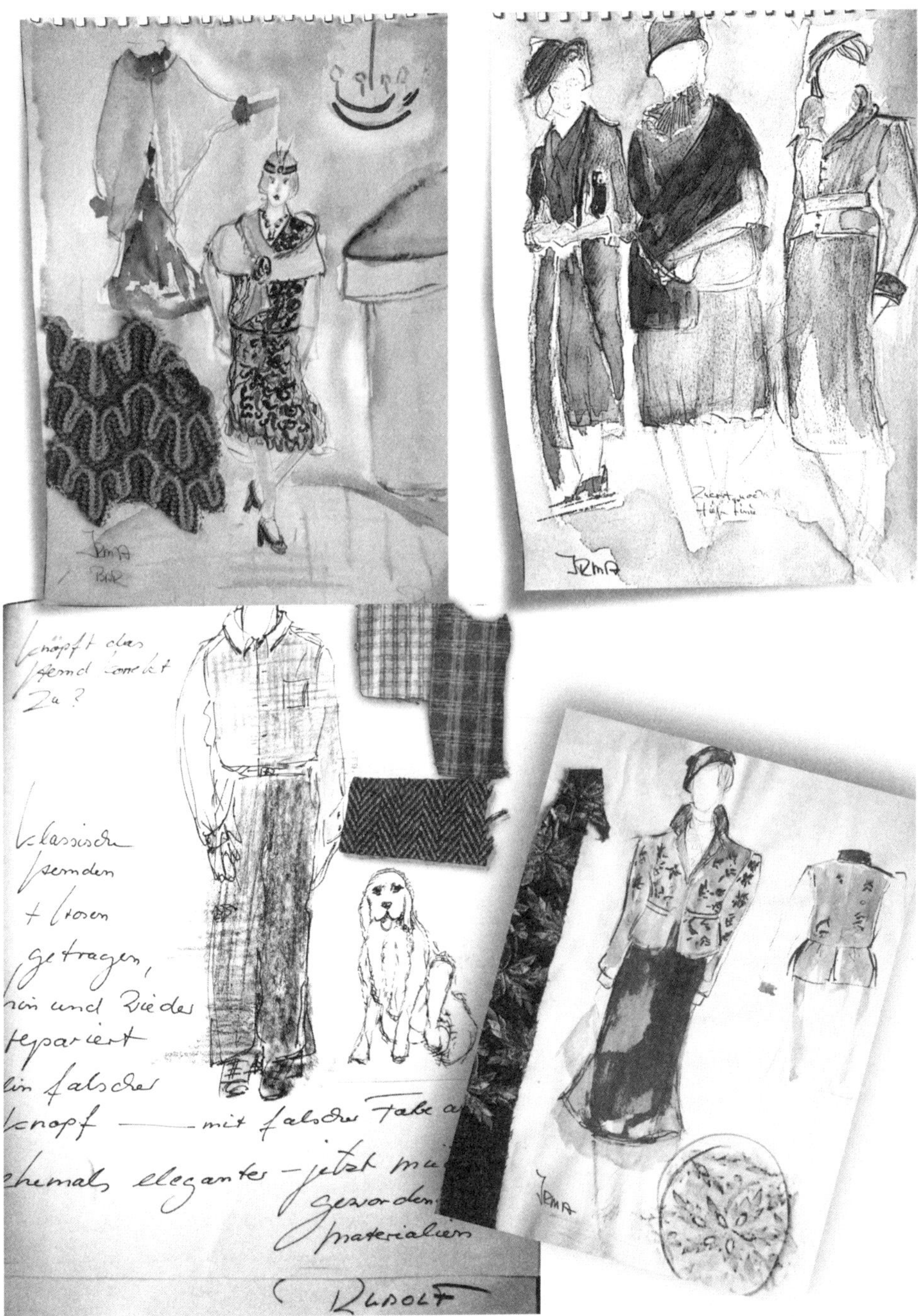

Kostümentwürfe von Riccarda Merten-Eicher

EIN GESPRÄCH

mit **Klaus Gendries**, ausgebildeter Schauspieler, arbeitete vornehmlich als Theaterregisseur; eine kulturpolitische Auseinandersetzung zu DDR-Zeiten über seine Inszenierungen von Peter Hacks und Heiner Müller erzwang einen Wechsel in die Filmregie; nach der Wende wieder zunehmend Konzentration auf die Arbeit am Theater

Ich sitze hier mit Klaus Gendries, meinem Lieblingsregisseur, wenn es um gemeinsame Theaterarbeiten geht. Einen Film haben wir allerdings noch nicht miteinander gemacht, das hat sich bisher leider nie ergeben. – Ich möchte Dich fragen, was die Kostümbildner, mit denen du arbeitest, mitbringen müssen, was dir ganz wichtig dabei ist?

Das ist natürlich ein weites Feld, wenn ich so bedenke, dass ich insgesamt in meinem Leben über fünfzig Einzelfilme gedreht habe und hundertfünfzig Serienfolgen.

Du kannst dich nicht mehr an alle Kostümbildner erinnern.

Nein. Mit einer Kostümbildnerin – Männer gab es ja seltener – zwei oder drei Filme hintereinander gemacht habe, dann werden das so um die dreißig Kollegen gewesen sein. Ich habe nicht gezählt, wie viele Theaterinszenierungen ich gemacht habe. In den ersten zehn Jahren nach der Wende war ich hauptsächlich in Serien eingesetzt. Deren Produzenten hatten eigentlich immer schon einen festen Stamm an künstlerischen und technischen Kräften, die sie regelmäßig ein- und damit auch ihren Regisseuren vorsetzten. Aber zurück zur Frage, was der Idealfall für mich wäre, wenn ich mir eine Kostümbildnerin backen könnte. Sie muss natürlich – die handwerkliche Befähigung setze ich voraus! – über eine schöpferische Fantasie verfügen, auch über die Kreativität eines Designers, aber alles das würde nicht genügen für eine Kostümbildnerin im Theater. Sie muss ein Stück lesen können wie ein Regisseur und müsste eine dramaturgische Analyse als Ausgangspunkt für die Gestaltung des Kostüms erstellen. Gedanken und Ideenaustausch, die gegenseitigen Anregungen würden dadurch an Substanz gewinnen. Selbst eine Fantasie, die aus dem Vollen schöpft, oder die Kreativität eines Designers können nicht das Wissen ersetzen, das eine Gestaltung aus der inhaltlichen Kenntnis des Stückes und seiner Figuren möglich macht. Weiter ist eine bis ins Detail reichende Abstimmung mit dem Bühnenbildner über Licht und Farbe erforderlich, die Verhältnisse des Raumes, selbst die Distanz zwischen Darstellern und Zuschauer, muss mit einbezogen werden. In der nächsten Arbeitsstufe kommt den Absprachen mit den Darstellern anhand der Entwürfe, wozu eine zeichnerische Begabung nötig ist, eine entscheidende Bedeutung zu. Der Darsteller muss sich mit der kostümlichen Deutung seiner Rolle identifizieren können und sich später im Kostüm wohlfühlen, wie in einer zweiten Haut. Inwieweit eine handwerkliche Befähigung für den Beruf Voraussetzung ist, kann ich nicht beurteilen, aber mir erscheint sie für die praktische Umsetzung vorteilhaft. Erfahrungen zeigen auch, dass immer wieder ganz schnelle Einsätze nötig sind, und da geht es nicht nur z.B. darum, mal eben einen Knopf anzunähen. Eine Kostümbildnerin gewinnt im Team, wenn sie sich selbst an die Nähmaschine setzen kann. Gerade in kleineren Theatern muss ja doch viel improvisiert und auch durch die oft beengte ökonomische Situation viel selbst gemacht werden. Dann kommt für mich ein entscheidender Gesichtspunkt hinzu: Ist die Kostümbildnerin in der Lage, neben der Beherrschung der Stile an sich, der verschiedenen Epochen, auch den Stil des jeweiligen Regisseurs umzusetzen, der ja im Wesentlichen einer Theaterinszenierung seinen Stempel aufdrückt und ihre Form, ihre Wirkung, ihr Aussehen, ihre Atmosphäre, ihre Stimmung prägt? Das kann nur funktionieren, wenn Regisseur und Kostümbildnerin als Team zusammenwirken und in die gleiche Richtung denken. Um das zu können, braucht also auch die Kostümbildnerin eine dramaturgische Vorkenntnis. Sie muss wissen, um was es geht. Was ist das Thema? Was ist der Inhalt, welche Sicht soll dem Zuschauer vermittelt werden? Das wird für jedes Stück eine andere Frage sein. Brecht hat sich in der Theaterarbeit immer sehr mit den Fragen des Kostüms auseinandergesetzt, und er schreibt an einer Stelle, dass es im Wesentlichen darauf ankomme, ein Stück nicht nur zu bebildern. Es muss für jedes Stück die Stimmung, die inhaltliche Komponente gefunden werden, die stilbestimmend wirkt. DIE ABENTEUER DES BRAVEN SOLDATEN SCHWEJK (Theater am Kurfürstendamm Berlin, 2004) war in einer gewissen Mischform gedacht. Wir wollten dem Zuschauer nicht nur den historischen Zeitbezug, den Ersten Weltkrieg, vermitteln, sondern dieses Geschehen und die philosophischen Hintergründe in das Heute transponieren. Das Stück ist also von uns mit einer zweiten Spielebene versehen worden, die in Liedern die moderne Sicht auf das Thema vermittelt, bis hin zu Formulierungen wie »Budweis liegt am Hindukusch«. Da wurde versucht, diese Verallgemeinerung auch für den heutigen gesellschaftlich, politischen Alltag dem Zuschauer nahezubringen. Kann sich so etwas im Kostüm niederschlagen?

Das Bühnenbild war abstrahiert. Die Spielorte nur in Andeutung erkennbar. Hinzu kam die Notwendigkeit, dass einige Darsteller bis zu fünf Rollen spielten. Das zwang zu schnellen Umzügen. Wir wählten ein durchgehendes Grundkostüm, das mit realistischen Details die handelnden Figuren erkennbar machte. Verwaschene, blaue Leinenhose, hellgraues Priesenhemd, Hosenträger, und dann fügten wir Oberteile hinzu, Kragen konnten angeknöpft, Gamaschen und etliche historische Teile angezogen werden, um schnell in die Rollen zu schlüpfen.

Genau, um den historischen Anklang zu erhalten und die Leute nicht zu verkleiden, dass sie etwa nicht mehr als Menschen von heutigem Fleisch und Blut erkennbar sind. Ich hab das mal – ich kann abschweifen …?

Ja, natürlich!

Die erste Erfahrung, die ich in diese Richtung gemacht habe, war mit Viel Lärm in Chiozza, einem im Fischermilieu angesiedelten Volksstück von Carlo Goldoni, 1761 geschrieben.
Ich habe 1959 die deutsche Erstaufführung in Senftenberg inszeniert. Der Übersetzer verschaffte mir Kontakt zum Piccolo Teatro in Mailand, wo Georgio Strehler, das Stück 1964 dann auch inszeniert hat. Amleto Sartori der Kostümbildner und Bühnenbildner von Strehler sicherte uns zu, dass er für uns Bühnenbild und Kostüme entwerfen würde. Ich habe gewartet und gewartet. Die Entwürfe kamen nicht. Der Premierentermin rückte näher. Wir mussten selber eine Lösung finden. Wir bauten eine Schräge und stellten ein paar Pfähle darauf, über die Netze gehängt wurden, so wie echte Fischernetze nach dem Fischfang am Strand immer trocknen. Darauf setzten wir aus Filz ein rotes Element, das wie ein Hausdach aussah. Und davor stellten wir einfach eine Tür. Und so wurde es eine Poetisierung des Spielortes und gleichzeitig eine Überhöhung der Geschichte. Da war ein Streit unter den Fischern und den Weibern … große Schlägereien … Als dann irgendwann die Entwürfe von Sartori doch noch kamen, stellte sich heraus, dass unser improvisiertes Bühnenbild das richtige und passende für uns war. Seine Entwürfe

hingegen waren streng historisch, tolle Figurinen, aber die Frauen in unserer Inszenierung, mit ihrer Sinnlichkeit und Erotik, die das Stück ja auch braucht, denke ich – die wären mit ihrer Körperlichkeit darunter versteckt geblieben. Wir haben die Figurinen von Sartori schließlich in das Foyer gehängt, damit die Leute sich die ansehen konnten, aber gespielt haben wir ganz modern, so à la LIEBE, BROT UND 1000 KÜSSE (1955) mit Gina Lollobrigida, also die Filme, die gerade so im Kino liefen, wo man in ganz knappen Hemdchen und knall engen Kleidchen ging, barfuß. Natürlich eine ganz andere Wirkung. Ich glaube drei Wochen später wurde unser Stück schon zu einem Gastspiel im Fernsehen eingeladen. Eine andere extreme Erfahrung war es, als ich ein, zwei Jahre später für. Der Widerspenstigen Zähmung nicht mit dem Bühnenbildner des Senftenberger Theaters gearbeitet habe, sondern mit einem in der Stadt sehr renommierten Kunstmaler, der auch Museumsdirektor war. Unsere Idee war, als Grundmaterial für die Kostüme nur Filz, wie er in Geigenkästen Verwendung findet, und alle Kostüme nach einem Grundschnitt nähen zu lassen, natürlich unterschiedlich bei Männern und Frauen. Und darauf wurde alles gemalt: Knöpfe, Falten etc., alles ganz unterschiedlich je nach Charakterisierung der Figuren. Auch das ganze Bühnenbild wurde auf diesen Filz gemalt. Und wenn die Katharina z.B. in den Garten ging, um die Bäume zu gießen, dann stand da nur eine weiße Wand, und sie hatte Farbeimer und Pinsel und malte nun einen Kübel und eine Pflanze darauf. Das ging über die Kostüme bis ins Requisit. Da gab es kein Trinkglas, sondern die Schauspieler hielten einen Holzstiel mit einem Brett in der Hand und auf dieses Brett war das Glas gemalt. Hier wurde sinnfällig, wie die gemeinsame Stilebene für die Spielweise der Darsteller, für das Arrangement durch die Regie, also für die Wirkung des Ganzen eine Voraussetzung ist.

Kostüm- und Bühnenbildner müssen dabei mehr zusammenarbeiten, als ich es beim Film heute leider erlebe. Ich halte es für sehr wichtig, an den Proben teilzunehmen. Denn der Inszenierungsstil und das Spiel der Darsteller bewirken eine Überarbeitung meiner Kostümentwürfe

Caspar Neher z.B. hat ja in der Theaterarbeit mit Brecht auch immer wieder Skizzen vom Arrangement, von den Figuren, ihren Beziehungen zueinander gemacht. Die haben den Brecht selbst wieder befruchtet und zu Erkenntnissen für die Umsetzung und die Stilfindung beigetragen. Vor Kurzem traf ich mich mit dem Bühnen- und Kostümbildner Martin Rupprecht, der seit zwanzig Jahren eine Professur für Kostümbild an der Berliner

Universität der Künste hat, für die Suche nach einem Spielort. Ich erzählte, dass du mich für dein Buch befragen würdest und fragte ihn, was er in der Ausbildung seiner Studenten für Schwerpunkte hat. Und da meinte er, es gebe für ihn immer drei Punkte (die sich aber schon zum Teil auch mit dem decken, was ich gesagt habe): erstens, kenntnisnehmendes Lesen – das ist Professorendeutsch, eine andere Sprache …

Ich würde sagen: die Geschichte aufnehmen, sie auf sich wirken lassen.

Ja, was auch immer darunter zu verstehen ist, ich meine dasselbe, wenn ich sage, der Kostümbildner muss dramaturgisches Wissen haben und das Stück lesen wie ein Regisseur, also auf die Umsetzung hin, muss sich von den »W-Fragen« leiten lassen: Was tut die Figur wann, wo, wie, warum? Diese analytischen Fragen sind beim Lesen zu stellen. Entscheidend ist auch: Warum hat der Autor überhaupt das Stück geschrieben, was will er uns damit sagen, wo liegen die Schwerpunkte? Und: Was will, was soll der Zuschauer mit nach Hause nehmen, was soll ihm vermittelt werden? Er kommt mit seinem Straßenanzug und seinem Alltag ins Theater, sitzt meistens da und sagt: »Nun amüsiert mich mal, hier soll jetzt was passieren mit mir!« Er soll sich also angesprochen fühlen und dann noch in der Lage sein, zu abstrahieren, also in seiner Fantasie, in seinem Bewusstsein sich das Ganze zusammenzusetzen zu einem höheren Sinn. So. – Der zweite Punkt, den Martin Rupprecht nennt, ist die Vorgangsbeschreibung, Arrangements, Skizzen, »Comic« hatte er in Klammern dazu geschrieben. So hat auch der Brecht nach eigener Aussage mit Caspar Neher zusammengearbeitet.

Das ist ja auch immer ein ganz wichtiger Austausch zwischen dem Regisseur und dem Team, und zwar stetig …

Austausch ist schon das richtige Wort dafür, meistens ist es in der Praxis so, dass der Regisseur seine Vorstellungen entwickelt und der Bühnenbildner/Kostümbildner ist dann ein Ausführender dieser Ideen.

Ja, das mag sein, Autorität ist in gewissem Maße schon auch notwendig, aber ich glaube, dass andererseits die Ideen, die wir haben oder die Bilder die wir in uns entstehen lassen können, auch dazu führen können, dass sich in der ganzen Inszenierung Wege öffnen.

Ja, das meine ich, nämlich, dass das Wissen um die ästhetischen und dramaturgischen Fragen für den Kostümbildner Voraussetzung sein muss und er selbstständig als schöpferischer Mitarbeiter des Regisseurs seine Sicht auf die Dinge, auf das Stück und die mögliche Umsetzung entwickeln muss. Ein eigenschöpferischer Vorgang für den Kostümbildner.

Du sprichst für uns als Urheber.

Er wird ein adäquater Partner in der schöpferischen Diskussion mit dem Regisseur sein können. Wenn der Kostümbildner nicht über diese Fähigkeit verfügt oder nicht die nötige Vorbildung hat, dann wird er ein Befehlsempfänger bleiben und kann nicht eigenständig etwas einbringen oder sich mit dem Regisseur auseinandersetzen.

Es gibt Voraussetzungen, die einfach vorhanden sein müssen, angefangen bei Stilkunde, Milieukunde, all die Geschichten ...

Aber es ist doch ein Studienberuf, oder? Es wird auch an der Hochschule gelehrt …

Ja, klar, natürlich wird es gelehrt. Ich z.B. bin aber nie an der Hochschule gewesen. Ich habe verschlungene Wege über die Praxis an Theatern und kurzzeitig über die Mode genommen. Es gibt viele Wege, diesen Beruf zu erlernen.

Aber es ist ein, ich sag mal, geschützter Beruf?

Nein, staatlich nicht anerkannt. Jeder kann sich so nennen.

Aha, kann jeder …

Das ist das große Problem!

Das gab es in der DDR nicht!

siehst du..

Da war es anders. Da war Kostümbild ein Ausbildungsberuf und ein geschützter Beruf. Er konnte nur mit Diplom und abgeschlossener Ausbildung ausgeübt werden. Sicher sind die Wege dahin auch unterschiedlich gewesen, du konntest vielleicht auch als Schneiderin im Modeinstitut so begabt sein, dass sie gesagt haben: Machen Sie mal die Ausstattung. Aber sonst war das eben anders.

So ist es in der BRD nicht gewesen, und so ist es auch heute nicht.
Beim Bühnenbildner ist es das gleiche

Schade! Aber gut, wenn das einer werden will, dann muss er sich darüber im Klaren sein, dass er über ganz bestimmte Voraussetzungen eben verfügen muss, wenn er wirklich eine gewisse über das Mittelmaß hinausragende Arbeit machen will. In der DDR war selbst Regieassistenz ein Ausbildungsberuf mit Abschluss und du konntest zeitlebens als Regieassistent arbeiten. Heute ist das alles Zufall. Von der Straße kann jeder kommen und hat keinen weiteren Schutz.

Bei Schauspielern ist es ja ähnlich.

Auch das gab es in der DDR nicht.

Siehst du...

Schauspielerei war genauso ein Ausbildungsberuf, und er wurde kontingentiert. Eine bestimmte Anzahl wurde ausgebildet – mehr brauchten wir nicht. Und die anderen bekamen dann auch keine Auftrittserlaubnis.

Aha, interessant – das habe ich nicht gewusst!

Aber wir hatten ja auch nur, ich glaube, vier Schulen, Potsdam, Berlin, Rostock, Leipzig – also vier Schauspielschulen gab es, die ausgebildet haben …

Was mich übrigens gerade umtreibt: Wir haben die Idee, jungen Regisseuren, Produktionsleitern, Aufnahmeleitern usw., die an den verschiedenen Ausbildungsstätten für Film und Fernsehen, z.B. der DFFB in Berlin oder der HFF in Potsdam, in der Ausbildung sind, unseren Beruf nahezubringen. Meine Erfahrung ist nämlich: Die wissen überhaupt nicht, was sie von Kostümbildnern eigentlich verlangen dürfen, verlangen können, verlangen müssen. Sie haben wirklich gar keine Ahnung von unserem Beruf. Auch vom Bühnenbild oder Szenenbild nicht. Szenenbildner? Die bringen halt irgendwie Schränke ran oder so. – Die wissen es einfach nicht, und da müssen wir ein bisschen vorstoßen. Wir sollten die Möglichkeit bekommen, ihnen zumindest in einem Kurzseminar zu erzählen, was wir eigentlich machen und was wir können. Sie als unsere zukünftigen Kollegen, mit denen wir irgendwann ein Team bilden, müssen es doch wissen.

Da wird dein Buch ja sicher helfen. Andererseits ist das ja auch Aufgabe der Ausbilder.

Richtig, du hast recht. Aber in dem Fall könnten, müssten gerade wir gestandenen Kostümbildner die Ausbilder sein.

Eine sehr gute Idee, das musst du mal anregen!.

Berlin, 2012

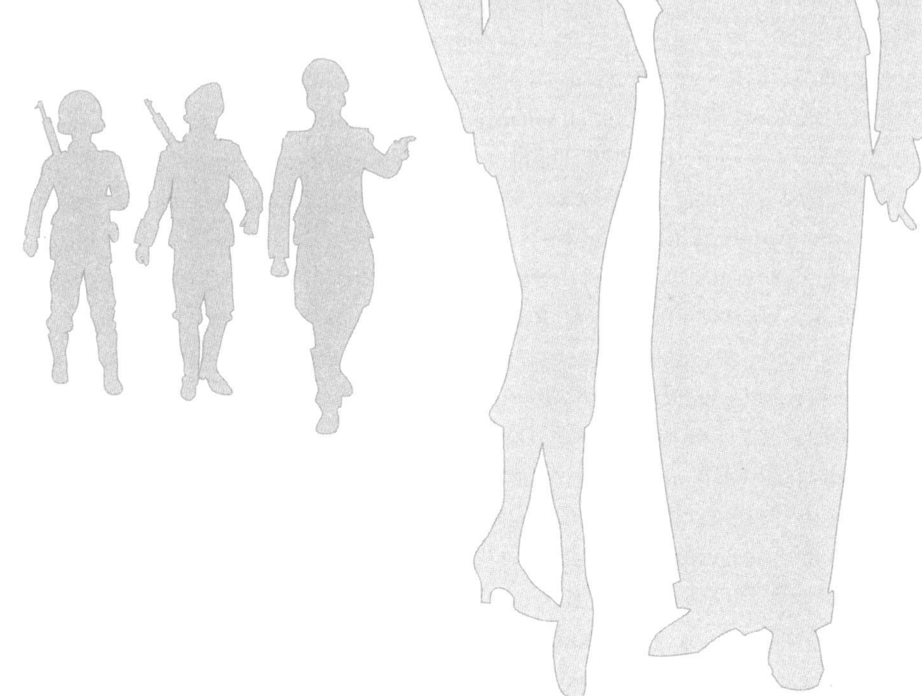

»Mode spricht, bevor man es selber tut« *

Mode erzählt Geschichten. Designen heißt, Geschichten erzählen. Die Bedeutung des Körpers und seiner Gewandung ist durch die Jahrhunderte nie abhanden gekommen. Von aufgepolsterten Wämsern und Ballonhosen, die zugunsten der Bewegungsfreiheit aufgeschlitzt wurden, bis zu aufgepolsterten Schultern und Bundfaltenhose hat sich die Silhouette immer wieder gewandelt. Sicher ist, sie ist mal unauffälliger, schlichter geworden, hat aber immer wieder den Anlauf genommen, um die Form der Körper bis hin zur Lächerlichkeit ausufern zu lassen. Die Zeit, als der Ehemann seiner Frau noch das Korsett schnürte und so den Körper verformte, ist passé. Auch der Mann von Welt trug noch Anfang des 20. Jahrhunderts ein Korsett, als Offizier selbst unter seiner Uniform. Der Körper wurde eingeengt und ausgepolstert, seine Silhouette je nach der Mode verändert. Auf die Befreiung und Akzeptanz des niemals perfekten Leibes in den Zwanzigern folgte der Drang zum idealen Körper, den man drapieren und mit schrägen Schnitten bearbeiten konnte. Wieder einmal, in den Fünfzigern, nahm die Wespentaille den Damen den Atem. In den sechziger und siebziger Jahren befreiten hippe Protestler die Mode von spießiger, farbloser Einfallslosigkeit. Doch immer wieder diktierten Modepäpste den Inhalt der Kleiderschränke. Alle sechs Monate wurde die neueste Mode Pflicht. Als Frauen sich in den Machtpositionen der männlichen Domäne behaupten wollten, veränderte sich auch ihr Äußeres. Nachdem noch in den Siebzigern des 20. Jahrhunderts Frauen in Hosenanzügen im Bundestag nicht geduldet wurden, entwickelte sich das weibliche Outfit in den Achtzigern und Neunzigern hin zur Seriosität und Autorität ausstrahlenden Männlichkeit. Um gut gewappnet zu sein, trugen Frauen die männliche Rüstung, den Anzug. Er wurde noch mit breiteren Schultern versehen, also wieder gepolstert und dadurch autoritätstauglicher. Kleider und Röcke spielten nur noch untergeordnete Rollen. Dem Sexualobjekt Frau in weiblicher Kleidung wurde der Kampf angesagt. Die Geschlechter lösten ihre alten Rollen auf. Zur gleichen Zeit schuf Hollywood das Bild der femininen Vollkommenheit bis hin zum Fetischismus und hinterließ Ende des 20. Jahrhunderts eine große Verwirrung und eine außerordentliche Kluft zwischen dem idealen und dem realen Körper.

Heute ist Sexiness kein Tabuthema mehr. Im Gegenteil. Junge Frauen tragen unverkrampft ausgeschnittene Kleider und leben das Leitbild der Gesellschaft. Der von Sport und Fitness geprägte Körper ist wichtig und wird gezeigt. Wohlgefühl ist eines der Modemaxime. Wir beobachten auch eine Feminisierung im männlichen Stil.

*Zitat von Milla Jovovich, Schauspielerin und Model, Berliner Morgenpost vom 10.7.2010

Farben, Tücher, weiche Materialien und oft narzisstisch gepflegte Körper sind hier absoluter Trend. Mode muss oder soll nicht mehr perfekt sitzen wie im Overdesign der achtziger Jahre. Lässigkeit ist Prinzip.

Der Casuallook bietet knittrige Anzüge, gewaschene, verfilzte Wollpullover, ungebügelte Hemden mit unterschiedlichen Knöpfen und zerschlissene Jeans. Schuhe werden mit Gebrauchsspuren gekauft. Selbst Traditionshäuser vermarkten unsauber wirkende Stoffe, schlammige Kombinationen und bieten so ein Understatement der besonderen Art. Die Authentizität wird übertrieben. Kleidung bekommt eine Biografie, die vortäuscht echt zu sein. Kleidung erlaubt auf den ersten Blick keinesfalls mehr eine Klassenzugehörigkeit. Einige »Celebrities« sehen bei offiziellen Auftritten aus, als ob sie sich aus der Rot-Kreuz-Tüte bedient hätten. Individuelle Kombinationen aus Neuware, Second-Hand und selbst Gemachtem sind heute in den Metropolen der Welt angesagt. Allerdings auch das kritiklose Kopieren von Staroutfits und der Mainstream-Billigschick bestimmter Modeketten. Drei wichtige Tipps für eine gut gekleidete Managerin lauten: »Ein klares Farbkonzept signalisiert, dass man auch selbst klar und strukturiert ist. Frauen sollten das Weibliche betonen und sich nicht in breitschultrigen Anzügen verstecken. Und man sollte herausfinden, in welcher Kleidung man sich hundertprozentig wohlfühlt, und warum das so ist. Die passende Kleidung ist wie eine Rüstung im positiven Sinne.« (Modedesignerin Anna von Griesheim im Interview: »Frauen sollten das Weibliche betonen«, in: *KarriereWelt*, 14.6.2011) Die Gesellschaft zwingt Frauen auch heute noch, ihr Selbstbewusstsein modisch zu artikulieren. Niemals verhält sich jemand modisch nur aus reinem Selbstzweck. Die Kleidung ist immer die Antwort auf eine Herausforderung, auf ein bestimmtes Rollenverständnis. Der individuelle Aspekt wird betont, verbleibt aber im allgemeinen gesellschaftlichen Rahmen oder fällt aus diesem heraus und erregt Anstoß. Kleidermode verbreitet sich meist aus Gründen der Aufregung und wird zum wirtschaftlichen Phänomen. In einem System, das immer wieder dem neuesten Trend hinterherläuft, lässt sich heute eine interessante Gegenbewegung erkennen. Das »Upcycling« aus gebrauchter Kleidung. Qualität und Exklusivität bieten Designer, die für ihre Kollektionen auseinandergenommene und neu gemischte Altkleider verwenden. Individuelle, mit Gebrauchsspuren versehene Einzelstücke anstelle billiger Wegwerfmode. Re-Designen, Sammeln und Wiedertragen ist für den gesamten kulturellen Wandel ein wichtiger Aspekt. Wachstum ist nicht mehr um jeden Preis möglich. Nachhaltigkeit wird auch in der Mode den zukünftigen Stil prägen.

Trendfunktion von Film- und Serienkostümen und deren Vermarktung

Eines Tages fand ich in meinem E-Mail-Postfach die Anfrage einer Zuschauerin, die in einem meiner TV-Filme ein Kleid gesehen hatte, das ihr sehr gefiel. Sie fragte nach dem Designer und wo man es kaufen könne. Ich musste sie enttäuschen. Der Film war einige Jahre alt, wurde wiederholt. Ich konnte mich erinnern, dass das Kostüm ein umgearbeitetes Siebziger-Jahre-Kleid aus dem Fundus war. Immer wieder erreichen mich solche Fragen nach Mänteln, Anzügen und Designern. Selbst Brillengestelle wollen kopiert werden, in einem Falle ein Original aus den Sechzigern. Ich neige immer dazu, Funduskostüme zu benutzen, sie mit neuen Gewändern zu mischen, oder besondere, heute nicht mehr aufzutreibende Teile einzusetzen. Von einer Boutique-Besitzerin einer Kleinstadt vernahm ich, wie oft Kunden nach Outfits aus einer Serie oder einem TV-Film mit ihren Stars fragen. Die stetige Wechselwirkung zwischen Kino/TV und Straßenlook ist nicht zu leugnen. Filmkostüme stellen Träume dar. Heute ebenso wie z.B. in den fünfziger Jahren, wo die Ikonen der amerikanischen Filme eins zu eins kopiert wurden. Im Schlepptau des Merchandisings werden Kostüme auch gerne in Kopie vermarktet. Nicht selten werden Lizenzen an Mode- und Accessoire-Unternehmen vergeben. Star Wars oder Herr der Ringe lassen sich mit Tuch, Umhang und Maske nachspielen. Kostüme zeigen das Jahr und die Jahreszeit an, in denen ein Film spielt, und folgen auch bis zu einem gewissen Grad dem Modetrend. Fakt ist, dass im Moment der Vorbereitung eines Sommerfilms, die Sommermode eventuell bereits vergriffen ist und wir hinterherhinken. Und oft eignet sich die aktuelle Mode nicht für das richtige Outfit unserer Figuren.

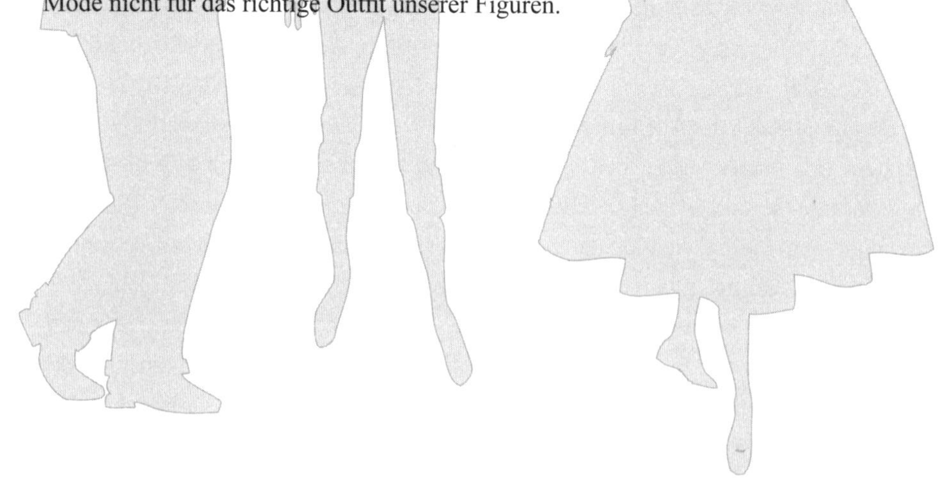

Filme drehen - richtig miese Klimabilanz

Wir alle wissen und sehen täglich wieviel unsere Branche dazu beiträgt, die Abfall- und Plastikberge anwachsen zu lassen. In Deutschland werden laut Statistiken der GVM 11,8 Mio Tonnen Kunststoff pro Jahr verbraucht. Von 6,3 Mio Tonnen Kunststoffabfällen (2021), wurden 46% recycelt und 54% geschreddert und verbrannt (sogenannte energetische Verwertung) oder illegal im Ausland verklappt. Müllverwerter werden dafür bezahlt, dass sie das Material überhaupt annehmen. Die Plastikmüllstrudel in den Ozeanen und gestapelte Mischplastikballen sind ein schwer wiegendes, nicht zu übersehendes Ergebnis.
„Green Washing", der CO2eq Ablasshandel darf dem Filmbusiness kein Vorbild sein. Stattdessen braucht es eine verbindliche Minderungsquote für die Umstellung des gesamten Filmwirtschaftssystems. Die grösste Herausforderung scheint die Routine zu sein und die Angst vor einem Risiko, das eigentlich nicht gross ist, wenn ein Team gemeinsam die alten Pfade verläßt. Leicht ist es sicher nicht, sich im Jungle der grünen Maßnahmen und Initiativen zurechtzufinden. Wir sollten lernen, in instabilen, unberechenbaren und nicht linear verlaufenden Verhältnissen zu arbeiten.
Die Politik braucht unseren Willen zur Veränderung, die Unterstützung bei Verordnungen und unsere Ideen zu Nachhaltigkeit, um Ressourcen vernünftiger zu nutzen. Der Weltklimarat alarmiert (IPCC Bericht 2023) und mahnt: auf dieses Jahrzehnt kommt es an! Maßnahmen an allen Fronten, die Treibhausgase auf Null zu bringen, sind zwingend. Die Hälfte der Menschheit leidet bereits unter der Zerstörung ihrer Lebensräume.

Wollen wir so weitermachen?

Heute shoppen, morgen zahlen, per Kredit und möglichst in Mengen, die sofort zur Verfügung stehen. Millionen Fehlkäufe werden einkalkuliert und anschließend vernichtet. Müssen für eine Filmproduktion gekaufte Kleidung und verwendete Materialien weggeworfen werden? Müssen Kostüme von Herstellern bezogen werden, die ohne Rücksicht ihre Arbeiter ausbeuten und billigste Textilmasse verschleudern? Modediscounter, die nach diesem Prinzip arbeiten, erzeugen einen Überfluss, dass einem schwindelig werden kann. Unsere Gesellschaft ist geprägt von der „Egal" Sozialisation und definiert sich durch schnellen, sich ständig wiederholenden Konsum in fast allen Bereichen. Wir haben die Aufgabe, der ökologischen Verwahrlosung, geprägt von dem Mangel an entsprechendem Bewusstsein, entgegenzutreten.

Textiles

Die Herstellung von Textilien verursacht 6-8% der weltweiten Treibhausgase. Verschiedene Quellen ermitteln unterschiedliche Werte, aber jeder davon ist erschütternd. Der Studie „Fashion on Climate" zufolge verursacht die Textilindustrie 2,1 Milliarden Tonnen CO2 Ausstoss jährlich. Der Produktion eines Baumwollshirts wird 2,1 kg CO2-Verbrauch zugeschrieben, der eines Polyester-Shirts 5,5 kg, also mehr als doppelt so viele CO2-Emissionen. Bei der Produktion von Kleidung entsteht ein hoher Verbrauch an Ressourcen wie Wasser, fossiler Energie und vieler anderer Rohstoffe.

Für die Herstellung von einem Kilo Baumwolle zum Beispiel werden in Indien 22.500 Liter Wasser in Regionen benötigt, die ohnehin sehr trocken sind. Gleichzeitig verschmutzen die eingesetzten Chemikalien wie Pestizide das Grundwasser und schädigen den Boden. Produziert wird immer dort, wo es am billigsten ist. Tausende Transportkilometer hat jedes Kleidungsstück hinter sich, denn es wird selten an einem Ort fertiggestellt. 11kg Textilien pro Person werden jedes Jahr vernichtet!

Es gibt tatsächlich keine ökologischen Mindeststandards für textile Mode, aber einen fragwürdigen, lukrativen Markt für gebrauchte Kleidung. Einige textile Abfälle, die in Afrika gelandet sind, werden unter grossem Energie- und Transportaufwand von Designern verarbeitet und mit einem Green Label versehen wieder teuer in Europa verkauft.

NABU

Damit künftig eine hochwertige Verwertung sichergestellt ist, fordert der NABU eine gesetzliche Lösung: >>die erweiterte Produktverantwortung für Hersteller und Vertreiber. Dies beinhaltet die finanzielle Verantwortung für die in Verkehr gebrachten Textilien, gesetzliche Sammelziele sowie die verbindliche Rücknahme von Alttextilien. Hersteller sollten verpflichtet werden, bereits beim Design ein späteres Recycling zu berücksichtigen. Auch durch eine Ausweitung der Ökodesignrichtlinie auf Textilien kann dies erreicht werden. Teil einer Strategie zur hochwertigen Verwertung müssen immer auch gesetzliche Quoten für eine hochwertige Verwertung und ein besseres Recycling sein.... Mittelfristig müssen auch in Verkehr gebrachte Textilien hohe Rezyklatanteile beinhalten. Ziel ist es, einen möglichst geschlossenen Stoffkreislauf sicherzustellen und die Verbrennung von Alttextilien zugunsten der Umwelt zu vermeiden.<<

Statt hochwertigem Recycling findet zur Zeit hauptsächlich Downcycling statt. Alttextilien werden zu Putzlappen oder Dämmstoffen verarbeitet. Ein Faser zu Faser Recycling gibt es ganz selten. Die Nachfrage nach Rezyklatanteil, d.h. den Anteil an Secundärrohstoffen, die in neue Produkte fliessen sollten, ist viel zu gering. Aber die meisten Abfälle sind wertvolle Rohstoffe, die effektiver genutzt werden könnten.
Ich tauche nicht weiter in das textile Kreislaufthema ein, weil dort noch zu viel im Dunkeln liegt.

More value-less waste

Zu Beginn meiner Laufbahn als Kostümbildnerin ärgerte es mich sehr, dass die abgedrehten Materialien einfach entsorgt werden sollten. In Produktionsräumen lagen oft Berge von Kostümen und Arbeitsmaterial derjenigen Kollegen herum, die vorher dort gearbeitet hatten. Wegwerfen hiess es. Keiner wollte sich damit belasten, Nachhaltigkeit oder Wiederverwertung, sprich ein längeres Leben der Dinge spielten keine Rolle. Allein das immer wieder neu zu besorgende Arbeitsequipment frass einen nicht unerheblichen Teil des Budgets auf.
Wie kostbar ein einmal produziertes Kleidungsstück ist, wussten unsere Vorfahren besser, trugen es sehr lange und pflegten dieses mit grosser Selbstverständlichkeit.
Ich habe mich sehr früh entschlossen, nach Drehende, den vorhandenen Bestand an Mitteln aufzuheben und der nächsten Produktion zuzuführen. Ich schleppte die Sachen jahrelang in den vierten Stock meiner Berliner Wohnung, die in einem Altbau ohne Fahrstuhl lag. In den Neunzigern mietete ich mit Kollegen eine Souterrain Wohnung, um Kostüme, sofern sie nicht auch für Bedürftige abgegeben werden konnten, zu lagern und wieder zu verwerten. Verblüffend schnell arbeitete ich ressourcen- und kostenschonend. Damals eine Sensation, die alle ProduktionsleiterInnen in Erstaunen versetzte.

Die Anfänge der ökologischen Film-Richtlinien

Ab 2022 sollten laut BKM und dem 2017 von der baden-württembergischen Filmförderung (MFG) gegründeten und geleiteten Arbeitskreis „Green Shooting“ selbstverpflichtende Mindeststandards für die gesamte Filmbranche gelten. In den letzen Jahren wurden diese noch freiwilligen Richtlinien jährlich auf Grund von Erfahrungen und nach neuen technischen Möglichkeiten angepasst, bzw. angehoben. In den Anforderungen überwiegen die sehr ausführlich beschriebenen Kriterien für die gesamte Technik. Als einer der letzten Punkte sind die Anforderungen an schadstoff-

armes Material für Bühnenbau und Maske genannt. Kostüme wurden nur im Zusammenhang mit Mülltrennung erwähnt und einige Kriterien von den Changemakers übernommen, einer Initiative von Schauspielern zum Grünen Drehen. Zitat aus ihren selbstverpflichtenden Richtlinien:
>>5. Kostüm: Die Umweltbilanz und die Produktionsbedingungen von neuen Textilien sind in den meisten Fällen sehr schlecht. Wir bevorzugen deshalb Secondhand und Fundus-Kleidung, da dies nicht nur Ressourcen schonender, sondern oft auch inhaltlich sinnvoller ist. Wir bitten auf den Kauf von Fastfashion und Discounterkleidung zu verzichten und wenn nötig, im Gegenzug dazu, auf Kooperationen mit nachhaltigen Firmen zu setzen. Nicht sichtbare Kleidung wie Unterwäsche, Socken und, wenn vorhanden, eigene Wärmekleidung, können nach Absprache von uns selbst mitgebracht werden. Wir sind auch dazu bereit, persönliche Kleidungsstücke mit einzubringen, sofern wir uns mit Regie und Kostümbild darüber einig sind, dass diese zur Rolle passen und wir uns wohl damit fühlen.<<
Den letzten Satz halte ich für wenig zielführend, da die Verwandlung in einen darzustellenden Charakter die Loslösung von der privaten Person und ihrem Kleiderschrank erfordert.
In verschiedenen Bundesländern erfolgte die Weiterbildung zur Fachkraft für konsequent umweltbewusstes Drehen. Diese Green Consultants sollten für alle Produktion obligatorisch werden. Bei jeder öffentlichen Förderung wären die Richtlinien des Green Shootings verpflichtend und transparent einzuhalten. Die öffentlich rechtlichen- und auch privaten Sender, einige Produktionsfirmen und Streaming Dienstleister probieren bereits länger, diese Herausforderungen anzugehen. „100 Grüne Produktionen" wurden in einem Modellversuch auf eine ökologisch nachhaltigere Herstellungsweise umgestellt ohne standardisierte Richtlinie.

Grüner Drehpass

Der Grüne Drehpass wird seit 2021 von der Film Commission Hamburg Schleswig-Holstein denjenigen Film- und TV Produzenten ausgestellt, die ihren Film am Standort nachweislich umweltbewusst drehen. Es gibt dazu Handlungsempfehlungen im „Best Practice Guide", im Leitfaden für das ökologische Set wie man ebenda den Energieverbrauch reduzieren und Müll vermeiden kann. Der schwunglose Ratschlag an KostümbildnerInnen lautet:
>>Versucht weniger zu kaufen und erhöht den Ausleihanteil bei den Fundus sowie lokalen Anbietern von Green Fashion Produkten. Geht mit den Darsteller*innen in den

Dialog und sprecht über die ökologischen Herausforderungen im Kostümbild. Viele aufgeschlossene Schauspieler*innen zeigen starkes Engagement für ökologische Modedesigner. Auch Reinigung und Färben sollte nach ökologischen Standards erfolgen.<<

Sensibilisierung - Vermeidung, Verwertung, Recyclen

Müllvermeidung und ökologisches Wirtschaften muss immer wieder thematisiert werden. Es braucht Mut, auf die Nerven zu gehen und mit Nachdruck, Charme und Humor ein Team mitzunehmen. Schon lange werden für sämtliche Gewerke Zoomtreffen und Seminare zum Thema „Grünes Drehen“ angeboten. Manchmal scheint es, als ob alle im Filmbusiness vereint an einem Strang ziehen, aber noch lange nicht effektiv und konsequent genug. Und meistens nicht in eine Richtung. Zeit- und Geldnot sind vermeintlich ein Bremsklotz bei den Veränderungen. Dabei ist es eher Desinformation und Hilflosigkeit. Ganz bestimmt stehen Trägheit und Routine mit im Weg.
Wie können wir von der Politik mehr Finanzmittel generieren, damit Deutschland als Filmstandort nachhaltiger wird. Nachweisliche Mehrkosten für Maßnahmen, die zu einer Senkung der Emissionen und zu Umweltentlastungen führen, müssen separat ausgewiesen, zusätzlich gefördert und auf Produzenten und Sender verteilt werden. Die Klimaziele sind festgelegt. Wir werden immer abhängiger von Rohstoffen und müssen endlich auf eine Kreislaufwirtschaft setzen. Wir können Gesetzesinitiativen und Bildungsprogramme einfordern. Unser zukünftiger Weg wird die organische Verwertungshaltung im Filmbusiness sein.

Künstlerische Perspektiven

Die notwendigen Veränderungen finden nicht auf Kosten der Kreativität statt. Die Verwandlung der Darsteller in die Figuren der Geschichten gelingt auch ohne Ressourcen zu verschleudern, oder schnelllebige Billigmodeketten zu unterstützen. Indem wir Second Hand Kleidung und Fundis nutzen und Kostüme neu kombinieren, schaffen wir eigene Werke. Die Ansprüche an unsere Kunst werden nicht heruntergeschraubt - im Gegenteil.
Ich setze auf die Nutzung der bereits vorhandenen, schon belebten Textilien, finde die seltsamsten Outfits, die teilweise sogar aus textilen Abfällen und der Resteecke stammen. Aus der Vielfalt des Angebots entsteht Inspiration, Lust am Spielen mit unglaublichen Kleidergeschöpfen. In ihnen steckt eine Lebendigkeit, die unsere Werke

dringend brauchen. Mein Kostümbild wurde dadurch interessanter, sehenswerter, liebevoller, verrückter, aber nicht unbedingt einfacher und wurde zwei Mal bei der Deutschen Akademie für Fernsehen nominiert.

Trend

Wir sind die Entdecker, Trendsetter für das Second Life so vieler Textilien. Wir dürfen uns ruhig als Pioniere ansehen. Upcycling war für uns KostümbildnerInnen ein Thema bevor die Umgestaltung und Wiederverwendung von gebrauchten Textilien so genannt wurde.

Dramaturgisch ausgefeilter und realitätsbezogener wird ein Kostümbild gerade durch spärlichere Wechsel der Kleidung. Charaktere müssen nicht an jedem Buchtag etwas neues anziehen. Selbst wenn Teile nicht vor die Kamera kommen, sondern „nur" zur Rollenentwicklung beitragen, können sie für Hintergrundfiguren eingesetzt werden. Damit werden wir der Verantwortung für ein gesamtes Kostümbild gerecht. Nach den Dreharbeiten werden die gekauften Sachen sinnvoll gespendet oder weiter verwendet. Mangelndes Budget ist bei dieser Art der Arbeit für mich selten ein Thema gewesen. Mehr Zeit, eine gute Organisation und eine realistische Kostenschätzung sind Voraussetzung für nachhaltiges Wirtschaften.

Maßnahmen in der Kostümabteilung - Eine Auswahl

Es muss sehr viel weitergehen, als nur Plastiktüten einzusparen. Ökologischer Standard bedeutet aber nicht, dass nur noch weisse Shirts aus Baumwolle mit dem Waschnuss Grauschleier eingesetzt werden müssen. Aber wir sollten mit reduzierten Budgets rechnen.

Aussprache und Umdenken, Stellung beziehen

Es dürfte uns eine unbezahlte Zeit wert sein, der Umwelt zu helfen, d.h. wir stehen für die Planung eines Projektes im Sinne der Nachhaltigkeit früher zur Verfügung und stellen unsere Forderungen. Wenn Kostüme aus Kostengründen im Ausland geliehen oder produziert werden sollen, dürfen Transportwege, Reise- und Folgekosten nicht ignoriert werden, besonders wenn dort nicht gedreht wird. Schlechte Erfahrungen mit billig und fehlerhaft produzierten Kostümen, wenn z.B. Herrenhemdkrägen an Damenblusen genäht werden (Bericht einer Kollegin) bereiten im hocheffizienten Filmgeschäft jeder Kostümabteilung grosse Probleme. Meist erweist sich die vor Ort Beschaffung als günstiger und umweltverträglicher.

Zu kleine Kostümetats führen dazu, dass zu viele Billigprodukte gekauft werden.

Zu späte Besetzungen führen zu kontraproduktivem Stress und extrem höheren Kosten. Das muss den Sendern und anderen Entscheidern klar gemacht werden. Und noch ein Mal: wir brauchen mehr Vorbereitungszeit, um das Umwelt-Punktekonto positiv zu füllen.

Green Consultants

Diese zertifizierten BeraterInnen versorgen jedes Gewerk mit produktionsrelvanten Informationen zu nachhaltigen und kosteneffizienten Lösungen und helfen bei der Umsetzung. Sie implementieren ein Prüfsystem, im besten Fall den grünen Werkzeugkasten, das präzise berät und berechnet. GC müssten unabhängig von dem ausführenden Produzenten sein, um nicht in die Versuchung zu geraten, mal ein Auge zuzudrücken. Man könnte im Kostümteam eine Checkliste erstellen und jede Woche eine Person auslosen, die auf die verschiedenen internen „Do`s and Dont´s" acht gibt. Das führt zu spannendem Teambuilding und zur gemeinsamen Verantwortung.

Kreative Unterordnung / Einordnung

Wir KostümbildnerInnen sind die Fachleute. Unsere Kompetenz darf nicht unterbewertet werden. Wir stellen immer wieder fest, dass die Zusammenarbeit mit Szenenbild, Regie und Redaktion aneinander vorbeiläuft. Unter Zeitdruck und hektischer Unkonzentriertheit werden zu viele ad hoc Entscheidungen getroffen. Nicht nur im Theater wollen sich RegisseurInnen bis kurz vor der Premiere nicht festlegen. Fertige Kostümbilder und/oder Bühnenbilder werden verworfen und damit die nächste riesige Mülltonne gefüllt. Wir besorgen oft eine riesige Auswahl an Kostümen, die grösstenteils zurückgesendet, gefalnen oder vernichtet werden müssen. Dieses Verfahren ist unnötig, extrem umweltschädlich, kosten- und zeitintensiv.

Ich plädiere für mehr Mut zur Entscheidung und für Reduktion. Reduktion hat eine Wirkungsmacht. Sie vermag Fantasie, Flexibilität und kreative Lösungen in Bewegung zu setzen. Ausserdem: ProduzentInnen könnten ein Geschäft mit Nachhaltigkeit machen, wenn sie unserer Kunst und unserem Einsatz mehr vertrauen.

Gedrucktes

Ich lese und bearbeite ein Drehbuch am liebsten auf Papier. Das ist etwas anderes als Texte durchzuscrollen. Es entsteht eine andere Aura, die mich mit der Geschichte verbindet, als ob ein analoger Text sich vom Papier direkter mit meinen Gedanken verbindet und damit vielfältigere Ideen und Bilder hervorruft.

Inzwischen macht jeder Ausdruck auf Papier ein schlechtes Gewissen. Junge KollegInnen kommen dagegen gut mit digitalem Kostümmanagement zurecht.

Second Hand - Second Life

Da die Kostümabteilung eng mit der Textilindustrie verbunden ist, können angesichts des oben dargestellten Desasters die Standards für unsere Arbeit nicht hoch genug angesetzt werden. Der nachhaltige Kreislauf eines Kostüms muss ausserdem eine bessere Bewertung innerhalb jeder Produktion bekommen! In Second Hand Läden werden wir schon mit höheren Preisen konfrontiert. Auch hier steigt die Wertigkeit des Kleidungsstücks.

Das Gebot, weniger Neuware zu kaufen und diese länger zu tragen, können wir in unseren kurzlebigen Werken zwar nicht einhalten, diese aber dafür nach Drehende wieder in den Kreislauf eines Fundus übergeben. Die Nutzung der Kostüm-Fundi ist alternativlos, wenn wir es mit Nachhaltigkeit ernst meinen. Alle Formate, auch Serien können dort versorgt werden.

Leider werden viele Kostüm- und Requisitenfundi, die von lokalen TV-Sendern aufgebaut wurden in letzter Zeit aufgelöst und entsorgt.

KostümbildnerInnen sollten selbst entscheiden, welche Lieferanten sie nutzen wollen. Leider werden wir manchmal dazu gedrängt mit einem Fundus zu arbeiten, der international eine Monopolstellung einnehmen will und mit Discountdeals lockt. Es gibt jedoch traditionsreiche Kostümhäuser und kleinere speziell ausgestattete Fundi, die oft unter künstlerischem Aspekt ergiebiger sind.

CO2 Rechner - Ökologische Bilanz

Carola Raum, Kostümbildnerin aus München, die bereits 2020 eine erste Erfassung von kostümrelevanten Daten in einer eigenen Tabelle vorgenommen hat, betont, dass Co2eq Rechner für Filmproduktionen im Kostümbild nicht umfassend und gezielt genug, geschweige denn einheitlich entwickelt wurden. Einige der derzeitigen Ansätze der Rechner können sich mit Blick auf Nachhaltigkeit sogar negativ auswirken, z.B. wenn Billigware ("Fast Fashion") wegen des niedrigen Preises die Bilanz für neu gekaufte Kostüme niedriger, also besser aussehen lässt als der Kauf von teurer Fair-Trade-Kleidung.

Um voranzukommen muss für die Kostümabteilungen eine auf sie zugeschnittene Form der Erfassung unserer Grunddaten und dem tatsächlichen Gebrauch / Verbrauch weiterentwickelt werden. In diese Statistik gehören Neukäufe, Anfertigungen, Second-Handkäufe und Leihe, Kosten für Equipment (Leihe und Kauf), Transporte und Lieferungen, die Anzahl der Wäschen, Nutzung von Wäschetrocknern, biologischen Waschmitteln, Patinier- und Färbemitteln und vieles mehr.

Man wird eine spezielle Bewertung finden müssen für den Kauf von ökologisch hergestellter Kleidung und derjenigen, die kein zertifiziertes Label tragen darf. Wie steht im Unterschied dazu die Nutzung von Fundusware und gebrauchten Outfits? Auch der Verbleib der Kostüme nach dem Ende der Produktion wird berücksichtigt. Die mit dieser Tabelle erstellte Auswertung nach Punkten könnten wir einfacher in eine grosse Produktionsdatenbank eingeben, wenn es dort ein einheitliches Verfahren zur Erfassung der Abteilungswerte geben würde. Budgets könnten entsprechend kalkuliert werden, damit wir Standards besser einhalten. Aber auch dafür brauchen wir mehr Vorbereitungszeit (siehe Absprachen und Umdenken).

Angesichts der katastrophalen Ökobilanz in der Textilwirtschaft gehört die nachhaltige Herstellung unserer Werke eindeutig zu den „Muss"-Vorgaben der ökologischen Standards. Notwendige Zielsetzung ist eine einheitliche Datenverarbeitung für Europas Kostümabteilungen innerhalb der CO2 Bilanzierung.

PKW

Bitte auf kleine Produktionswagen, die wenig Energie brauchen oder auf Elektro- und Hybridfahrzeuge bestehen. Aus eigener Erfahrung hält ein Smart, das Platz- und Parkplatzwunder in der Stadt als Produktionsauto allen kritischen Stimmen stand.

Lastenfahrrad

Alle sportliche Kollegen aufs Rad! Ich kann von grossem Aufsehen und der Anerkennung im Team berichten. Bewundert wurde der grandiose Einsatz eines sehr schicken Lastenfahrrads in der ganzen Stadt. Die Anschaffung ist nicht billig, aber eine Produktion vergütet die Nutzung ähnlich einem PKW Einsatz und schlägt es gleich auf die Habenseite ihres Standardpunktekontos.

Refresher Boxx

reinigt laut Hersteller Kleidung, Schuhe und vieles andere mit geringem Stromverbrauch. Sie verwendet weder Wasser noch Waschmittel, sondern eine Kombination von physikalischen Methoden wie Licht verschiedenster Wellenlänge, Aktiv-Sauerstoff, Temperatur und unterschiedlichen Luftdruck. Das ermöglicht umweltfreundlich und materialschonend die Mikroorganismen abzutöten.

Wodka

Immer wieder empfehle ich diesen Alkohol für die vorderste Front! In der Sprühflasche eingesetzt vertreibt er jeden Geruch und desinfiziert. Bei der Firma PATIN-A wird inzwischen B.O.B. Geruchsentferner angeboten. Der Einsatz dieser Hilfsmittel erspart den Verbrauch von Wasser und Waschmittel.

Bügelwasser

Das kann man aus dem Trockner entnehmen, der entkalktes Wasser herauszieht und sammelt. Einfach absurd ist es, das Wasser ein- oder zehnliterweise in Plastikflaschen zu kaufen.

Guppy Friend

ist ein Waschbeutel, der das Mikroplastik bei der Wäsche zurückhält. Es kann dann aus dem Beutel entnommen und dem Restmüll zugeführt werden.

Etikette und Label

Wir können uns nicht mehr auf den eigenen Griff verlassen. Synthetische Chemiefasern fühlen sich heute oft wie Baumwolle oder Wolle an. Deswegen beim Kauf auf das Etikett achten. Eigentlich sollten wir alle zertifizierten Umweltlabels wahrnehmen und deuten können. Sie weisen auf Grenzwerte, Umwelt- und soziale Kriterien in der Herstellung der Kleidung hin und definieren sich unterschiedlich. Eine Liste ist im Netz zu finden.

Patina auf Orange - ein Beispiel

Die Müllwerker Berlins sind in knallorange überall sichtbar.

Wo landet die nicht mehr brauchbare, zu schmutzige, zerrissene Arbeitskleidung, die Schuhe und Handschuhe? Zunächst in einem Container auf dem Hof der Müllabfuhr. Wenn der voll ist, wird er zu einer Firma gebracht, die je nach Verschleissgrad verwertet oder schreddert (siehe Downcycling). Aus diesem Container konnten wir für eine TV Reihe Originalkleidung heraussuchen. Material, dass bereits den für uns wichtigen, originalen Gebrauchtzustand hatte. Vor allem waren noch Baumwollprodukte, alte T Shirts, Jacken und auch Hosen vorhanden, die sich leichter weiter patinieren liessen. Für das Kameraauge konnte es nicht schmutzig und verwaschen genug sein, denn das leuchtende Orange überstrahlt die Oberfläche des Stoffes und irritiert. Wir haben beim Patinieren meist mit natürlichem Dreck gearbeitet.

Nach unserem Dreh wurden über siebzig dieser wiederverwerteten Kostüme gewaschen und bis zum nächsten Jahr eingelagert. Dies hatte zur Folge, dass die Patina teilweise wieder ausgewaschen war und erneuert werden musste. Das passierte jedoch auch beim Einsatz nicht organischer, synthetischer, angeblich haltbarer Farbstoffe. Dann doch lieber verschiedenfarbige natürliche Erden benutzen.

Bei der BSR tauchte auch ungetragene Retro Arbeitskleidung auf, die heute als kostbar gilt. Die schönen alten Sachen werden leider nach und nach ausgetauscht gegen moderne, synthetische Mischgewebe, die sich unangenehm am Körper tragen, noch krasser leuchten und mit Plastikleuchtstreifen versehen sind.

Profiversand für Kostümequipment, Patina und Farbe

Nachhaltiger als man denkt, ist es, gebrauchte Teile umzugestalten, gegebenenfalls zu färben und zu patinieren. Aber dann sollten wir unbedingt Profitipps befolgen. Noch besser ist es, sich das Wissen darüber anzueignen. Damit verhindern wir, dass zu viele ineffektive Versuche gemacht werden und die Umwelt noch mehr belastet wird.

Jedes Material benötigt eine individuelle Vorbereitung. Bitte genau auf Anweisungen achten und die richtigen Mengenangaben einhalten, sodass die Farbe vollständig von der Faser aufgenommen wird.

Leider gibt es immer noch auf Wunsch der Kunden diverse transparente Kunststofftaschen und Beutel, die bei „Patin-A" zumindest aus Rezyclaten (wiederverwertete Kunststoffe) gefertigt sind. Ihre sorgfältig entwickelten Patinierprodukte sind aus Erdpigmenten, Vaselineprodukten und Farbstoffen, die in der Lebensmittelindustrie genutzt werden, zusammengesetzt.

Die Firma versucht stets auch ihre Verpackungen umweltverträglicher zu gestalten, auch wenn sie das auf ihrer Webseite nicht laut propagieren. Bedauert wird, dass die Filmindustrie Deutschlands immer noch die extrem kostengünstigste, kurzlebigste und umweltunverträglichste Ware kauft. Hier herrscht eine Geizmentalität, die in die komplett falsche Richtung geht.

Online Bestellungen und Retouren - No go

Zalando lockt zum Beispiel mit gängigen Schlagworten. Die Webseite verspricht ein grossartiges Engagement, um die Umwelt zu schonen. Rückversand sei unkompliziert mit Verzicht auf Verpackung aus Einwegplastik. Sie propagiert den Recyclinghimmel auf Erden und „pre-owned" Artikel, und „Care und Repair"- Aktionen für die Kunden. Aber dabei fallen auch wieder Versandkilometer im Lkw an. Auf der Webseite findet man den "Fortschrittsbericht zu Nachhaltigkeit" und Zertifikate über Aufforstungsprojekte. Zalando will Teil der Lösung sein, ist aber in erster Linie Verursacher des Desasters. Von 440 Millionen retournierten Textilbestellungen gehen ein Drittel auf das Konto von Zalando. Jede fünfte Retoure ist getragen oder beschädigt und wird vernichtet. Retourenabteilungen/Logistikzentren sind ins Ausland verlegt, um der Kontrolle des Bundesumweltamtes zu entgehen. Von Zalando bestätigt, verursachte das Unternehmen im Jahr 2021 5,5 Millionen Tonnen Co2 Emission.

Nach Recherchen der ZEIT, bei dem per GPS Sender der Weg einiger zurückgeschickter Kleidungsstücke verfolgt wurde, legte ein Baby-Strampler rund 7000 Kilometer durch Europa zurück. Wie kann das sein?

Drastisch

Ursache für diesen Wahnsinn nennen Forscher „Predictive Analytics".
>>Jede Fahrt mit dem Lkw beruht auf einer Spekulation, wo das Kleidungsstück als Nächstes am ehesten bestellt werden könnte. Die Vorhersagen treffe ein Algorithmus, der darauf programmiert sei, für eine möglichst schnelle Lieferung zu sorgen. Die Transporter kreisen dafür ständig durch ganz Europa.<< Zalando bestätigt diese Vorgehensweise (ZEIT vom 2. März 2023).

Per Foto bestellte Kostüme halten selten was sie versprechen. Wir sollten Outfits nicht aus Zeitnot in Panik bestellen, sondern die Schwierigkeiten in der Beschaffung von z.B. Mehrfachkostümen im Team genau kommunizieren.

Energiefresser und Wassergifte

Bei der Benutzung von technischen Geräten im Kostümmobil sollten wir immer Fragen nach umweltverträglicher Technik stellen. Wie lässt sich die Heizung im Mobil sparsam regulieren? Nutzen wir Strom aus einem hybriden Generator?

Bügeleisen, Steamer, Waschmaschinen im Mobil nach Benutzung immer ausschalten. Trockner möglichst ausgeschaltet lassen. Geringe Dosierung bei Waschmitteln, die möglichst umweltverträglich zertifiziert sind. Auf Weichspüler, Imprägnier- und Bleichmittel, selbst wenn sie auf der Basis von Sauerstoff wirken, verzichten.

Vliesstoffe

Überall werden Vliesstoffe zur Dämmung oder Wärmeisolierung etc. eingesetzt. Bei der Herstellung aus überwiegend Endlosfasern werden Bindemittel, Klebstoffe und Lösungsmittel eingesetzt. Auf diese Weise entstandene Kleidungsstoffe (Fleece) bestehen zum Beispiel aus Polypropylen (PP) oder Polyester (PES). Diese Materialien geben bei jeder Wäsche Mikroplastikteile und Lösungsstoffe ab. Mikrofasern, die bisher nicht komplett herausgefiltert werden können, gelangen bei der Wäsche über das Abwasser in den Wasserkreislauf und damit auch in unsere Nahrungskette.

Auch aus Meeresmüll produzierte Trikots verlieren bei der Wäsche wiederum Faserteilchen. Wir sollten sehr genau abwägen, ob die Verwendung von Wärmejacken und Hosen aus polymeren, gewirktem Fleece noch verantwortbar ist. Ich finde, ist es nicht. Wir müssen auf sie verzichten. Alarmstufe rot.

Kleidersäcke aus Polypropylen oder aus recycelten Produkten sind wiederverwendbar und leicht zu reinigen. Wenn diese eine sehr viel längere Lebens- und Einsatzdauer gewährleisten, dann bitte! Eine eigene " Flotte" aus alten Baumwollstoffen genäht, bietet aber ein nachhaltigeres, fantasievolleres Bild in unserer Abteilung.

Thermosohlen
die jeweils nur einmal eingesetzt werden können, um Darstellern im Winter warme Füsse zu verschaffen, sollten auf einen minimalen Einsatz reduziert werden.
Die in Unmengen verbrauchten, durch Sauerstoff aktivierbaren Thermosohlen und Handwärmer beinhalten Eisenpulver, Wasser, Salz, Aktivkohle und Vermiculit. Letzteres ist ein selten vorkommendes Schichtsilikat, dass eigentlich zur Fruchtbarkeit unserer Erde beiträgt. Es wird im grossen Stil industriell abgebaut. Nach Gebrauch weg damit, in den Normalmüll, da sie laut Hersteller >>nicht umweltschädlich sind<<. Jedes weitere Wort dazu erübrigt sich. Strom verbrauchend und dennoch eine Alternative dazu sind beheizbare Sohlen. Sie werden mittels nicht spürbarer Akkus mit Energie versorgt.

Maßnahmen im Team - Eine Auswahl

Eine alarmierende Studie des Marktforschungsinstituts TNS Emnid: in Berlin werden pro Tag 460Tsd Coffee-To-Go Becher verbraucht. Filmteams vernichten eine grosse Menge davon, die inzwischen zum Glück nicht mehr aus Plastik sind. Während meiner letzten Produktion 2022 konnte ich diejenigen, die ein eigenes Trinkgefäss mitbrachten an einer Hand abzählen. Und die gestellten Mehrfachbecher wurden nur ein Mal oder überhaupt nicht benutzt. Wie immer flog alles irgendwo am Drehort herum. Die Mehrwegangebotspflicht für die Gastronomie besteht seit Januar 2023. Sie wird von dieser kaum eingehalten und auch von den Kunden nicht genutzt. Offensichtlich brauchen wir verschärfte Information und Kontrollen. Keine Anstrengung wurde am Set in Sachen Mülltrennung unternommen. Auch Essen wurde in Mengen weggeworfen. Jedes Teammitglied sollte sich verantwortlich um die bestmögliche Umsetzung der ökologischen Standards bemühen. Weder Gleichgültigkeit noch Misstrauen sind angesagt. Wir müssen alte Strukturen aufbrechen. Die tägliche Disposition könnte aktuell über den grünen Status und jede erfolgreiche Massnahme informieren und damit das Team motivieren.

Corona
Zu Beginn der Pandemie wurde alles in Plastik verpackt. Caterer durften nur eingeschweisste Lebensmittel und Plastikbesteck abgeben, weil nicht klar war, wie die Ansteckung in den Griff zu bekommen ist. Mir stehen die Haare zu Berge angesichts der Unmengen von Masken und Testutensilien, die wir täglich in den letzten drei Jahren verbraucht haben. Das hat uns weit zurückgeworfen.

Catering - Wie wäre es mit Veggie-Days?

Welches Privileg geniessen wir, am Set direkt frisch bekocht zu werden! Immer wieder gibt es Beschwerden, die dazu führen, dass Essen weggeworfen wird. Dabei könnte es mit nach Hause genommen oder gespendet werden. Unsere Köche werden nicht genug wertgeschätzt. Natürlich kann man es nicht allen recht machen. Auch hier führt die frühzeitige und von jedem ernstzunehmende Umfrage bei „Fleischmuss" Essern, Vegetarier etc. zu weniger Kritik und weniger Abfall. Ausserdem sollten uns bessere, nachhaltiger produzierte Lebensmittel aus der Region drei Euro mehr proTag wert sein.

Produktionsorganizer

Die digitalen Helferlein wie z.B. „Sync on set", „Yamdu" oder „good notes" sind Energieräuber, sparen aber eine Menge Papier. Die negative Umweltwirkung des Cloud Computing wird vom Bundesumweltamt ausgeführt.

Der Grüne Werkzeugkasten

wurde von Roman Russo einem langjährigen Regieassistenten und Kenner des Filmbusiness entwickelt. Er ist das so dringend benötigte professionelle Tool für die Film- und Veranstaltungsbranche. Im Gegensatz zu allen anderen Bemühungen die Lösungen in den Griff zu bekommen, bietet der „Kasten" ein ganzheitliches, standardisiertes Verfahren, in das jedes Gewerk seine Daten einspeisen kann, um während der Produktion reflektierter grün zu wirtschaften. Im direkten Kontakt mit den Green Cosultants unterstützt das System alle Bereiche ganz konkret mit Infomaterial und liefert eine nicht manipulierbare Dokumentation. An der bereits sehr gut laufenden Struktur wird weitergearbeitet. Der Kostümbereich wird mit Hilfe von erfahrenen Kollegen weiter ausgebaut. Diese stets transparenter werdende Infoplattform gibt einer Produktion die Möglichkeit anhand einer vergleichenden Analyse, die Kontrolle über tatsächliche CO2-Werte zu bekommen und sie bewusst zu reduzieren.

Reiseproduktionen

Fraglich und endlich auf dem Prüfstand sind Produktionen, die nur wegen des Fördersystems aus der Gießkanne eine Karawane von Leuten auf die Reise durch unsere deutschen und europäischen Länder schickt. Einer unser grössten Emissionstreiber, der alles andere schlägt, wird befeuert vom föderalen Prinzip des Grundgesetzes.

>>Durch die Kulturhoheit der Länder und aufgrund der Tatsache, dass Film als „kulturelles Gut" angesehen wird, hat fast jedes Bundesland eine eigene regionale Filmförderung…An die Vergabe der Mittel ist meist ein „Ländereffekt" geknüpft – die

Thematik des Films muss einen Regionalbezug aufweisen, der Filmemacher seinen Wohnsitz in dem Antragsbundesland haben oder die Produktion muss im fördernden Bundesland durchgeführt werden<< (Filmlexikon der Uni Kiel).
Auch wenn jetzt eine Wende propagiert wird, ist diese nur schleichend. Politiker der Länder könnten zur Lösung z.B. mit gegenseitiger Anerkennung von Effekten beitragen. Filmleute könnten mehr Druck auf Strukturveränderungen in den Kommunen, in denen sie drehen ausüben und dort ein ökologisches und effizienteres Energie- und Strommanagement antreiben. Unterkünfte für Team und Schauspieler müssten nur in zertifizierten Hotels, besser in Apartments gebucht werden.

So geht es nicht

Für eine grössere Produktion wurde offensichtlich ein Deal mit dem Prager Fundus eingefädelt. Auf die Frage der Kollegin, wie sie denn zum Fundus in Prag kommt, um die grosse Kostümauswahl zu treffen, wird der Bahnbus vorgeschlagen, am Morgen hin und am Abend zurück, um die CO2 Emission zweier Flüge und eine Hotelübernachtung zu sparen. An die sehr lange Arbeitszeit wird dabei nicht gedacht.
Hier entsteht ein Konflikt zwischen zusätzlichem, oft nicht vergütetem Arbeitsaufwand und Co2 Einsparung, zumal in der gleichen Produktion Darstellern in ihren Verträgen Wochenendheimflüge zugesichert wurden.

Fuhrpark/Strom

Wichtig ist ein konkretes Energiemanagement für Ökostrom bei allen Stromquellen. Besonders für Maske- und Kostümräume, Schauspieler- und Teamaufenthaltsräume und für die jeweiligen mobilen Fahrzeuge. Dabei spielt die Umstellung von Diesel- auf Hybrid- Generatoren, bei Lichtquellen auf LED, Bahnfahrten bis zu 5 Stunden anstelle von Flügen, die Nutzung von Fahrrädern und des Öffentlichen Nahverkehrs eine sehr grosse Rolle. Ein Produktionsfuhrpark sollte sich mindestens aus 50% alter-nativen Hybrid- oder Elektrofahrzeugen zusammensetzen. Selbst Car Sharing könnte genutzt und die Frage ob und wie Mobilität in öffentlichen Verkehrsmitteln weitgehend machbar ist, muss gestellt werden.
Das momentane Dilemma ist, diese Fahrzeuge und Generatoren sind weder im Verleih noch im Verkauf in ausreichender Zahl lieferbar. Die Preisspirale dreht extrem nach oben.

Storytelling

In der Literatur hat sich längst das Genre der Climate - Fictions an die Spitze der gesellschaftlichen Verhandlungen gesetzt. Ein Genre, das sich u.a. auch in Form von Romanen über die fortschreitende Zerstörung der Umwelt und dem schwindenden

Vertrauen der Jugendlichen in die Zukunft positiv auseinandersetzt und versucht Lösungswege aufzuzeigen. Hier liegen die Herausforderungen für künftige Drehbücher. Nachhaltige Themen müssen wichtiger und richtungsweisend werden. Die wenigsten Geschichten trauen sich raus aus den verzuckerten oder kriminellen Musterwelten. Ich glaube allerdings, Dystopien und Ökozid - Filme bringen keine Veränderungen, sondern verstärken nur die Angst vor der Zukunft. Her mit den grünen Utopien! Sie fördern das Verbundensein einer Gesellschaft und ihre Transformation.

Vernetzung von Lagerstätten

Der Aufbau einer Fundi Plattform für Kostüm-, Szenenbild und Requisiten, die von Kollegen gemeinsam genutzt werden kann, macht grossen Sinn. Ausserdem könnten alle von einer Datenbank grüner Anbieter und Lieferanten profitieren.

Die meisten KollegInnen leisten sich bereits einen eigenen Fundus. Was spricht gegen einen Zusammenschluss? Wenn die Standorte bekannt wären, dic Möglichkeit der vertrauensvollen Aus- und Rückgabe und ein Vergütungs-Modus gefunden werden könnte, wäre der Nutzen erheblich grösser. In einer Stadt wie Berlin sind leider die Mieten stark gestiegen und wie in anderen Grossstädten somit ein grosses Problem. Trotzdem wäre die Gründung einer zentralen Sammelstelle mit Wiederausgabe von Equipment genial.

Good bye Analoges

Schon im Visier sind Mixed Reality Studios. Dabei können in kurzer Zeit Szenen umgestellt werden ohne aufwändige Studiobauten. Aber auch dabei muss der Aufwand im Verhältnis zum Nutzen stehen. Schauspieler sind immer noch im Kostüm, spielen aber vor einer LED Wand. Dies hinterlässt bei mir natürlich ein gemischtes Gefühl nach Jahren der physischen und emotionalen Nähe zu einem Gesamtbild. In Studios können die Standards natürlich leichter eingehalten werden als auf den „on the road Produktionen“.

Keen to be green

Mit jeder noch so klein scheinenden Initiative können wir die ökologisch nachhaltigere Produktionsweise unterstützen und vorantreiben. Wir sind ein sehr entscheidendes Rad im Umweltgetriebe! Es ist an uns, leidenschaftlich zusammen mit der jungen Generation für ihre Zukunft zu streiten. Das ist eine extrem wichtige Zielsetzung.

Wann gibt es das grüne Label ?

Stand Februar 2023 für alle in Deutschland öffentlich geförderten Kino-, TV- und Online-/VoD-Produktionen laut Verordnung der FFA (Zitat gekürzt):

>>Eine Produktion erhält das Label green motion, wenn der/die Abschlussbericht/e der Produktion von dem zuständigen Förderer/Sender/VoD-Dienst geprüft und abgenommen wurde/n.....
Aus den Abschlussberichten muss hervorgehen, dass die Produktion mindestens 16 (ab 01.07.2024: 18) von 21 Mussvorgaben der ökologischen Standards bei den in Deutschland und auch bei den im Ausland realisierten Produktionsteilen eingehalten hat, wenn dort mehr als 25 % der Gesamtherstellungskosten anfallen.
Die Produktionsfirma muss mit dem/n Abschlussbericht/en die in den ökologischen Standards vorgegebene Erfassung der geplanten und tatsächlichen CO2-Emissionen der jeweiligen Produktion (Muss-Vorgaben I.3 und I.4) sowie die Erklärung der Geschäftsführung und Herstellungsleitung (Muss-Vorgabe I.1) sowie die weiteren vom prüfenden Förderer/Sender/VoD-Dienst geforderten Nachweise einreichen.
Außerdem hat der Förderer/Sender/VoD-Dienst, der das Label vergibt, das Recht, weitere Nachweise zu den Angaben in den Abschlussberichten anzufordern. ....<<

Ökologischen Mindeststandards Greenmotion, Punkt V.6 Kostümbild

>>Kostüme sollen mehrfach verwendet werden. Dies kann zum Beispiel durch Fundushaltung, Leih-Miete oder Second Hand- Nutzung geschehen. Wo es sich eignet, sollen Protagonist*innen vor der Kamera nach Absprache die Möglichkeit erhalten, ihre eigene Kleidung zu verwenden. Auf den Kauf von Fast-Fashion und Discounter-Kleidung soll verzichtet werden. Die Transportwege von Kostümen und Requisiten sollen reduziert werden, indem möglichst regionale Anbieter genutzt werden.<<

Neu

ist die >>Muss-Vorgabe: Es muss von der *dem Kostümbildner* in bei allen für die Produktion benötigten Kostümen umfassend geprüft werden, ob diese gebraucht erworben oder aus dem Bestand erneut verwendet werden können anstatt sie neu zu kaufen.<<

FFG

Die Novellierung des Filmförderungsgesetzes, in dem die Filmwirtschaft endlich verantwortlich eingebunden werden muss, wurde um ein Jahr verschoben und bleibt unverändert gültig bis Ende 2024. Eine fahrlässige Verschwendung von Zeit mahnt der BVGCD dazu in einer Stellungnahme (siehe Webseite).

Wo kann man sich informieren - Eine Auswahl

Veranstaltungsreihen zum achtsamen, grünen Drehen werden von Berufsverbänden, Akademien und der Gewerkschaft organisiert. Im Netz gibt es unzählig Initiativen.

- **BKM** Beauftragte/r der Bundesregierung für Angelegenheiten der Kultur und der Medien
- **BVGCD e.V.** - Bundesverband Green Film & TV Consultants Deutschland e.V.
- **Best Practice Guide** der Filmförderung Hamburg Schleswig Holstein
- **BMUV** - Bundesministerium für Umwelt und Naturschutz, informative Webseite u.a. „Green Cloud Computing“
- **Changemakers.film** - Schauspieler zum grünen Drehen
- **Cinearte** - der Branchennewsletter von Crew United
- **DAfF** - Deutsche Akademie für Fernsehen e.V.
- **Deutsche Filmakademie**
- **Deutsche Umwelthilfe**
- **Der Grüne Werkzeugkasten** - ganzheitliches, standardisiertes, alle Gewerke erfassendes Tool zur Dokumentation und Ergebnisevaluierung für grünes Drehen
- **EMAS** - Eco-Management and Audit Scheme, europäisches Umweltmanagementsystem für kleinere Firmen
- **ESMOD** - Mit dem Masterstudiengang „Sustainability in Fashion“ bietet die ESMOD in Berlin die bundesweit erste Möglichkeit für Studierende, sich im Master auf ökologische, ethische, soziale und wirtschaftliche Nachhaltigkeit in der Modebranche zu spezialisieren. www.modefairarbeiten.de
- **Eisvoge**l - Preis für nachhaltige Filmproduktionen
- **FFA** - Filmförderungsanstalt, Bundesanstalt des öffentlichen Rechts für nationale Filmförderung
- **FFG** - Filmförderungsgesetz
- **GEM - Green Education in Media von der Filmuniversität Babelsberg Konrad Wolf 2023 initiiertes Symposium**:
  >>Während digitale Kompetenzen für die Studierenden auf dem heutigen Arbeitsmarkt wichtig sind, besteht gleichwohl die Gefahr, in diesen Studiengängen eine Art "digitale Blase" zu schaffen und die Auswirkungen der digitalen Technologie auf unsere natürliche Umgebung zu vernachlässigen.“

In dem auf drei Jahre angelegten Erasmus+ Kooperationsprojekt Green Education in Media (GEM) sollen die Curricula im Bereich Mediendesign und Medienproduktion sich aus verschiedenen Perspektiven mit Natur, Klimawandel und Nachhaltigkeit auseinandersetzen, indem Themen und Methoden an der Schnittstelle zwischen ökologischer Realität und Digitalität erarbeitet und in transnationalen Veranstaltungen erprobt werden. Die "ökologische Realität" umfasst dabei die Natur und ihre Phänomene sowie die Wechselbeziehung zwischen der vom Menschen geschaffenen Umwelt und der natürlichen Umwelt.<<

- **gruen@filmuniversitaet.de,** gegründet für nachhaltige Aktionen, grünes Produzieren und die aktive Mitgestaltung von Studium und Universitätsalltag
- **GVM** - Gesellschaft für Verpackungsmarktforschung
- **MFG** - Baden-württembergischen Filmförderung
- **Mode** www.world-of-eco-fashion.de u.v.a.
- **NABU** - Naturschutzbund
- **NochMall** - eines der ersten Kaufhäuser für Gebrauchtwaren in Berlin.
- **VSK**-Verband der Berufsgruppen Szenenbild und Kostümbild e.v. unter Green Filming

EIN GESPRÄCH

Januar 2023

mit **Monika Gebauer,** seit 2004 Kostümbildnerin, Vorstand der Deutschen Filmakademie für die Sektion Kostümbild und seit 2020 Green Consultant.

Die Mühlen in der Film und TV Branche malen unerträglich langsam. Das erste Heft von Green Film Shooting wurde auf der Berlinale schon 2016 verteilt. Wann hast Du eigentlich begonnen, dich für ein umweltschonendes Drehen einzusetzen? Gab es da irgendein Schlüsselerlebnis nachdem du gesagt hast mir reicht's ! Jetzt muss etwas anders werden.

Eigentlich war das 2019. Phillipp Gassmann hat diese „Keen to be Green“ online Veranstaltung ins Leben gerufen. Ich war von Anfang an dabei und fand sie sehr

interessant. Ich habe schon lange selbst einen Fundus. Deswegen waren ganz viele Sachen für mich schon relativ normal, weil ich Kostüme und Arbeitsmaterial nicht wegschmeissen wollte und so immer wieder verwenden konnte.
Durch die Veranstaltungen fiel mir die Problematik mehr auf und ich habe mich zur Green Consultant ausbilden lassen.

Ging es Dir auch so, dass nachhaltiges Arbeiten zum Fokus wird. Man kann die Brisanz des Umweltthemas nicht mehr außer acht lassen.

Genau, ich habe früher viele Filme, auch Kinofilme gemacht, die ein superkleines Budget hatten. Dafür arbeitest Du natürlich mit Kostümen aus einem Fundus oder mit Second Hand Kleidung. In Stuttgart gab es das „Wühli". Dort konntest du Säcke mit Kleidung für sechs Euro pro Kilo abtransportieren. Wir haben bereits in den Neunzigern auf diese Art Theaterstücke ausgestattet, ohne uns Gedanken darüber zu machen. Wir haben also schon lange nachhaltig gearbeitet.

Ja, mit kleineren Budgets, aus der Not geboren.
Was sind die „Changemakers"? Wo kommt dieses Wort her.

Das ist eine Vereinigung, die von Schauspielern und anderen Filmschaffenden mit der Idee gegründet wurde, Filmarbeiten grüner zu machen. Sie nannte sich „Changemaker Film 2020" und formulierte Richtlinien für ihre ökologische Ausrichtung auf Basis einer freiwilligen Selbstverpflichtung. Viele Schauspieler wollten das so nicht unterschreiben. Damit wurden diese an sich guten Ideen wieder aufgeweicht.

Was passiert in der Politik in Bezug auf öffentliche Fördermittel?

Die BKM zieht jetzt mit. Die Einhaltung der Mindeststandards soll zukünftig eine verpflichtende Voraussetzung dafür sein, Fördermittel im Filmbereich zu erhalten. Gelder werden nur vergeben oder die letzten Raten gezahlt, wenn von den zu erreichenden Punkten ein gewisser prozentualer Anteil eingehalten wurde.

Die Textilindustrie gilt als grösster Umweltverschmutzer, denkt man an die Herstellung, das Färben, modisches Stonewashing, Aging etc..
Da wir in unserem Beruf mit der Textilindustrie eng verbunden sind, würde ich gerne wissen, welche Punkte für die Kostümabteilung in den Mindeststandards stehen.

Wir sind kein „Muss“, wir sind ein „Soll“

Wie bitte? Die wie immer vergessene, nicht ernst genommene Kostümabteilung.

(**Anmerkung** zu „Muss“: Inzwischen wurde nachgefasst, siehe oben Punkt V.6: bei den neuen Ökologischen Standards Februar 2023 ist die Kostümnutzung eine „Muss“-Vorgabe - es muss nachgewiesen werden, dass gekaufte Sachen nicht geliehen oder Second Hand besorgt werden konnten.)

Ja, das „Muss“ hat z.B. mit Generatoren, mit Licht oder Catering zu tun, angepasst an den MFG- Rechner. Dieser Rechner ist für uns komplett unzureichend. Du kannst Deine Einkäufe und Deine Kosten eingeben und mit einem Faktor bearbeiten. Wenn du Fast Fashion kaufst, ist es für den Rechner besser, als wenn du nachhaltig kaufst, weil es billiger ist. Das ist komplett falsch gedacht. Solange wir nicht gezählt werden, sind wir kein „Muss“, sondern nur ein „Sollfaktor“. Bei der Kommission für Green Shooting hat kein Kostümbildner und kein Szenenbildner mitgearbeitet. Die Mindest-standards basieren auf einem Pamphlet der Changemakers, die mit in dem Arbeitskreis sitzen. Unser Verband VSK hat versucht dabei zu sein, keine Chance.
Wir haben bereits Tabellen erarbeitet, die unsere Arbeit sinnvoll erfassen. Das ist klar mit Mehrarbeit verbunden. Es wurde davon nichts in den allgemeinen Rechner eingearbeitet. Bei den Szenenbildnern spielen Material und schadstoffarme Produkte eine Rolle. Ebenso bei den Maskenbildnern. Wir Kostümbildner sind in der Hierarchie immer noch nicht wichtig und zählen einfach nicht.
Nach einem Jahr Erfahrung mit den Standards sollten diese überarbeitet werden. Ich habe das Gefühl, sie werden eher weich gespült.

Also komplett unausgegoren. Eigeninitiative bleibt die einzige Möglichkeit, unsere Leute in Bewegung zu setzen und der Umwelt zu helfen.

Ich glaube, dass viele Kollegen sowieso schon darauf achten und mit Fundus arbeiten, weil es u.a. mehr Spass macht. Die Kommunikation untereinander läuft aber zu schleppend, auch wenn es positive Rückmeldungen und Ideenaustausch gibt. Als Green Consultant bekomme ich natürlich auch Abwehrhaltung mit. Meine Fragebögen werden sehr unterschiedlich aufgenommen.

Ist es immer noch der Tropfen, der im Schneckentempo fällt ? Eigentlich müsste jetzt der Eimer Wasser über den Kopf geschüttet werden.

Genau. Im Moment gibt es den EU Green Deal. Die EU Staaten und ihre Ministerien können Strafen bei Nichteinhaltung noch zahlen. Zur Zeit müssen Firmen ab 500 Mitarbeitern Bericht erstatten. Die Grenze wird sich nach unten bewegen, d.h. auch Filmfirmen mit kleinerer Belegschaft werden sehr bald ein Konzept erstellen und nachweisen müssen, wie nachhaltig, ökologisch und sozial sie arbeiten. Sie werden Ziele erreichen müssen. Der Druck von oben wird grösser werden. Dann wird mehr Geld eingesetzt. Filme wird man ganz anders andenken müssen und es wird vermutlich ressourcensparender in VFX (Visuelle Effekte) investiert.

Bist du davon überzeugt, dass bei nachhaltigem Drehen die Budgets unbedingt grösser werden müssen? Oder sind mehr Mitarbeiter und mehr Zeit sinnvoller!

Wir müssen umschichten und mehr Zeit zur effektiver Vorbereitung haben. Es geht nicht mehr, dass Schauspieler kurz vor dem Dreh erst gecastet werden und in der Nacht vorher eintreffen. Wenn wir wirklich nachhaltig drehen, wird es auch keine Mehrkosten in unserer Abteilung geben. Für historische Filme gehen wir ohnehin in die europäischen Fundi. Besondere moderne Kostüme entstehen bei Wiederverwertung und mit Upcycling. Nachhaltig produzierte, etwas teurere Stoffe zu kaufen, ist auch mit den bisherigen Budgets möglich.

Genau, von vornherein müssen wir im Team klarer kommunizieren, ohne die Kreativität abzuwürgen. Noch eine letzte Frage : Ein dringender Wunsch für die Zukunft wäre?

Die Abwehr gegen Innovationen abbauen. Veränderungen sind doch per se nichts schlechtes. Und jetzt geht es halt in die Richtung des Green Shootings. Wir müssen alles zusammen gut durchdenken. Überall existieren Ängste wegen der Mehrkosten. Die müssen wir abbauen.
Es gibt einen Regisseur, der eine eigene Produktion gegründet hat, weil er wollte, dass nachhaltige Autos gefahren, ein Vegan/vegetarisches Catering eingesetzt wird usw. Der macht tolle Filme und ist auch nicht pleite. Umdenken ist wichtig.

Bei meiner letzten Produktion gab es tatsächlich ein Lob vom PL, der sehr ernsthaft auch privat am Thema Nachhaltigkeit dranbleibt - „Mit Euren Second Hand- und Fundusrechnungen und Eurem Lastenfahrrad seit ihr ganz vorne!“

Liebe Monika, ich danke Dir für diesen Austausch.

Wege zum Beruf und Weiterbildung

Der Beruf der Kostümbildner ist nach wie vor leider weder staatlich anerkannt, noch gesetzlich geschützt. Wenn, wie im Kapitel »Notwendige Interessen, Kenntnisse und Fähigkeiten« beschrieben, die eigene Begabung, Kreativität und Motivation eindeutig auf diesen Weg weisen, gibt es verschiedene Möglichkeiten, den Beruf zu erlernen. Jede Art von Bekleidungsfachwissen, eine Schneider- oder Schnittausbildung, ein Examen in Modedesign oder eine Ausbildung in den Werkstätten eines Theaters oder Opernhauses sind zunächst eine gute Ausgangsposition. Studiengänge für Bühnen-, Kostümbild werden an folgenden Kunsthochschulen angeboten:

- Universität der Künste Berlin, www.udk-berlin.de
- Kunsthochschule Berlin-Weißensee, www.kh-berlin.de
- Staatliche Akademie der Bildenden Künste Stuttgart, www.abk-stuttgart.de
- Hochschule für Bildende Künste Dresden, www.hfk-dresden.de
- Hochschule für Künste Bremen, www.hfk2020.de

An diesen Institutionen liegt der Schwerpunkt auf der Ausbildung des künstlerischen Potenzials. Sie vermitteln ein gutes Fundament für das kreative Schaffen hinter der Bühne. Für die vielfältigen Anforderungen an KostümbildnerInnen speziell für Film- und Fernsehproduktionen, ist jedoch eine Kombination von unterschiedlichen Qualifizierungen empfehlenswert. An diversen Fachhochschulen und Berufsfachschulen gibt es Ausbildungen zum Modedesigner und anderen Designberufen. Sie vermitteln neben gestalterischen und zeichnerischen Fähigkeiten auch Schnitt- und Schneidertechnik, Kunst- und Kostümgeschichte sowie wertvolle Kenntnisse in Buchführung und in textiler Fachkunde:

- Fachhochschule für Design Hamburg, www.design.haw-hamburg.de
- Hochschule Hannover, www.fakultaet3.fh-hannover.de
- Deutsche Meisterschule für Mode / Designschule München, www.meisterschule-fuer-design.de
- ESMOD International Fashion Institutes & Universities Group, https://www.esmod.com

- ESMOD in Berlin Mit dem Masterstudiengang Sustainability in Fashion bietet es die bundesweit erste Möglichkeit für Studierende, sich im Master auf ökologische, ethische, soziale und wirtschaftliche Nachhaltigkeit in der Modebranche zu spezialisieren. www.modefairarbeiten.de
- Lette-Verein in Berlin Berufschule, www.lette-verein.de

Darüber hinaus gibt es seit einigen Jahren z.T. mit staatlicher Unterstützung zertifizierte Weiterbildungsmöglichkeiten zum Kostümbildner. Gestandene Kollegen sind hier als Lehrende tätig. Die Kurse und Lehrgänge dienen der Fortbildung von Mitarbeiterinnen und Mitarbeitern der Kreativbranche. Die Webseiten geben Auskunft über Aufnahmebedingungen und angebotene Programme.

- Das Kostümforum bietet als Blog viele Informationen und auch Workshops in der offenen Textilwerkstatt, https://www.kostuemforum.de
- Internationale Filmschule in Köln, www.filmschule.de
- Internationale Studienmöglichkeiten bieten sich z.B. an folgenden Institutionen:
- Central Saint Martins in London, www.csm.arts.ac.uk
- Royal College of Art in London, www.rca.ac.uk
- Goldsmiths University of London, www.gold.ac.uk
- Royal Academie of fine Arts in Antwerpen, www.royalacademyantwerp.be.
- Domus Academy in Mailand, www.domusacademy.com
- Institute Francois de la Mode, www.ifmparis.fr
- Fashion Institut of Technology New York, www.fitnyc.edu
- Tama University of Fine Arts in Tokyo, www.tamabi.ac.jp

ROADMOVIES

Roadmovies liebe ich besonders. Sie werden wild, unberechenbar und abenteuerlich gedreht, meist im kleinen Team. Jeder macht nicht nur seine spezifische Arbeit, sondern findet sich da ein, wo er gerade gebraucht wird.

Kinofilm Hey Stranger (1993)

Drehs in Prag, Belgien und Köln sind in Vorbereitung. Die zeitgenössische Geschichte einer Liebe spielt in einem erfundenen Grenzland, in einer dehnbaren Zeit. Die Figuren hätten in verschiedenen Jahrzehnten leben können, ohne besondere modische Hinweise. Ich werde sie im Stil der vierziger bis neunziger Jahre kleiden.

An einem Tag soll ich die zwei belgischen Hauptdarsteller, die in Paris leben, mit einem großen Koffer voller Kostüme anprobieren. Ich schleppe die Fracht zweimal eine schmale, gewundene Treppe hinauf und wieder hinunter. Beide wohnen in winzigen Dachkammern. Ich habe kaum Platz in der Nische, die neben den Betten zur Verfügung steht, aber die Aussicht ist grandios, und vor dem Abstieg gibt es jedesmal einen petit café. Am gleichen Tag noch kann ich den ebenfalls in Paris lebenden deutschen Star Hanna Schygulla und zwei weitere französische Darsteller des Films treffen und sie vermessen.

Fliege im Halbkoma zurück. Viele kleinere Rollen sind mir nicht bekannt. Es gibt keine Maße. Ich habe nur Ideen, Farben und die gesamte Stimmung des Films in mir. Wähle Mögliches im Fundus aus und bestimme somit den Look. Wir stopfen einen ausrangierten Doppeldeckerbus der Berliner Verkehrsbetriebe mit Kostümen in anzunehmenden Größen voll. Der wird nach Prag gefahren, und wir können spontan daraus schöpfen. Anproben finden in Hotelfahrstühlen statt, da die Zimmer keine Spiegel haben. Absolutes Low-Budget.

In Brüssel beherbergt uns das Bahnhofshotel, und wir waschen die Kostüme im Waschcenter des Rotlichtmilieus neben Damen und Herren in knallengen, hohen Stiefeln. Der Bus fährt immer mit uns, bis er eines Morgens nicht am Drehort erscheint. Am Vorabend ist er in einem Wald am letzten Motiv stehengelassen worden und dort in einen Graben gerutscht. Ohne Kostüme kann tatsächlich nicht gedreht werden. Ich werde zum Bus gefahren und muss in dem komplett schräg stehenden Gefährt, in dem alle Kostüme durcheinander gepurzelt sind, die Anschlusskostüme finden. Mit einer Verzögerung von fünf Stunden können wir endlich drehen.

In einer völlig verfallenen Villa, einem geheimnisvoll dunklen Motiv, massiere ich in einer kurzen Drehpause einem schon sehr alten Darsteller die Schultern. Er genießt es und entspannt sich so sehr, dass er seinen Text komplett vergisst. Wenn die Betreuung besonders gut gemeint ist, kann es auch wieder falsch sein.

Bei diesen Dreharbeiten wächst die Familie zusammen. Es ist oft bitterkalt und der Regisseur, saunanärrisch, treibt für uns alle immer wieder eine Sauna auf. Verschneite Arbeitsnächte in geheimnisvoller Straßenbahn. Brüssel in farbige Nachtlichter getaucht. Wunderbare, liebevolle Schauspieler sehen, wie die verschiedenen Abteilungen ackern. Ich werde auch mal in den Arm genommen und heule erschöpft. Die Szenen mit Hanna Schygulla sind bezaubernd. Ihr junger Filmpartner bekommt Gänsehaut und keiner wagt zu atmen, wenn sie spielt. Cut.

TV-Movie What Price Immortality – Edvard Grieg (»Meiner Seele Töne«, 1999)

Das Leben des Komponisten, inszeniert nach Partituren seiner Musik, eingebettet in die Vorspiele beim Herausgeber seiner Musik. Die Musiker des international renommierten Auryn Quartetts verkörpern in entsprechenden Kostümen mir großer Freude ihre Rollen. Für sie ist es allerdings ungewohnt, sich mit Bärten und hohen Krägen auf ihre Instrumente zu konzentrieren. Wir arbeiten zu dritt. Die Freundin und Kollegin Christa, der Assistent Stephan und ich ahnen von Anfang an den Aufwand, den wir treiben werden. Mit dem Dreh in einem Münchner Studio beginnt das Karussell. Der Pianist Staffan Scheja, der in Körper und Physonomie dem Original sehr ähnlich sieht, spielt die Hauptrolle. Griegs Frau Nina verkörpert Claudia Zöhrer, die die perfekte Figur und das Charisma des 19. Jahrhunderts mitbringt. Ein authentisches, vollkommenes Gesicht dieser Zeit, dass uns täglich fasziniert. Grieg wurde in Bergen am 15. Juni 1843 geboren. Er studierte am Konservatorium in Leipzig, lebte überwiegend in Norwegen, befand sich aber meist auf Reisen, u.a. in Deutschland, England, Dänemark und Italien. Er starb am vierten September 1907. Und wir folgen ihm auf seinen Wegen. Mit einem Lastwagen voller Kostüme reisen wir in Bergen an. Wir probieren und ändern eine Woche lang sowohl die aufwendigen herrschaftlichen Kostüme für Konzertsäle, als auch die einfachen, für das Volk in der Hafengegend, in der Edvard Grieg groß geworden ist. Ob Kutscher, Sargträger, Studenten oder Kinder, wir sind vorbereitet. Die Mode dieser Zeit wurde genau studiert. Die Epoche von 1843 bis 1907 und mit ihr die Mode unterlag vielen

Veränderungen. Besonders die der bürgerlichen Welt. Zunächst mit taillierten Kleidern, bauschigen Unterröcken und raumgreifenden Krinolinen gekleidet, verlagerte sich ab den sechziger Jahren des 19. Jahrhunderts der Schwerpunkt der künstlichen Polsterung und Versteifung auf das Hinterteil der Damen. Der »Cul de Paris« wölbte sich, mit Rüschen, Schleifen und Schleppen verziert. Mäntel, Jacken und Umhänge passten sich der Silhouette an, vervollständigt mit Haarschmuck, Hüten, Taschen, Sonnenschirmen und Schuhen. Die Kostüme müssen wir je nach Perioden und Szenen entsprechend einsetzen.

Ein Roadmovie zu drehen bedeutet, jeden Tag auf einer Reise zu sein ohne eine ständige Basis zu haben. Wir schlängeln uns also durch das naturgewaltige Norwegen und halten einmal abrupt mit dem ganzen Tross auf einem Parkplatz an. Eine atemberaubende Berglandschaft umgibt uns. Hier will der Regisseur drehen. Dann ziehen alle zu Fuß den Berg rauf. Jeder trägt soviel er kann und ist mit eigenem sowie fremdem Equipment beladen. Nur so fangen wir die besonderen Bilder ein. Der junge Grieg mit Freund Frants Beyer steigen atemholend auf die Kamera zu, im Hintergrund die wunderschöne Winterlandschaft. Die beiden schweben nahezu in der glitzernden, tief stehenden Sonne. Außendrehs werden zur großen Herausforderung, da die vielen langen Röcke nach einem Tag im Schnee oder am Rand von Gebirgsbächen vollkommen durchnässt sind. Die Hotels bieten kaum die Möglichkeit, die Sachen über Nacht wieder zu trocknen. Im LKW fangen also die schweren Stoffe schon an zu modern und zu stinken, und wir reparieren nachts abgerissene Säume, Nähte oder Spitzen. Originale oder ältere Kostüme sind schön, sie haben immer eine zeitgemäßere Ausstrahlung, sind aber sehr fragil und für solche Abenteuer selten geeignet.

Griegs Haus in Troldhaugen ist heute ein Museum, aber wir dürfen dort am Original-Flügel drehen. Ein magischer Ort, an dem wir uns ganz behutsam verhalten. Mit großer Ehrfurcht setzt sich Staffan an die Tasten. Als Touristen gegen Ende der Dreharbeiten wieder eingelassen werden, stehen sie unserem leibhaftigen Grieg und seiner Frau gegenüber und trauen ihren Augen nicht.

Es folgen Szenen, in denen Grieg in seinen Träumen durch den Wald jagt. Wieder stehen wir mitten in der Natur, steigen in die Bergwelt ein. Unsere Wagen sind weit weg. Für das, was Staffan da machen soll, wird normalerweise ein Stuntman eingesetzt. Er rennt durch nahezu undurchdringliches kratziges Gebüsch, kraxelt einen Felsen empor und krallt sich in einen Berg. Ich kann es nicht fassen, dass keiner an seine kostbaren Pianistenhände denkt, die so zart und schon verkratzt sind.

Die berühmte Hütte des Komponisten wurde für den Dreh originalgetreu nachgebaut. Hier entstand großartige Musik. Aber sie war ganz winzig, und wir stehen uns gegenseitig nur auf den Füßen.

Für die Drehtage in Rom, die einige Wochen später stattfinden, wird ein komplett neuer Schwung Kostüme aus Berlin abreisen. Christa wird diesen Teil alleine begleiten, da ich schon wieder auf einem anderen Zug hocke. Ein bezauberndes Dankeschön erhalte ich vom Regisseur: »Liebe Riccarda, du hast zu diesem Film viel Kreativität beigetragen. Der Edvard freut sich in seinem Himmel. Ich hoffe dass wir uns mal wieder treffen, aber nicht unter so fürchterlich hektischen Arbeitsumständen.«

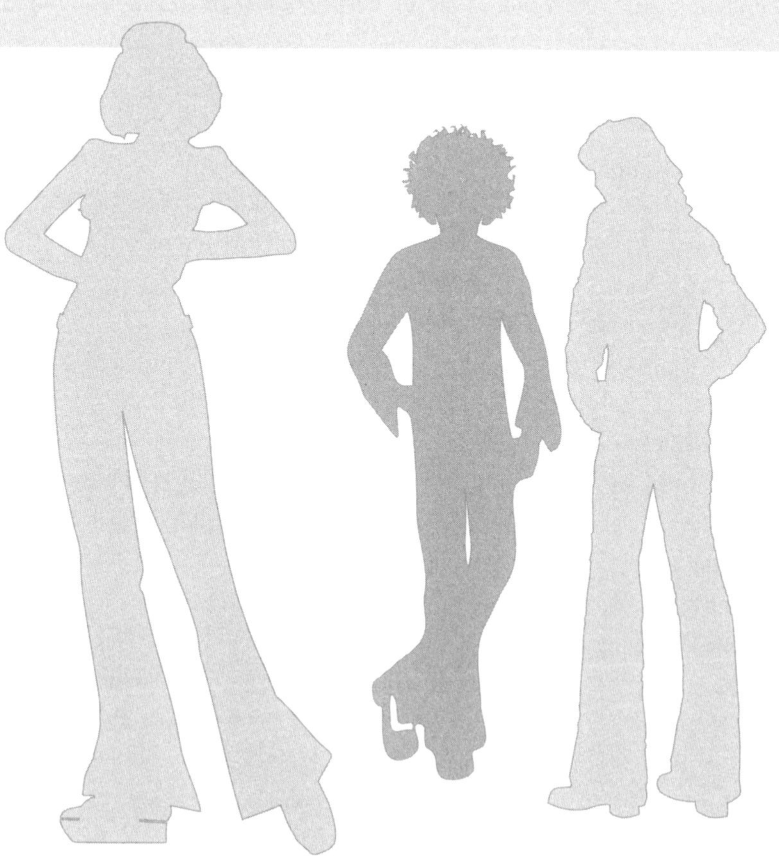

Anhang

Nützliche Infos

Tarifvertrag die aktuellen Gagentabellen für Film- und Fernsehschaffende findet man unter https://filmunion.verdi.de/

Ein **Rückstellungsvertrag** wird von Produzenten mitunter bei Low-Budget- und Studentenfilmen ausgehandelt. Mitarbeiter werden u. U. nur im Erfolgsfall bezahlt und tragen somit unternehmerisches Risiko.

Scheinselbstständigkeit liegt vor, wenn ein Erwerbstätiger als selbstständiger Unternehmer auftritt, nach Art und Ausübung seiner Tätigkeit aber zu den abhängig Beschäftigten gehört. Wird die Scheinselbstständigkeit von der DRB (Deutsche Rentenversicherung Bund) festgestellt, kann das u.a. hohe Nachforderungen der Sozialversicherungsträger für die letzten vier Jahre nach sich ziehen. In einem **Statusfeststellungsverfahren** bewertet die DRB die Tätigkeit in Bezug auf ein konkretes Projekt unter Berücksichtigung des Vertragsinhaltes und des tatsächlich gelebten Vertragsverhältnisses. Unternehmerische Entscheidungsfreiheit steht gegen Weisungsgebundenheit und Eingliederung in die Arbeitsorganisation des Auftraggebers. Achtung: Bei Verträgen sollten keine Regelungen und Formulierungen verwendet werden, die auf eine abhängige Beschäftigung hinweisen könnten.

Im Fall der **Arbeitslosigkeit** gilt für unsere Branche seit 2009 eine Regelung, die seitdem überprüft wird, da sie nachweislich katastrophale Folgen hat: Immer mehr Kollegen rutschen ins Bürgergeld Die Bedingungen haben sich 2016 noch nicht verbessert.

Laut dieser Regelung müssen drci Voraussetzungen erfüllt sein, um Arbeitlosengeld I beziehen zu können: In der Rahmenfrist von zwei Jahren müssen sich die Beschäftigungstage aus Anstellungen ergeben, die auf nicht mehr als sechs Wochen im Voraus durch Arbeitsverträge zeit- oder zweckbefristet sind.

Mindestens sechs Monate (innerhalb der letzten zwei Jahre) muss bei Zahlung von Beiträgen zur Arbeitslosenversicherung gearbeitet worden sein.

Das sozialpflichtversichert erzielte Einkommen darf eine Bezugsgröße von 30.240 Euro pro Jahr nicht übersteigen (Informationsstand Februar 2012).
Aktuelle Infos unter www.arbeitsagentur.de

Der **V/S/K-Verband** ist Berufsverband und Netzwerk. Sitz ist München. Er wurde 1983 von Szenenbildnern und Kostümbildnern gegründet und kämpft seit Jahrzehnten für bessere Arbeitsbedingungen, für Anerkennung der Urheberrechte am gesamten Filmwerk und für einen gerechteren Verteilungsplan in der Verwertungsgesellschaft Bild-Kunst. Er ist Gründungsmitglied von »Die Filmschaffenden«, einem Dachverband der Filmschaffendenverbände in Deutschland der sich leider aufgelöst hat. Der V/S/K fördert den Dialog unter Kollegen mit regelmäßigen Treffen in Berlin, München, Köln und Hamburg und bietet den Mitgliedern kostenlose, juristische Erstberatungen an. Weitere Aufgaben sind die Zusammenarbeit mit anderen berufsständischen Verbänden und die Öffentlichkeitsarbeit zur Förderung der zwei Berufsgruppen. Ein Telegramm informiert die Mitglieder regelmäßig über Aktionen. Er ist für alle Berufe des Kostüm- und Szenenbild Department geöffnet und bietet jedem Mitglied eine Plattform für Selbstdarstellung.
www.v-sk.de

Die **Künstlersozialkasse** ist eine bedeutende sozial- und kulturpolitische Errungenschaft. Sie stellt seit 1983 auch selbständige Künstler und Publizisten unter ihren Schutz.Durch Solidarabgaben kommt der schöpferisch tätige Personenkreis in den Genuss von Kranken-, Pflege- und Rentenversicherung. Es gibt immer wieder Schwierigkeiten mit dem Aufnahmeverfahren. Genaue Erkundigungen sollten dem Aufnahmeantrag vorausgehen. www.kuenstlersozialkasse.de

PKR die Pensionskasse-Rundfunk ist eine Einrichtung der betrieblich Altersversorgung in der Rechtsform eines Versicherungsvereins auf Gegenseitigkeit. Sie besteht seit 50 Jahren, organisiert Infotage, Onlineseminare und persönliche Gespräche für Freischaffende und befristete Angestellte in Film, Funk und Fernsehen zu Altersvorsorge, Vertragsgestaltung und anderen wichtigen Themen.
www.pensionskasse-rundfunk.de

Die **Verwertungsgesellschaft BILD-KUNST** ist ein Verein zur kollektiven Wahrnehmung von Urheberrechten der deutschen bildenden Künstler, Fotografen und Filmurheber. Sie nimmt für ihre Mitglieder Urheberrechte im visuellen Bereich wahr, die der einzelne Urheber aus praktischen oder gesetzlichen Gründen nicht selbst vertreten kann. In der Berufsgruppe 3 sind Filmproduzenten, Regisseure, Kameraleute, Cutter, Szenen- und Kostümbildner zusammengefasst. Hier werden die Rechte der Berufsgruppen u.a. aus Geräteabgaben, Leermedien-, Vermiet- und Weitersendevergütung wahrgenommen. Die VG führt harte Verhandlungen mit Sozial-Media Plattformen um neue Erlöse für die Mitglieder zu erschließen. Die eingegangenen Gelder werden nach einem von der Mitgliederversammlung beschlossenen Verteilungsplan ausgezahlt.
www.bildkunst.de

Berufsgenossenschaft Energie Textil Elektro Medienerzeugnisse
www.bgetem.de; Corrensplatz 2, 14195 Berlin

Die **ZAV-Künstlervermittlung** ist ein Service der Bundesagentur für Arbeit, vermittelt bundesweit ausgebildete Schauspieler und Film- und Fernsehschaffende.
http://zav.arbeitsagentur.de

Die **Lipperheidesche Kostümbibliothek** in der Kunstbibliothek der Staatlichen Museen zu Berlin ist die weltgrößte einzigartige Sammlung zur Kulturgeschichte der Kleidung und Mode vom Altertum bis zur Gegenwart. Digitales Bildarchiv.
https://www.smb.museum/museen-einrichtungen/kunstbibliothek/home/
Matthäikirchplatz 6, 10785 Berlin

Die **Deutsche Kinemathek – Museum für Film und Fernsehen** hat seit ihrer Gründung 1962 alles gesammelt, was mit der Geschichte des Films, des Kinos und zum Teil auch des Fernsehens verbunden ist und stellt neben ständigen auch wechselnde Exponate aus. www.deutsche-kinemathek.de; zur Zeit noch Potsdamer Straße 2, 10785 Berlin, zukünftige neue Räumlichkeiten werden bekanntgegeben.

Interessante internationale Museen

- The Victoria and Albert Museum in London
- Musée de la Mode et du Textile in Paris im Louvre
- Museum des Fashion Institute of Technology in New York
- Modemuseum in Antwerpen
- Kyoto Costume Institute

Internetportale

- www.crew-united.com, ein Plattform, in dem sich Filmschaffende präsentieren können
- www.kostuemforum.de, für Kostümbildner, initiiert von Andrea Riedel
- www.out-takes.de, ein Blog der Film- und Fernsehbranche
- www.filmunion.verdi.de, Gewerkschaft für Medienschaffende

Die folgenden **Adressenempfehlungen** beziehen sich auf Firmen mit denen ich in der Regel gerne arbeite.

Kostümfundi

- Theaterkunst GmbH: Eisenzahnstr. 43–44, 10709 Berlin; www.theaterkunst.de
- Kostümfundus Babelsberg GmbH: Josef-von-Sternberg-Str. 1, 14482 Potsdam-Babelsberg; www.kostuem-babelsberg.de/
- Comme des Costumes: Ringbahnstraße 16-20, 12099 Berlin; www.commedescostumes.com
- Was Ihr Wollt: Markgrafenstr. 57, 10117 Berlin; www.was-ihr-wollt.berlin
- Kostümkollektiv im Kunstquartier Bethanien, Mariannenplatz 2, 10997 Berlin; https://kostuemkollektiv.de/start/

- Adlershofer Kostümfundus: Ernst-Augustin-Str. 7, 12489 Berlin; www.adlershofer-fundus.com
- Zeitkostüm GmbH: Sorbenstraße 60, 20537 Hamburg; www.zeitkostuem.de

Stoffe

- Ralph Reinhard, Saris & Borten, Brodberg 21, 14532 Kleinmachnow; www.saris-borten.de
- Hüco Stoffe, Lise Meitner Str. 7–9, 10589 Berlin; www.hueco-stoffe.de
- Gebrüder Berger GmbH & Co. KG, Bismarkstraße 72, 10627 Berlin; www.gebrueder-berger.de
- Kumasch Exclusive Stoffe, Kantstr. 47, 10625 Berlin; www.kumasch.de
- Dalink Stoffe, Brunsbüttler Damm 177, 13481 Berlin-Spandau; https://dalink-stoffe.de/

Patinier- und Kostümbedarf

- PATIN-A, Rudolfstr. 1-8, 10245 Berlin; www.patin-a.de

Färberei

- ZTD Zentraler Theaterdienst GmbH, Heynstr. 15, 13187 Berlin; www.zentralertheaterdienst.de

Informatives

- Cinearte, zweimal wöchentliche erscheinende PDF-Zeitschrift für Filmschaffende; c/o Crew-United
- Le salon de Costumieres, gerade gegründetes Aktionsbündnis
- Start into Media, Aus und Weiterbildung in Medienberufen
- Setgeflüster - Podcast von Benjamin Schubert präsentiert Wege in die Kino- und TV-Branche und stellt Leute und ihre Berufe aus der Film-, Fernseh- und Fotobranche vor.

Beispiel für ein Dealmemo

Heidemarie Sagenhaft ist zur Erstellung des Kostümbilds für das Projekt »Wunderbar« der Traumhaft Film AG engagiert.

Funktion:	Kostümbildnerin
Beschäftigungszeit:	Januar bis Mitte April xxxx
Drehtage:	voraussichtlich xxx
Gage:	xx.xxx,- Euro pauschal auf Rechnung, für besagten Zeitraum
1. Rate:	x.xxx,- Euro, zahlbar zum Drehbeginn
2. Rate:	x.xxx,- Euro, zahlbar zum 05.03.
3. Rate:	x.xxx,- Euro, zahlbar zum 30.03.
4. Rate:	x.xxx,- Euro, zahlbar zum Arbeitsende, spätestens am 14.April.xxxx
Handy:	Pauschalsumme für Flatrate
Fahrzeuge/KM:	eigener PKW, Vergütung mit xxx,-Euro pauschal pro Monat, Benzinkosten werden in Rechnung gestellt
Tagesdiäten:	xx,- Euro pro Tag, bei Dreh außerhalb Berlins; bei Teilnahme am Catering wird der geldwerte Vorteil abgezogen

Auswahlbibliographie

August Sanders: Menschen des 20. Jahrhunderts , Schirmer/Mosel München

Erich Lessing: Vom Festhalten der Zeit: Reportage-Fotografie 1948–1973, Christian Brandstätter Verlag, Wien 2002

Arweiler, Alexander / Kugler, Lieselotte (Hg.): Fashion talks (Austellungskatalog). Museumsstifftung Post und Kommunikation. Berlin 2011

Devoucoux, Daniel: Mode im Film. Zur Kulturanthropologie zweier Medien. Transcript. Bielefeld 2007

Döbler, Hannsferdinand: Kultur- und Sittengeschichte der Welt. 10 Bde. Bertelsmann Verlag. München, Gütersloh, Wien 1971–1974

Dorfstecher, Ilse Maria: Kostümrausch (Ausstellungskatalog). Hg. vom Bund der Szenografen. Berlin 1999

Gregor, Joseph: Wiener szenische Kunst / Bd. 2: Das Bühnenkostüm in historischer, ästhetischer und psychologischer Analyse. Almathea-Verlag. Wien 1925

Marly, Diana de: Costume on stage 1600–1940. Barnes & Noble. New York 1982

Schmidt, Susanne: Es muss ja nicht gleich Hollywood sein. Die Produktionsbedingungen des Fernsehspiels und die Wirkungen auf seine Ästhetik. Ed. Sigma. Berlin 1994

Thiel, Erika: Geschichte des Kostüms. 9., akt. Aufl. Henschel Verlag. Leipzig 2010

L. Kybalová: Das große Bilderlexikon der Mode. © 1966, VEB Verlag der Kunst Dresden 1980

Birgid Hanke: Es muss stimmen: Die Kostümbildnerin Ingrid Zoré, Eigenverlag/ Medienhaven-Steintorpresse (2016)

Deutsches Filminstitut - Rainer Werner Fassbinder Foundation: FilmStoffe - Kostüme Barbara Baum (2015)

Über die Autorin

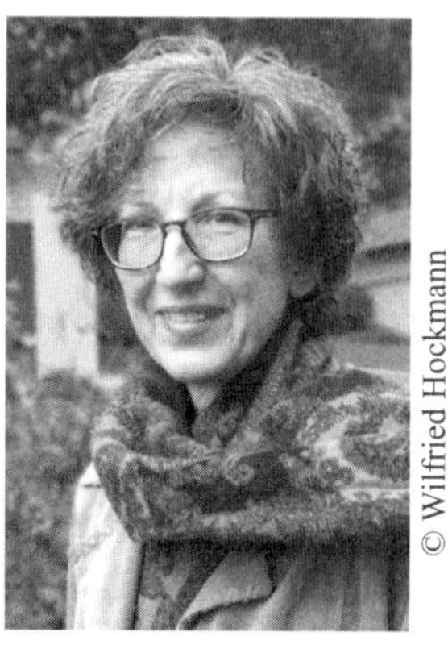
© Wilfried Hockmann

»Bei einem Großvater, der Färbemeister war, einer Großmutter, die als Wäscherin gearbeitet hat und einer Urgroßmutter, die sich als Putzmacherin über Wasser hielt kann der Apfel nicht weit vom Stamm fallen. Da wird eine Farbe etwas Duftendes, ein Hut zum Kunstwerk und das gestärkte Hemd zur Haltung …«
Riccarda Merten-Eicher

Geboren 1956 in Bonn/Bad Godesberg. Abitur 1976. 1977 bis 1979 Deutsches Institut für Puppenspiel sowie Germanistik- und Philosophiestudium in Bochum, Arbeit in freien Theatergruppen und Filmproduktionen. 1980 bis 1983 Ausbildung zur Modedesignerin beim Lette-Verein Berlin. Seit 1981 verheiratet. 1983 bis 1992 Anstellung bei der Firma Theaterkunst Berlin, die historische und moderne Kino-, TV- und Theaterproduktionen ausstattet. Seither als freie Kostümbildnerin für Kino- und Fernsehfilme im In- und Ausland und am Theater tätig.

Filmografie (Auswahl)

2021 **Die drei von der Müllabfuhr - (K)eine saubere Sache**
Regie und Kamera Hagen Bogdanski Produktion Bavaria GmbH. Besetzung u.a. Uwe Ochsenknecht, Adelheid Kleineidam, Jörn Hentschel, Aram Arami, Rainer Strecker, Jutta Wachowiak

2018 **Cescendo - #Makemusicnotwar** Kinofilm Regie Dror Zahavi. Kamera Gero Steffen. Produktion CCC Filmkunst GmbH. Besetzung u.a. Peter Simonischek, Bibiana Beglau, Daniel Donskoy, Sabrina Amali

2017 **Endlich Witwer** Regie Pia Strietmann. Kamera Florian Emmerich. Produktion Bavaria Fiction GmbH für ZDF. Besetzung u.a. Joachim Kroll, Anneke Kim Sarnau, Friederike Kempter, Andreas Hoppe

2015 **Schweigeminute** Regie Torsten M. Schmidt. Kamera Hannes Hubach. Produktion Movie GmbH für ZDF. Besetzung u.a. Julia Koschitz, Jonas Nay, Alexander Held, Thure Lindhard

2015 **Nacht der Angst** Regie Gabriela Zerhau. Kamera Carl-Friedrich Koschnick. Produktion Bavaria Fernsehproduktion für ZDF. Besetzung u.a. Nina Kunzendorf, Marcus Mittermaier, Friederike Becht, Elenore Weisgerber

2014 **Gewinnerlos** Regie Patrick Winczewski. Kamera Matthias Papenmeier. Produktion Filmpool Fiction GmbH für SWR. Besetzung u.a. Angela Winkler, Matthias Habich, Peter Franke, Dietrich Mattausch

2011 **Der große Hamoudi** Regie Rolf Teigler. Frank Amann. Produktion der Garten Filmproduktion. Besetzung Eric Madi, Eric Wambui, Britta Hammelstein

Und alle haben geschwiegen Regie Dror Zahavi. Kamera Gero Steffen. Produktion Aspekt Telefilm für ZDF. Besetzung u.a. Senta Berger, Alicia von Rittberg, Matthias Habich, Leonard Carow

2009 **Carlos** Kinofilm Regie Oliver Assayas. Kamera Yorick Le Saux. Produktion Egoli Tossell Film GmbH, Film en Stock. Besetzung u.a. Edgar Ramirez, Alexander Scheer, Nora von Waldstätten, Christoph Bach

2008 **Geliebte Clara** Kinofilm Regie Helma Sanders-Brahms. Kamera Jürgen Jürges. Produktion Deutschland: Integral Film, Helma Sanders Filmproduktion, Frankreich: MACT Productions. Besetzung u.a. Martina Gedeck, Pascal Greggory, Malik Zidi

2007 **Schattenkinder** Regie Claudia Prietzel, Peter Henning. Kamera Ngo the Chau. Produktion Dreamtool Entertainment GmbH für WDR. Besetzung u.a. Caroline Eichhorn, Beata Lehmann

2005 **Wut** Regie Züli Aladag. Kamera Wojciech Szepel. Produktion Colonia Media Filmproduktion GmbH für WDR. Besetzung u.a. August Zirner, Corinna Harfouch, Oktay Özdemir, Robert Holler. Auszeichnungen Goldene Kamera 2007, FIPA d`argent Biarritz, Besondere Auszeichn. Baden-Baden 2006

La fine del mare Kinofilm Regie Nora Hoppe. Kamera Rimvydas Leipus. Produktion Flying Moon Filmproduktion (D), Unlimited S.A. (F), Revolver (I). Besetzung u.a. Miki Manojlovic, Diana Drobreva, Luigi Maria Buruano, Giuseppe Battiston

Rochade Kurzfilm Regie Joachim Dollhopf. Kamera Henning Gebhardt. Produktion HFF »Konrad Wolf«. Besetzung u.a. Rebecca Rudolph, Godehard Giese, Hans Brückner

2003 **Die Versuchung** Regie Bodo Fürneisen. Kamera Sebastian Richter. Produktion Ziegler Film GmbH für ARD, Degeto Film. Besetzung u.a. Thekla Carola Wied, Walter Kreye, Ludwig Blochberger, Imogen Kogge

Berlin, Berlin (Serie, Folgen 53–66) Regie Ulrike Hamacher, Christoph Schnee, F. Meyer Price. Kamera Robert Berghoff, Robert Vogel, Theo Müller. Produktion Studio Berlin Metropol Film für NDR. Besetzung u.a. Felicitas Woll, Jan Sosniok, Matthias Klimsa, Alexandra Neldel

2002 **Erste Liebe** Regie Claudia Prietzel, Peter Henning. Kamera Michael Hammon. Produktion Studio Hamburg Produktion für NDR. Besetzung u.a. Leslie Malton, Christian Berkel, Cordelia Wege, Tino Mewes

Zeit der Rache Regie Friedemann Fromm. Kamera Johannes Kirchlechner. Produktion Studio Hamburg Produktion für WDR. Besetzung u.a. Julia Jäger, Jürgen Hentsch, Hans-Uwe Bauer

2000 **Der gerechte Richter** Regie Thorsten C. Fischer. Kamera Theo Birkens. Produktion Neue Filmproduktion TV GmbH für ARD. Besetzung u.a. Frank Giering, Jürgen Hentsch, André Hennicke, Boris Aljinovic

1999 **Der Mörder meiner Mutter** Regie Lars Kraume. Kamera Andreas Doub. Produktion Studio Hamburg Letterbox für SAT 1. Besetzung u.a. Sebastian Koch, Laura Tonke, Leonard Lansink, Susanne Lothar

Die grüne Wolke Kinderkinofilm sowie acht Teile TV Regie Claus Strigel. Kamera Sönke Hansen. Produktion Denkmal Film München/Telluxfilm Dresden. Besetzung u.a. Jan-Geerd Buss, Heinz-Werner Kraehkamp

1998 **Die Braut Kinofilm** Regie Egon Günther. Kamera Peter Brand. Produktion Tellux Film GmbH Dresden. Besetzung u.a. Veronica Ferres, Herbert Knaub, Sibylle Canonica

Meiner Seele Töne – Edvard Grieg Regie Thomas Olofson. Kamera Konrad Kotowski. Produktion RM Arts für ZDF. Besetzung u.a. Staffan Scheja, Auryn Quartett

Polizeiruf 110 – Discokiller Regie Marco Serafini. Kamera Sebastian Richter. Produktion Tellux Film Dresden für ARD. Besetzung u.a. Jaecki Schwarz, Gila von Weitershausen

1997 **Weißblaue Geschichten** (2 Folgen) Regie Dieter Kehler. Kamera Winfried Kleist. Produktion AV 2000 Wiesbaden für ZDF. Besetzung u.a. Miguel Herz-Kestranek, Michael Schwarzmaier

1996 **Viel Spaß mit meiner Frau** Regie Peter Welz. Kamera Sebastian Richter. Produktion Tellux Film Dresden für SAT 1. Besetzung u.a. Jörg Gudzuhn, Jörg Schüttauf, Sophie Rois, Hanns Zischler. Auszeichnungen u.a. Grimmepreis

1995 **Berlin – Moskau** Regie W. F. Henschel. Kamera Michael Epp. Produktion Aurora Television Berlin für RTL. Besetzung u.a. Michael Roll, Muriel Baumeister, Günter Lamprecht, Hilmar Tate

1994/95 **Der Flug des Albatross** Kinofilm Regie Werner Meyer. Kamera Martin Gressmann. Produktion F.W.F.-Wagner Film GmbH Berlin. Besetzung u.a. Susanne von Borsody, Julia Brendler, Taungaroa Emile, Jack Thompson. Auszeichnung Gläserner Bär Berlinale 1997

1993 **Hey stranger** (Toi, l'etranger) Kinofilm Regie Peter Woditsch. Kamera Elfi Mikesch. Produktion Alert Film Berlin, Orpheus Produktion Brüssel. Besetzung u.a. Vincent Rouche, Benedicte Loyen, Hanna Schygulla, Jaques Seiler

Arbeiten für das Theater (Auswahl)

2008 **Unschuld und Bosheit - Jungfrau Maleen** Regie Helma Sanders-Brahms. Bühne Festspielhaus Dresden/Hellerau

2004 **Die Abenteuer des braven Soldaten Schwejk** Regie Klaus Gendries. Bühne Theater am Kurfürstendamm Berlin

2002 **Kohlenpaul** Regie Klaus Gendries. Bühne Theater am Kurfürstendamm Berlin

1999 **Die andere Seite** Regie Klaus Gendries. Bühne Winterhuder Fährhaus Hamburg

1996 **Dinner für Spinner** Regie Klaus Gendries. Bühne Theater am Kurfürstendamm Berlin

Jahre später Regie Jürgen Wölffer. Bühne Komödie am Kurfürstendamm Berlin

Wie kam in deine Augen dieser Rauch Regie Harald Engelmann. Bühne Satirisches Theater »Die Kiebitzensteiner« Halle

1995 **L'avare, Molière** Regie Jean Paul Roussillon. Bühne Renaissancetheater Berlin

Der Kaiser vom Alexanderplatz Regie Klaus Gendries. Bühne Theater am Kurfürstendamm Berlin

1983 **Report to an Academy** Regie Hermann Ebeling. Bühne MSAD – Creative & Performing Arts Branch, Boston University

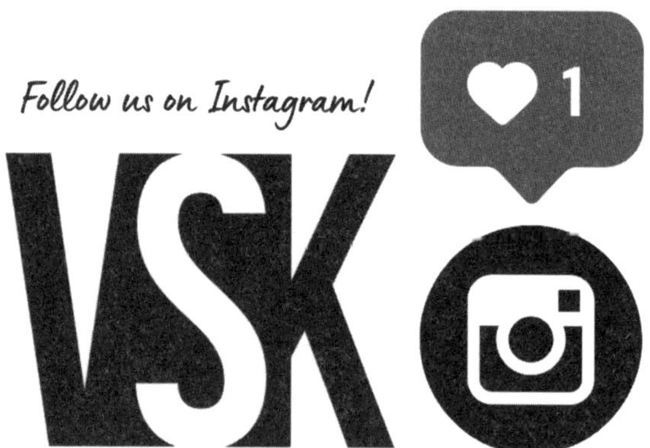
Follow us on Instagram!
1
VSK